U0360310

Educational Linguistic Studies

教育语言学研究

（2023年）

主编　赖良涛　严明　江妍

上海交通大学出版社
SHANGHAI JIAO TONG UNIVERSITY PRESS

内容提要

本书收入原创论文 21 篇,分为 6 个部分。"名家论坛"由陆俭明教授对教育语言学的理论和实践做深入探讨。"学科理论研究"聚焦教育语言学的民族志研究及教育语言学视角下的外语教育。"教育话语研究"聚焦学术论文、英语教材、故事绘本、法律英语、司法话语等;"语言教学研究"聚焦教育游戏、智能技术、教师和学生等对英语教学的影响。"语言心理认知与教育研究"聚焦二语形态、言语幽默加工和派生具身理论。"社会语言与教育研究"聚焦科学方法论与批评话语研究、少数民族语言变异、外语教育规划等。本书适合对教育的语言和语言的教育研究感兴趣的广大读者。

图书在版编目(CIP)数据

教育语言学研究.2023 年/ 赖良涛,严明,江妍主编.—上海:上海交通大学出版社,2023.12
ISBN 978-7-313-30080-5

Ⅰ.①教… Ⅱ.①赖… ②严… ③江… Ⅲ.①教育学-语言学-文集 Ⅳ.①H0-05

中国国家版本馆 CIP 数据核字(2023)第 257468 号

教育语言学研究(2023 年)
JIAOYU YUYANXUE YANJIU (2023 NIAN)

主　编:赖良涛　严　明　江　妍
出版发行:上海交通大学出版社　　　　　　　　地　址:上海市番禺路 951 号
邮政编码:200030　　　　　　　　　　　　　　电　话:021-64071208
印　制:江苏凤凰数码印务有限公司　　　　　　经　销:全国新华书店
开　本:889 mm×1194 mm　1/16　　　　　　　印　张:13.75
字　数:384 千字
版　次:2023 年 12 月第 1 版　　　　　　　　印　次:2023 年 12 月第 1 次印刷
书　号:ISBN 978-7-313-30080-5
定　价:79.00 元

编 委 会

顾问

胡壮麟　北京大学

陆俭明　北京大学

李宇明　北京语言大学

编委会主任

俞理明　上海交通大学

编委会副主任

王文斌　北京外国语大学

张春柏　华东师范大学

张　辉　南京师范大学

主编

赖良涛　上海交通大学

严　明　上海应用技术大学

江　妍　上海交通大学

主办单位

中国英汉语比较研究会教育语言学专业委员会

上海交通大学外国语学院

专家委员

Christian Matthiessen（香港理工大学）　　梅德明（上海外国语大学）

J. R. Martin（悉尼大学）　　苗兴伟（北京师范大学）

Karl Maton（悉尼大学）　　彭宣维（深圳大学）

Nancy Hornberger（宾夕法尼亚大学）　　沈　骑（同济大学）

常晨光（中山大学）　　苏新春（厦门大学）

常　辉（上海交通大学）　　王初明（广东外语外贸大学）

范　琳（北京外国语大学）　　王小潞（浙江大学）

方志辉（佛罗里达大学）　　王振华（上海交通大学）

高雪松（新南威尔士大学）　　文　旭（西南大学）

高一虹（北京大学）　　杨信彰（厦门大学）

顾曰国（中国社会科学院）　　杨　忠（东北师范大学）

黄国文（华南农业大学）　　于　晖（北京师范大学）

李　嵬（伦敦大学学院）　　张德禄（同济大学）

李战子（国防科技大学）　　郑咏滟（复旦大学）

刘承宇（西南大学）　　朱永生（复旦大学）

马博森（浙江大学）　　邹为诚（华东师范大学）

目　录

语言心理认知与教育研究

社会语言与教育研究

教育语言学浅议

陆俭明[①]

北京大学

1 "教育语言学"研究的三个维度

教育语言学的创立,斯波斯基(Spolsky,1974;1978)有一定贡献;跟语言二语教学有一定关系。但如今如果将教育语言学纠缠于语言二语教学,那就不合适了。必须分清"教育语言学"与"语言教育学"——"教育语言学"不等于"语言教育学"。"教育语言学"和"语言教育学"是两个含义不同的概念,属于两个性质不同的学科,不能混淆。我倾向于认同南希·霍恩伯格(Nancy Hornberger,2001)的观点。她认为,教育语言学的重心在于语言与教育的辩证和互动关系,它会综合运用语言学和其他社会学科(诸如社会学、文化学、历史学、人类学、心理学等)的研究手段,致力于对语言和教育相关的大量"问题"展开全方位的研究。

"教育语言学"旨在探究在各科教学的整个教学活动中语言所起的重要作用,以便引起、提醒教师在整个教学过程中都要注意各个环节的语言的运用,以获得最佳的教学效果。而"语言教育学"旨在探究如何进行有成效的语言教学,包括母语教学和外语教学。

对于教育语言学,目前先不要抽象地去讨论到底应理解为"教育学与语言学的交叉学科,是关于一般教育中的语言学问题的学问"呢,还是应理解为"应用语言学到外语教育的学问,是一种应用学科";而应该全面考虑教育语言学到底该关涉哪些方面的研究内容。

我们认为,教育语言学大致可以从三个维度去探究。

一是就每门课程而言,教育语言学需要对哪些具体方面的语言运用情况加以关注与探究。

二是就各个不同学科的课程而言,教育语言学需要对不同学科的课程在教学全过程中在语言的运用上具有哪些可能的共性与个性加以关注与探究。这样说来,教育语言学下位还可分出多个分支,诸如"外语教育语言学""语文教育语言学""数学教育语言学""经济教育语言学""物理教育语言学",等等。

三是同一门课程,不同教师执教,在教学全过程中,语言的运用还会不完全一样,还会各有特色,因

① 陆俭明,1935年11月生,江苏吴县人。1960年7月于北京大学中文系本科毕业并留校任教,为北京大学中国语言研究中心/中文系教授、博士生导师,兼任国家语委咨询委员会委员。曾任世界汉语教学学会会长、国际中国语言学学会会长、中国语言学会副会长、新加坡教育部课程发展署顾问,以及香港中文大学等18所海内外大学的荣誉教授。从事现代汉语教学与研究,研究方向包括现代汉语句法、现代汉语虚词、汉语二语教学、中文信息处理、中小学语文教学等。主要著作有《现代汉语句法论》《八十年代中国语法研究》《陆俭明自选集》《现代汉语语法研究教程》《新加坡华语语法》《话说汉语走向世界》及与他人合作的《现代汉语小词典》《现代汉语虚词例释》《现代汉语》《虚词》《现代汉语虚词散论》《汉语教师应有的素质与基本功》等。发表语言学论文400余篇,主持多项国家社会科学重点科研项目。自1992年以来,先后获得省部级以上的奖项10个;2000年荣获香港理工大学2000年度大陆杰出学人奖,2003年9月荣获中国第一届高等学校教学名师奖,2011年荣获北京大学2011年度国华杰出学者奖,2019年12月荣获北京大学离退休教职工学术贡献特等奖。2021年,他的《现代汉语语法研究教程(第五版)》荣获全国优秀教材二等奖。1981年以来,曾先后50余次应邀赴20个国家和地区任教或进行学术访问。

此教育语言学还必须关注、了解、研究教师个人在语言运用上的授课特点。

我们初步认为,就每门课程而言,在以下诸方面,具体说在教材语言、讲课语言、课堂讨论语言、批改作业语言、师生对话语言、试题语言等诸方面,在语言运用上都会有所区别,都应各具特色。教育语言学需要对此逐一加以研究。而就各个不同学科的课程而言,就不同的教师执教同一门课程而言,可以设想,在语言运用上必然既有共性又各具特色。教育语言学也需要对此加以深入了解、研究。

我们认为,如果离开上述三个维度的关注与探究,教育语言学将会是一个空架子。而到目前为止,可以说教育语言学的研究还未深入到如此地步。譬如,中国英汉语比较研究会教育语言学专业委员会(前身为中国教育语言学研究会)已经出版了好几本书,其内容基本都是有关大学外语教学研究的,真正触及教育语言的文章很少,基本应归入"语言教育学"。再有,胡春洞、王才仁(1999)合著的《外语教育语言学》,从所谈内容看,也不属于"教育语言学",是属于"语言教育学"。这些都告诉我们,教育语言学有开拓的广阔研究空间。

关于"教育语言学"上面所说的"三个研究维度",只是设想。目前基本可以说对"教育语言学"尚缺乏全面深入的研究。

上面说到,"就每门课程而言,在以下诸方面,具体说在教材语言、讲课语言、课堂讨论语言、批改作业语言、师生对话语言、试题语言等诸方面,在语言运用上都会有所区别,都应各具特色"。下面我也只就"教材语言"研究和"讲课语言"研究略说点意见。

2 话说"教材语言"研究

教材是每个学科、每门课程开展教学的根基和依托。教育语言学必须而且首先要研究教材语言。

教材语言指的是教材用以表述课程内容所使用的语言。苏新春等(2007)认为,根据语言在教材中的地位、性质及所承担的任务,教材语言可分为"对象语言"和"叙述语言"两部分。对象语言指表述各学科专业课程承担的必须教授的知识,包括专有术语、基本概念、公式和专业表达(如数学的证明格式步骤、化学等式、物理推演过程等)所用的语言。教材语言是否要区分对象语言和叙述语言,并分别加以研究,还值得商榷。事实上,在一本/部教材中很难辨别哪些属于对象语言,哪些属于叙述语言。其实,整个教材语言研究就是要关注、探究知识的表达与叙述。就该学科课程内容而言,是否做到了准确、清晰、简明、到位,是否尽可能做到了深入浅出,具有可读性。对于教材语言,最理想的要求是,行家看了,认为都在理,都很到位;外行看了,觉得容易看懂,容易理解。

3 话说"讲课语言"研究

讲课语言跟教材语言一般而言都会有所区别,否则上课变成"照本宣讲"了。讲课语言最重要的一点是:善于将学科内容转化为教学内容,将学术语言转化为教育语言。各门课程的讲授只有很好地实现了这两方面的转化,才能收到最佳教学效果。而无论哪一方面的转化,都需依靠语言的运用来实现。具体该怎么转化?仅简略介绍朱德熙先生的语法课的讲解,请大家从中体会。

我们是 1955 年考入北大中文系的。我们入学时不分文学、语言专业,全年级 103 个学生一起上大课,先接受两年中文系的基础教育。其中有一门"现代汉语"课,语音、词汇部分由周祖谟先生给我们讲授,语法部分就由朱德熙先生给我们讲授。语法部分讲授一个学期 21 周,每周 4 学时。一般认为讲授语法会让学生感到枯燥无味,可是我们当年 103 个同学尽管极大部分都是想学文学的,但听朱先生的课没有人缺席的,也没有人在堂上说话或打瞌睡。朱先生的课大家都爱听,甚至觉得听朱先生的课是一种艺术享受。朱德熙先生讲授语法课能讲到这个程度着实不一般。

回想起来,朱先生当年讲课——怎么开头,怎么跟上一堂课衔接,从哪里切入,怎么展开,举什么例子,乃至包括板书,都一环扣一环;而且讲课没有一句废话,思路清晰,逻辑性强,深入浅出。不由得让我们跟着朱先生的讲课思路往下听。

对朱先生的语法课,不只我们有这样难以忘怀的良好感觉,以后历届听过朱先生课的学生都有同样的感觉。朱先生讲课之所以能达到如此炉火纯青的地步,细细分析,在于朱先生很善于做"转化"工作。具体说,朱先生善于将学术内容转化为教学内容。大学的课程,无论基础课还是专题课,讲授的都是某方面的专业学术内容。所谓"将学术内容转化为教学内容",就是尽可能做到所讲内容在学术行家看来符合学术要求和学术规范,而对像学生那样的初次接触者来说也能理解也能懂。要做到这一点不容易,除了要尽可能多解释、多举例之外,还要"善于将学术语言转化为教学语言"。

各门课程肯定有各门课程的讲授特点。就语法课来说,切忌"板着脸孔讲授"。所谓"板着面孔讲授",就是一上来就先交代、讲解与讲授的内容密切相关的某些学术概念和术语,先给术语下定义,然后举一两个例子。这种讲法学生容易记笔记,但不容易激发学生的学习兴趣和求知欲。最好要善于以问题为导向。朱德熙先生在现代汉语语法基础课里给我们介绍现代汉语中五种最基本的词组类型时,就不是"板着面孔讲"。他具体是怎么讲授的呢? 朱先生先介绍"偏正词组"。朱先生的讲法不是先给出"偏正词组"的定义,然后举些例子;而是先举下面这样的一组例子(写在黑板上):

白(的)/马	干净(的)/手绢儿
木头(的)/房子	棉布(的)/衣服
高高的/宝塔山	很干净的衣服
生产队的/马	他的/书
三匹/马	五本/书

然后告诉学生:

上面各例都由两部分组成。后一部分指称某种事物。前一部分修饰限制后一部分,或说明事物的性质,或说明事物的质料,或说明事物的所属,或说明事物的数量,等等。譬如说:

什么马? ——白马。

什么样的房子? ——木头的房子。

谁的马? ——生产队的马。

多少马? ——三匹马。

偏正词组的核心在后,就是在词组的后一部分,前一部分则是对后一部分起限制或描写的修饰作用。一般称前一部分为修饰语,后一部分为中心语,整个词组称为"偏正词组"。

接着朱先生给我们介绍述宾词组(即动宾词组)。朱先生是这样介绍的:

"白马"是上面讲过的偏正词组,"白"是定语,"马"是中心语。现在我们将这个偏正词组的前一部分"白"换成别的成分,就可能出现两种情况。请看例子:

甲:白马→黑马

乙:白马→买马

甲组的"白马"和"黑马",虽然具体意思变了,但两部分的关系没有变,仍然是前一部分修饰后一部分,"黑马"仍是偏正词组;乙组的"买马"跟"白马"可大不一样了,不仅具体意思变了,前后两部分的关系也变了——前一部分"买"叙述某种动作行为,后一部分"马"指明受那种动作行为影响、支配的对象。前后两部分是支配关系。"买马"这样的词组,我们称之为"述宾词组"。

述宾词组也由两部分组成,前一部分表示某种动作行为,是整个词组的核心,叫述语;后一部分是动作行为影响支配的对象,叫宾语。

接着朱先生就举出各种不同情形的述宾词组的实例,让学生体会汉语的述宾词组的基本特性。接下去朱先生用同样的方法介绍述补词组、主谓词组、联合词组等。我就不具体介绍了。从中大家不难体会朱先生的讲课艺术。而且从中我们也能体会到,朱先生讲课很善于运用对比的讲法。

朱德熙先生之所以采用这样的讲授法,目的都是为了引发学生的兴趣,为了便于学生理解和识记。

朱先生的讲课语言,其特色可概括为:条分缕析,深入浅出,循循善诱,通俗易懂,能够把对学生来说较为陌生、较为难懂的问题讲得大家都能懂,都能领会。我想,这也应该是各学科、各门课程所有讲课语言的共性。

4　重要的是要有高度的教育责任心

真要解决好教学中的语言问题,必须要求教员具有高度的教育责任心。朱德熙先生的教育语言之所以能运用得那么好,源自朱先生高度的教育责任心。他有一句话是很值得我们深思和学习的,那就是"要多从学生的角度考虑"。先前我们以为朱先生上课上得好是因为他的教学方法好,口才好;后来才明白,除了"教学方法好,口才好"之外,更重要的原因是朱先生在备课时是进行精心考虑和设计的,其出发点是怎么让学生听清楚,听明白,喜欢听这门课,容易听进去。显然,朱先生讲课之所以讲得好,最重要的原因是朱先生总是处处从学生的角度考虑。这充分体现了朱先生那种高度的教育责任心。朱先生"要多从学生的角度考虑"那句话,我们牢牢地记着。在我 50 年的教学生涯中,一直用这句话指导着自己的教学工作。

5　结束语

许多学者认为,教育语言学是由语言教学,特别是语言二语教学引发的。这是事实。但是如果至今还认为教育语言学是"以语言教育为研究核心"(Spolsky & Hult,2008),那就不合适了,就将"教育语言学"和"语言教育学"混淆了。正如我一开始所指出的,教育语言学"旨在探究在各科教学的整个教学活动中语言所起的重要作用,以便引起、提醒教师在整个教学过程中都要注意各个环节的语言的运用"。

最后我想重申,我对教育语言学没什么研究,以上所说只是自己的设想。欢迎大家批评指正。谢谢大家。

参考文献

[1] Hornberger, N. H. 2001. Educational linguistics as a field: A view from Penn's program on the occasion of its 25th anniversary[J]. *Working Papers in Educational Linguistics*, 17(1): 1 - 26.

[2] Spolsky, B. 1974. *Linguistics and Education: An Overview*[M]. In Tomas A. Sebeok(ed.). Current Trends in Linguistics. Berlin, Germany: Mouton.

[3] Spolsky, B. 1978. *Educational Linguistics, An Introduction* [M]. Rowley, MA: Newbury House.

[4] Spolsky, B.& Hult, F.M.(eds.) 2008. *The Handbook of Educational Linguistics*[C]. Oxford: Blackwell.

[5] 胡春洞,王才仁.1996.外语教育语言学[M].南宁:广西教育出版社.

[6] 苏新春,杜晶晶,关俊红,郑淑花.2007.教育教材语言的性质、特点与研究意义[J].语言文字应用(4):86 - 91.

要重视教育过程中的语言的运用

陆俭明①

北京大学

我在《教育语言学浅议》一文中已经指出,"教育语言学"有别于"语言教育学"。"教育语言学"旨在探究在各科教学的整个教学活动中语言所起的重要作用,以便引起、提醒教师在整个教学过程中都要注意各个环节的语言的运用,以获得最佳的教学效果;而"语言教育学"旨在探究如何进行有成效的语言教学,包括母语教学和外语教学。

"教育语言学"所研究的教学过程中的语言运用,具体可包括教材语言、讲课语言、课堂讨论语言、试题语言、批改作业语言、师生对话语言等诸方面。上述各不同方面在语言运用上都会有所区别,各具特色。本文只谈论讲课过程中语言的运用。讲课语言跟教材语言一般而言都会有所区别,否则上课就变成"照本宣讲"了。讲课语言最重要的一点是将学科内容转化为教学内容,将学术语言转化为教育语言,目的是为了引发学生的兴趣,便于学生理解和识记。各门课程的讲授只有很好地实现了这两方面的转化,才能收到最佳教学效果。而无论哪一方面的转化,都需依靠语言的运用来实现。具体该怎么转化? 在《教育语言学浅议》中我们已具体介绍了朱德熙先生的讲课艺术,其特点可概括为:条分缕析,深入浅出,循循善诱,通俗易懂,能够把对学生来说较为陌生、较为难懂的问题讲得大家都能懂,都能领会。朱先生的讲课语言可视为典范。本文试以马真教授讲课的两个实例作进一步说明。

1 实例一:马真教授是怎么给中国学生分析出现在各种复句中的副词"也"的语法意义的?

20世纪80年代初,中文系领导要马真给汉语专业高年级学生开设一门新的专题课,叫"现代汉语虚词研究",又同时让她为中文系的外国留学生中文专业本科高年级学生开设"现代汉语虚词"专题课。这是新课,她觉得必须认真准备。副词"也"是现代汉语里一个很重要的虚词,使用频率高,无论在哪个课里都必须给学生讲解。她当然首先要很好地了解、学习前人有关副词"也"的研究成果。她发现,当时的一些工具书、语法书在说到副词"也"所表示的意义和用法时,列了好多种,归纳起来竟多达十种。除了"表示同样或相同"外,还有什么"表示并列关系"呀,"表示递进关系"呀,"表示条件关系"呀,"表示转折关系"呀,"表示假设关系"呀,等等。"也"真的能有那么多用法与意义吗?"也"出现在并列复句、递进复句、条件复句、转折复句或假设复句等。副词"也"用在复句中,真的就分别表示并列、递进、条件、转折或假设的语法意义吗? 她就有点儿怀疑。这就是发现问题。她想,自己在讲课时,讲到副词"也",总不能把前人的各种说法列出来就了事,总要说说自己的看法。为此她就收集有关副词"也"的语料,进行深入研究。最后发现副词"也"最基本的语法意义是"表示类同",而不是一般所说的那样,用在不同的复句中就表示不同的语法意义。她将自己的研究成果写成文章《说"也"》,发表在《中国语文》1982年第4期上。可是她觉得讲课不能按文章照本宣读,得考虑如何让学生能懂,能了解,能接受。就教育过程的语言运用的视角看,她给中国学生讲授副词"也"的全过程很值得参考和借鉴。下面仅介

---

① 作者简介参见前文。

绍她如何给学生剖析用在各种复句里的"也"所表示的语法意义。

她首先给学生分析并列复句里的"也"所表示的语法意义,因为当时几乎所有辞书和专门讲解虚词的专著都认为并列复句里的"也"是"表示并列关系"。这个切入点选得非常好。具体她是这样讲授的:

我在所搜集的使用"也"的并列复句的语料中,选择了下面例(1)这样一个例子来跟抽掉了句中"也"的例(2)作对比:

(1) 他吃了一个面包,我也吃了一个面包。

(2) 他吃了一个面包,我吃了一个面包。

当时几乎所有语法书和辞书都认为,例(1)这个并列复句中的"也"表示并列关系。可是学界同时都认为例(2)也是并列复句,因为符合并列复句的定义:各分句分别说出几/两件事或几/两种情况,各分句在语法上地位平等。这就是说,有"也"的例(1)和没有"也"的例(2)学界都认为是并列复句。这说明,一个复句是不是并列复句,不取决于句中是否用副词"也"。

那么例(1)里的"也"到底具体起什么作用呢? 是不是可以认为例(1)里的"也"是起"增强并列关系"的作用呢? 我就细细比较、分析例(1)和例(2)在表达上的异同。经分析,我们不难发现,例(2)没有用"也",只是客观地把"他吃了一个面包"跟"我吃了一个面包"这两件事并列起来说;例(1)用了"也",除了将"他吃了一个面包"和"我吃了一个面包"这两件事并列起来说之外,明显还有一层意思,那就是强调后者与前者类同——"他吃了一个面包,我跟她一样,吃了一个面包"。由此我们获得一个初步的结论:

"也"在并列复句中的作用不是强调二者的并列关系,而是强调二者类同。

但光凭这两个句子的比较,还缺乏说服力,还必须进一步对于"'也'在并列复句中只是强调二者类同"这一看法加以求证,同时必须进一步对一般所谓的"'也'在并列复句中表示并列关系"的说法进行证伪。为此——

求证思考的第一个问题:如果并列复句的两个分句所说的两件事情或两种情况毫无类同之处,能不能用"也"? 例如下面这样的复句:

(3) 约翰是美国人,柯彼得是德国人。

(4) 妹妹在哭,弟弟在笑。

例(3)和例(4)是大家都公认的表示并列关系的复句,可是我们没法通过加上副词"也"来加强这种并列关系。我们绝对不说:

(5) *约翰是美国人,柯彼得也是德国人。

(6) *妹妹在哭,弟弟也在笑。

这再一次说明,副词"也"在并列复句中的实际作用是表示类同,而不是表示并列关系。

求证思考的第二个问题:如果所说的两件事或两种情况有类同之处,是否一定用"也"? 结果发现,用不用"也"取决于语境,具体说取决于是否需要强调二者的类同关系。请看例(7)、例(8):

(7) "你们考了多少分?"

"他只考了60分,我只考了63分。"

(8) "你们考得好吗?"

"他只考了60分,我也只考了63分。"

例(7)和例(8)的答话,就基本内容看,所说的情况是一样的,都是"他只考了60分"和"我只考了63

分",但是因为例(7)是问:"你们考了多少分?"这个语境决定了答话无需强调二者的类同性,只要如实分别说出两个人的成绩就可以了,所以没有用"也",也不宜用"也"。而例(8)是问:"你们考得好吗?"答话人"我"自己觉得60分也好,63分也好,成绩都不怎么样;这一语境决定了答话需要用表示类同的"也",以强调二者的类同性——"我"和"他"都考得不太好。

可见,并列关系复句中的"也"不表示并列关系。并列复句中能不能用"也",用不用"也",关键在于有无类同关系,需要不需要强调类同性。

我用类似的分析研究思路,对递进复句中出现的"也"的实际作用作了分析。当时景士俊《现代汉语虚词》认为"也"可以表示递进关系,举的例子是:

(9) 世界语不仅我不会,他也不懂。

例(9)的确是大家公认的递进复句,但问题是句子中的递进关系是不是由"也"表示的呢? 不是。大家看,如果我们把"不仅"去掉,"也"还保留着,说成:

(10) 世界语我不会,他也不懂。

句子马上就变成一个并列复句了,就不再是表示递进关系的复句了。可见,递进关系跟"不仅"有着直接的关系,跟"也"没有直接的关系。准确地说,递进关系这一层意思是由"不仅……(而且)也/还……"这个格式表示出来的。"也"在这里仍表示类同,强调"他"和"我"在"不懂"或者说"不会"世界语这一点上是类同的。

我用同样的论证方法,逐类考察、对比分析各类复句用"也"和不用"也"的情况,获得了可靠的结论:

各类复句中的"也"的实际作用都毫无例外地只表示类同。

用"也"的复句里的并列关系、递进关系、条件关系、转折关系、假设关系等,都是由整个复句格式所表示的,而并不是单由"也"所表示的。我不仅获得了上述具体结论,更从理论高度提出了这样一条虚词研究必须遵守的原则:

在虚词研究中,切忌把虚词所在的句子格式所具有的语法意义硬归到这个虚词身上。

我关于副词"也"的研究成果,后来就发表在《中国语文》1982年第4期上,并受到学界的重视与肯定。

2　实例二:马真教授是怎么给留学生辨析"常常"和"往往"的?

"常常"和"往往"都是副词,一般都称它们为"时间副词"。"常常"用得多,口语、书面语都用;"往往"是个书面语词,平时用得不是很多。留学生使用"常常"没问题,使用"往往"却常常出现偏误。譬如不少留学生会出现这样的偏误说法:

(1) *她往往说谎。

(2) *我听说,佐拉往往去香港玩儿。

例(1)、例(2)都该换用"常常"。留学生出现偏误,是因为汉语教科书将"往往"注释为"常常",而汉语教科书对"往往"的注释,用的就是《新华字典》的释义。马真教授在为中文系中国语言文学专业留学生班开设的"现代汉语虚词"课上有必要给留学生将"常常"和"往往"辨析清楚。那么她是怎么讲授的呢?她是这样讲的——

副词"常常",口语、书面语都常用,大家一般都会使用。可是副词"往往"是个书面语词,平时用得不是很多。一般工具书,如《新华字典》,用"常常"来注释"往往"。可是大家注意,"往往"其实跟"常常"在意义和用法上是有区别的。区别在哪里?我们先看两组句子——一组句子,"常常"和"往往"可以换着说,例如:

(3) a. 北方冬季常常会有一些人不注意煤气而不幸身亡。

   b. 北方冬季往往会有一些人不注意煤气而不幸身亡。

(4) a. 星期天他常常去姥姥家玩儿。

   b. 星期天他往往去姥姥家玩儿。

(5) a. 每当跳高运动员越过横杆时,观看的人常常会下意识地抬一下腿。

   b. 每当跳高运动员越过横杆时,观看的人往往会下意识地抬一下腿。

另一组句子只能用"常常",不能用"往往"。例如:

(6) a. 他呀,常常开夜车。

   b. * 他呀,往往开夜车。

(7) a. 听说他常常赌博。

   b. * 听说他往往赌博。

(8) a. 这种水果我们那儿很多,我们常常吃。

   b. * 这种水果我们那儿很多,我们往往吃。

然后马老师先引导学生思考:

为什么有的句子里的"常常"可以换说成"往往",有的却不能呢?大家可以将例(3)~(5)跟例(6)~(8)对比、思考一下(具体分析所举例子)。经过对比大家就会找到答案,获得下面的结论:

"常常"和"往往"都表示某种事情或行为动作经常出现或发生;可是用"往往",前面一定得先说出某种前提条件,说明在某种条件下,某种事情或行为动作经常出现或发生,"常常"则没有这个限制。

接着马老师进一步引导大家思考:

上面这个看法怎么样?"常常"和"往往"的异同是不是就说清楚了?再请看下面两组句子,这两组句子都交代了条件,但是一组"常常"和"往往"可以换着说,例如:

(9) 每到星期六晚上,我常常/往往去姥姥家玩儿。

(10) 去年周末我们常常/往往去钓鱼。

另一组"常常"和"往往"还是不能换着说,例如:

(11) 以后周末,你要是没事儿,常常去看看姥姥。

   (* 以后周末,你要是没事儿,往往去看看姥姥。)

(12) 明年回上海,你得常常去看看她。

   (* 明年回上海,你得往往去看看她。)

这又为什么?

马老师又引导大家认真对比、思考、分析:

大家看出来了吧,例(9)、例(10)说的是过去的事,可以换着说;例(11)、例(12)说的是未来的事,就不能换着说。看来原先的结论只注意到了条件,没注意时态,原先的结论还需要加以修改,

得修改为:

在交代前提条件的情况下,"往往"只用来说过去的事,即过去在某种条件下某种事情或行为动作经常出现或发生。"常常"则不受这个限制。

大家觉得上面新得出的结论怎么样? 我们还得看看,还有没有句子不符合这个结论的。

于是马老师又请大家注意下面的实例:

(13) 去年冬天我<u>常常</u>去滑雪。

　　(*去年冬天我<u>往往</u>去滑雪。)

(14) 上星期我<u>常常</u>接到匿名电话。

　　(*上星期我<u>往往</u>接到匿名电话。)

然后马老师对大家说:

大家看,例(13)、例(14)说的都是过去的事,也都交代了条件,但还是不能用"往往"。这又为什么呢? 我们先不急着回答,我们先来变化一下——如果在这两个句子里加上某些词语,就又可以用"往往"了。请看:

(15) 去年冬天<u>每到周末</u>我往往去滑雪。

(16) 上星期<u>晚上9点</u>我往往接到匿名电话。

这是为什么呀? 现在我们一起来找找原因。原来,例(13)、例(14)加上某些词语变成例(15)、例(16)后,所说的事情或现象就具有明显的规律性了,而原先例(13)、例(14)所说的内容不含有规律性。你们说是不是? 到这里我们对"往往"与"常常"的差异又可以有新的认识,我们又应该修改原先的说法。是不是可以修改为:

"往往"只用来说明根据以往的经验所总结出的带规律性的情况(多用于过去或经常性的事情),"常常"不受此限。

这个新的结论是不是周全了? 再去找找语料,看有没有例外。结果发现,还有例外,请看下面两个例句:

(17) 高房子<u>往往</u>比较凉快。

　　(*高房子<u>常常</u>比较凉快。)

(18) 南方<u>往往</u>比较潮湿,北方<u>往往</u>比较干燥。

　　(*南方<u>常常</u>比较潮湿,北方<u>常常</u>比较干燥。)

看见没有,情况倒过来了——前面我们所举的例子,都是用"常常"不受限制,用"往往"会受到限制;现在例(17)、例(18)可以用"往往",而不能用"常常"。这是为什么? 大家仔细想想。

看来原先的结论还得修改,可以修改为:

某情况如果只具有经常性,不具有规律性,只能用"常常",不能用"往往";如果既具有经常性,又具有规律性,"常常"和"往往"都可以用;而如果只具有规律性,不具有经常性,则只能用"往往",不能用"常常"。

注意:在某情况既具有经常性又具有规律性的情况下,"常常"和"往往"虽都可以用,但各自侧重点不同:用"常常"意在凸显情况发生的经常性,用"往往"意在凸显情况发生的规律性。

最后马真教授告诉学生:

　　当自己在研究中获得某种看法后要反复思考不断验证。这样做的目的是,第一,使自己的结论经得起推敲。要知道,不断否定自己是为了更好地肯定自己。第二,使自己养成反复思考的良好习惯。

　　马真教授采用"剥笋壳"的方法,一步一步、一层一层分析讲解,很少用难懂的术语。这样讲,外国学生听得有滋有味儿的,一点都不觉得难懂,而且一些学得好的学生从中还体会到了一点研究、分析、讲解的思路——运用对比的方法,进行多角度、多层面、多方位的分析。

教育语言学的民族志研究

——议题、方法与趋势[①]

夏宁满[②]

吉首大学

摘　要：运用民族志探究教育中的语言问题(包括语言教育问题)是教育语言学研究的重要内容。在美国宾夕法尼亚大学教育学院,以海姆斯(Hymes)和霍恩博格(Hornberger)为代表的学者们运用民族志对教育干预下的语言平等与社会正义问题、实践导向的教育语言学以及语言教育政策进行了深入的阐释,初步形成了以语言平等问题为焦点(因变域),以语言政策/规划、双语/多语教育议题为文化域(自变域),以民族志监控、语言政策民族志等多种方法相结合的教育语言学民族志研究范式,并取得了不少研究成果。本文认为这种范式在因、自变域设置、研究方法选择等层面仍然存在进一步优化的空间,可以在保留既有议题设置的基础上,将社会正义议题纳入自变域,并从两个方向上构建新的民族志研究模型(方向一:构建语言规划/政策影响双语/多语教育、双语/多语教育影响语言平等进而影响社会正义的模型;方向二:构建双语/多语教育影响语言规划/政策、语言规划/政策影响语言平等进而影响社会正义的模型),以期形成更为完备的教育语言学民族志方法论体系。

关键词：教育语言学;海姆斯;霍恩博格;民族志

1　引言

　　民族志(ethnography)是人类学家 20 世纪初开创的一种理论和方法(刘玉皑,2018:1)。民族志用于教育语言学研究始于宾夕法尼亚大学教育学院人类语言学家海姆斯教授提出的交际民族志(Hymes,1964)和语言民族志(Hymes,1980/1996),而同在宾大工作的霍恩博格教授提出的语言政策民族志则是教育语言学民族志研究的另外一个重要里程碑(Hornberger & Johnson,2011)。纵观海姆斯和霍恩博格及其合作者的系列研究,宾大教育语言学的民族志研究可以根据研究议题划分为三个相互影响的分支:一是关于教育场域中的语言平等问题研究,这是学者们普遍关注的中心议题,该议题作为因变域,构成了其他议题研究的最终指向;二是语言规划/政策议题研究;三是双语/多语教育议题研究,这两个分支议题作为自变域,是解决语言平等问题的核心要件。基于上述分析,本研究依据民族志塑型模型理论(Schensul et al.,1999:7-34),构建以语言规划/政策、双语/多语教育为自变域,以语言平等为因变域的塑型研究模型,以增进学界对教育语言学民族志方法论的理解。

---

①　本文为 2023 年度国家社科基金一般项目"民族地区国家通用语言教育助力乡村振兴的长效机制研究"(23BMZ037)的阶段性研究成果。
②　夏宁满(1978—　　),男,博士,吉首大学外国语学院副教授,硕士研究生导师,主要研究方向为外语教育和教育语言学;通信地址:湖南省张家界市子午路吉首大学外国语学院;邮编:427000;电子邮箱:11203026@zju.edu.cn。

2   教育语言学的民族志研究议题

2.1   语言平等问题

语言平等是海姆斯教育语言学研究中一个经久不衰的主题。海姆斯认为,尽管所有的语言与生俱来就存在潜在的平等性,任何使用语言的人都具有生命权、自由权、自主权和追求语言平等的权利,但是语言本身的不同和语言使用上的差异正在使语言成为美国社会歧视和实际不平等的基础,实际意义上的语言不平等在尝试建构社会平等的同时带来的是更多的社会矛盾和冲突的加剧,例如优势与劣势、权利与机会的争夺问题(Hymes,1980:53)。众所周知,一些美国人对英语作为美国社会主流语言的自豪感根深蒂固,往往把其他语言,特别是把那些相比较而言功能较弱的少数族裔语言贬低到原始的、野蛮的地位,认为这些语言缺乏词汇量和语法规则,甚至在某些方面存在缺陷,从而人为地将语言导入歧途,使之成为美化本族、嘲弄他族的情感刺激素(纳日碧力戈,2010:174)。对此,海姆斯指出,用一种语言表达另一种语言表达不了的事物是完全可能的,但是赋予一种语言,比方说英语,以特权并让它凌驾于另外一种语言之上则是完全武断的,而遗憾的是,这种特权至今在美国还没有被消除,这就是语言不平等性的客观性所在(Hymes,1996:211)。其中,美国教育领域中的语言不平等现象最为明显。例如,由于各阶层族裔儿童特有的语言模式与学校教育的标准语言模式之间长期以来存在明显的差距,学生潜意识地认为在他们的社会制度里只有一种语言或者语言的某种变体是适当的,这种语言对他人和社会是有意义的,却不是他们自己的语言。而学校对少数族裔学生的这种心理诉求往往视而不见。因为看不到差距的存在,教师往往采用整齐划一的教学方法和评价模式对待学生的受教育过程,导致这种隐藏在教育过程微观之处的语言不平等在推进强制性语言同化的同时,也使狭隘的民族情绪和民族隔阂进一步加深。这对于那些语言少数民族和从事少数民族语言工作的人来说,是极其不公平、不合理的。除了局部教育过程中的语言不平等问题,教育体制作为社会结构和权力运作、传承和再生产的重要途径,始终处于维护语言不平等的核心地位。海姆斯认为,在美国,教育对上层阶级要求培养的语言习性与下层阶级要求培养的语言习性是互斥的,再生产社会语言资本的分配不平等成为必然,所以事实上的语言平等不可能,这个问题的存在与语言的内在品质无关,更多的与政治、阶级和位置有密切联系,这也正是讨论语言的社会意义所在(ibid.)。

霍恩博格高度认同海姆斯关于语言不平等问题的阐释,认为他的理解改变了我们看待语言以及语言与社会互动的方式,使我们不得不重新审视语言与社会之间的复杂关系。首先,语言不平等不仅可以间接促成社会不平等,而且可以通过掩盖和歪曲社会平等使之达到合理、合法的不平等效果(Hornberger,2013:5-7)。其次,从语言竞争看,语言不平等是社区语言相互竞争的必然产物,功能强的语言在很多方面超过功能弱的语言,这种状况既有可能导致语言朝自然演变发展,也有可能使语言朝"语言兼并""语言同化"的反自然方向发展(戴庆厦、何俊芳,2006:52)。霍恩博格(Hornberger,2013b:146-147)指出,在日常生活中,尤其是在美国学校教育工作中,语言不平等问题随处可见,把对一种语言资源的占有等同于对所有教育资源的拥有,毫无顾忌地对那些处于弱势地位的语言及其群体污名化,这不仅是一种意识形态谬误,而且是反自然规律、反民族意志的。而关于这个问题的认识,不少语言学专家倾向于语言不平等是理所当然的,这证明提高教育和社会的批判语言意识方面仍有许多工作要做,而做什么以及为什么这样做,将成为教育者帮助少数民族语言学习者解决语言实际不平等的关键所在。

2.2   语言规划/政策与语言平等问题

霍恩博格认为,如果我们的语言实践确实将我们置于社会和权力的等级中,那么,语言确实可能就是这些等级协商和博弈的场所,不同民族围绕语言问题争夺社会资源以形成社会强势(Hornberger,1998:453)。语言问题带来的矛盾和冲突客观上需要语言规划/政策介入,以便确定各种少数民族语言及其语言变体的社会地位,并进一步促进其不断规范和完善;如果把语言规划/政策理解为一种深思熟虑的、有组织的和有控制的努力,显然,这种认识会使语言规划/政策变成一种内在的、自上而下的行动,政府机构或其他权威机构会借此对某些言语社区的语言行为进行大规模调整。这种自上而下的行为在维护特定社会集团利益、达到为特定政治权力服务的目的同时,往往加剧了社区语言不平等并使之逐渐合法化,同时也为再创造意识形态提供了政策实施空间,或许对促进土著语言维护或振兴有一定的作用(Hornberger et al.,2018:8)。但是,自上而下的语言规划/政策并未强大到足以克服社会话语或历史话语的力量,因而微观的、自下而上的语言规划/政策可以使思考和谈论的方式与社会控制语言使用的方式以及语言使用者联系起来,使语言权力得到整合,社会结构得以重建。自下而上的语言规划/政策的结构由垂直方向的代理、层级和过程三部分组成(Ricento & Hornberger,1996:401-427)。对该结构的理解类似于剥洋葱,即以多种方式描述不同层级之间的渗透和相互作用,揭示政策行为者如何实施、解释、抵制和转变政策倡议的实施空间。语言规划/政策的多层级活动过程有助于动态理解语言代理和语言权力是如何在语言规划/政策多层级过程中流动的,语言平等又是如何被语言规划/政策影响的(Hornberger,2015:9-20)。无论是自上而下的规定,还是自下而上的触发,语言规划/政策都是一种以解决语言不平等问题为目标的行动,是通过调控言说形式和社会结构之间的失衡状况,使不同族裔关于权力、认同、道德及认识论都能达成一定程度上的共识,为消解语言同化主义和多元主义之间的分歧所作出的一种努力。对此,霍恩博格基于美国地方教育政策中关于语言多样性的同化主义和多元主义论述之间的分歧,提出将标准化教育转变为多元化教育以及构建多语言和多文化的国家认同意识形态,实施语言和语言结构多样化的课堂教学,建设一个坚实的和真正的跨文化国家认同,以消除因阶级、种族、文化和性别遭受的语言不平等、剥削和歧视(Hornberger,2000:175-191)。

语言不平等问题能否得到解决不仅依靠语言规划/政策自上而下和自下而上的努力,而且依靠语言规划和语言政策之间形成的合力。霍恩博格等学者基于对语言规划和语言政策之间复杂性关系及其在社会变化过程中的嵌入过程构造了由语言规划、政策和培养组成的六维语言规划/政策坐标系(Hornberger et al.,2018:6-10)。其中,语言规划包括地位规划、习得规划和本体规划,地位规划表示语言功能分配驱动的规划努力,习得规划指的是影响语言或语言使用者的分布状况,本体规划指的是语言结构上的变化,这三部分规划依次分布在坐标系的纵轴上。政策规划(解决国家或者社会事务)和培养规划(解决语言、读写问题或者从宏观的社会学和微观的人类学解决语言规划/政策的方法)则分布在横轴上。六维语言规划/政策坐标系超越了简单地绕过其中一个概念致使一致性缺乏的问题,形成了一种无法通过分别描述两种现象来捕获的意义相互促进的动态模式,使语言规划与语言政策的目标和培养路径紧密交织在一起,在解决语言不平等问题时更具有指导性和可操作性。

2.3　双语/多语教育与语言平等问题

20世纪60年代以来,尽管美国国内各种力量此消彼长,双语/多语教育在历经众多反复和曲折后仍然在朝民族平等和国家统一的内在逻辑发展。虽然如此,建立在美国民族歧视之上的语言不平等依然是美国社会无法根除的顽疾,如何通过双语/多语教育改善这一状况一直是学者们普遍重视的问题。海姆斯认为,美国学校教育中的语言不平等起源于社会分层(Social Stratification),只要社会需要这种分层,就有可能在学校的语言使用中找到重现这种分层的方法。在某种程度上,维持学校教育中的语言不平等是实现社会分层并使之合法化方面的重要方法(Hymes,1980:110-111)。如果坚持语言不平等是一种根深蒂固的文化方式,承认其所带来的社会差别深深植根于教育体制,那么通过实施双语教育,使双语教育影响学校的教育结构(家长参与学校事务的程度、学校对学生母语的认可程度)和教育者观念(教育者与受教育者之间的互动),鼓励学生质疑学校生活中与权力相关的经历,肯定和支持少数民族语言文化,可以有效防止因语言不平等带来的社会不公(Hymes,1981)。

实施双语/多语教育是尊重少数民族群体语言价值、认同少数民族群体语言身份、促进美国社会公平正义的不二选择。霍恩博格根据海姆斯关于语言的种类、语言使用的环境、目的和意义的阐述,结合多语言理论和读写理论,构建了一个旨在影响和消解学校教育中的语言不平等和语言歧视、促进少数民族语言使用者语言学习(文学、阅读、写作、二语和外语学习)和身份建构的双语读写生态框架——双语读写能力连续体(continua of biliteracy)(Hornberger,1989)。这个生态框架中的双语读写能力(biliteracy)指的是用两种或两种以上的语言写作和书面交流的能力,涵盖了一切发生在交际过程中的事件、实践、活动、程序、地点、社会和世界;连续体(continua)则是指语言读写过程中的流动性和动态连续性。双语读写能力连续体涉及语境、内容、媒介和发展四个维度,其中,语境和媒介是关键维度,分别指代口头或书面互动的社会语境和语言使用者先后或同时接触到的相关语言(这些语言可能具有发散或聚合的不同结构);内容和发展是补充维度,分别指代教师的授课内容和学生的个性化发展。四个维度从左至右,通过 12 个嵌套和交叉的尺度展示了双语能力和读写能力之间的多重复杂关系(Hornberger,1990:213)。按照霍恩博格的通俗解释,读写能力连续体框架就是假设双语学习者或使用者读写什么(内容),如何读写(发展),在哪里(语境)以及通过什么手段(媒介)来实现双语读写能力的提高,其过程发生在动态的、快速变化的,甚至相互冲突的空间中(Hornberger,2013b:160)。霍恩博格认为在创建双语学习环境时需要持续对其流动性和权力关系给予足够关注,以识别和形成学生的语言和读写技能。

为进一步检验双语读写能力连续体框架的有效性,霍恩博格和哈德曼(Hornberger & Hardman,1991)运用框架首先对柬埔寨难民妇女实施英语为第二语言(ESL)的课程教学,然后对波多黎各青少年进行双语(西班牙语和英语)同等学力文凭(GED)课程教学,发现读写能力连续体可以作为一种嵌入文化实践的认知技能,可以与以学生主动、教师支持的文化实践教学和谐共存,以此创建丰富的双语学习环境;另外,学生的语言背景越丰富,读写的使用频率越高,读写能力发展越快,学生之间公平交流的机会就更多。

3　教育语言学的民族志研究方法

民族志方法是人类学家通过对具体族群文化实况的田野考察和翔实记录,搜集有关调查对象社会文化的大量第一手资料并撰写文本(text)的过程,一般包括参与观察、田野记录、反思和撰写田野笔记、访谈、文本撰写等几个阶段(邹申,2014:4)。教育语言学的民族志议题设置不仅内容丰富,而且议题之间联系紧密。与此同时,民族志作为研究方法也在教育语言学研究中得到广泛运用(夏宁满,2018:31)。就宾大而言,教育语言学民族志方法主要包括民族志监控、语言民族志、交际民族志、民族志诗学、语言政策民族志等多种方法,主要围绕语言规划/政策与语言平等关系、双语教育与语言平等关系等议题展开。

3.1　语言规划/政策与语言平等关系的民族志研究

多年来,语言规划/政策研究经历了一系列方法上的转变,民族志方法为研究语言规划/政策提供了一种能够在语言结构和机构之间找到克服语言不平等的方式,为语言使用者、教育者和研究人员提供了理解语言、文化、身份和实践之间运作的意识形态空间,同时也为探究人们是如何创造、解释、实施甚至抵制语言规划/政策提供了重要的方法论工具(Canagarajah,2006:154)。语言规划/政策民族志的研究过程是研究者通过长期的、密集性的观察(现场记录或视频记录)、个人访谈(包括半结构式访谈、生活史和故事再现、多元访谈、回顾采访、日记和照片采访、深入采访等)和文件整理(宏观政策文本、本地资料、在线媒体、调查问卷数据等)，建立起语言规划/政策田野工作的基本规范和基本依据。在此基础上，研究者根据田野记录、访谈和民族志文本获得一些基本的关于语言规划/政策的活动与过程常识，以此识别语言规划/政策自上而下和自下而上两种垂直方向的交互性、变革性和批判性，从而在政策的意识形态与实施空间层面为理解语言潜在的平等和现实距离找到突破口。霍恩博格等人(Hornberger et al.，2018：15)指出这种研究范式需要在整体性(holism)和主位观(emic)的指导下完成。整体性与民族志学者的研究目标关联，就是要创造一幅民族志学者正在观察的事件的文化图景，以便于说明政策各组成部分之间的相互关系并给予完整的描述和解释。主位观则暗示民族志学者的意图就是展示文化他者的观点，试图描写特定文化成员的思想、感情和经历，其目的在于提供一种新的、意想不到的、不可预测的认识。整体性和主位观的思想是民族志方法论的基础性范畴和重要原则，对于语言规划/政策与语言平等关系的阐释具有重要意义。

实践中，运用民族志研究语言规划/政策与语言平等问题之间的关系引起了学者们的广泛关注。霍恩博格运用该方法剖析了南美安第斯山脉盖丘亚族、巴拉圭瓜拉尼族和新西兰毛利族长期遭受主流语言压迫的现状，提出了实施多语政策和多语教育的政策建议(Hornberger，2006：277－292)。考虑到政策实施可能会给少数族裔的语言教育实践带来选择上的困境甚至是矛盾，霍恩博格指出政策制定时需要站在积极的立场，以少数族裔自己的语言作为教学媒介，通过与主流社会的语言交流对话、意义制定和信息获取，在促进少数族裔有意义学习、推动语言维护与振兴的同时为语言平等作出贡献。此外，霍恩博格和约翰逊(Hornberger & Johnson，2007：509)还以剥洋葱为隐喻揭示研究人员需要从"洋葱"的各个层面切入，说明当地行为者如何在语言政策实施、解释、抵制和转变中采取措施，实现由自上而下"一层式"的"垂直距离"向自下而上的"多层"转变的假设。林克(Link，2011)对一所拉丁裔移民社区英语学校进行了为期两年的民族志研究，通过对教师和学生使用西班牙语状况的田野调查，提出拉丁裔学校可以通过教师决策和学生参与共同塑造学校语言政策的实施形式，揭示出语言政策在促进不同语言文化平等方面显示出的巨大潜力。弗洛雷斯和希塞尔(Flores & Schissel，2014：454－479)对美国东北部两所城市学校的双语教学标准化改革进行了为期6个月的民族志个案比较，结果表明，基于标准的改革计划将无法解决双语学生的迫切需要，这些所谓的改革正是形成多语意识形态和实施空间的最大障碍，因而创造一个远离单语的意识形态空间和实施空间可以为课堂上构建多语愿景、实现语言平等提供具体的方法工具。

3.2　双语/多语教育与语言平等关系的民族志研究

海姆斯认为，民族志完全是一门关于普通大众的学问，它放弃了先验的理论，专注于生活经验对研究对象的意义，而双语/多语教育民族志研究则超越了测试和调查来记录和解释教育成功与失败的社会意义，使那些被忽视的权利和利益的平等分配(包括语言的平等分配)变得清晰可见(Hymes，1980：114)。在美国，长期以来存在两种论说，一种是双语教育的"同化论"，另外一种则是双语教育的"多元论"。双语教育"同化论"宣称小族语言是"原始的、野蛮的、低劣的"语言，英语是唯一重要的语言，实施双语教育的目的就是支持语言小族通过学习融入英语主流社会、实现少数民族完全被接纳的美好承诺。"多元论"则完全相反，坚持小族语言与小族文化福祉密切相关，并享有一定的文化权利，呼吁政府对双语教育进行资金和政策支持，满足小族语发展。对比两种论说，"同化论"旨在通过双语/多语教育，使之服务和支持一种非强制性的语言同化政策，而"多元论"则试图通过双语/多语教育扭转语言不平等的现状，达到促进社会公平的目的。海姆斯倾向于后者，指出教育是实现语言平等的基本手段，关于如何通过教育促进语言平等，学界需要对民族志所提供的知识充满信心，愿意接受通过合作的民族志观察和分析得出合法性的结论，而这样的结论既不同于霸权式的结论，也不同于正式的测试和测量，理由是这样的测量只能猜测产生不平等的数字因素(Hymes,1980:115-116)。要明晰双语教育与语言平等之间的关系,在学校环境下进行民族志监控极其重要,具体包括三个关键步骤:第一步是咨询教师或学校校长以确定他们最关心的问题;第二步是在课堂内外的一系列情境中观察与该问题相关的行为;第三步是与教师和校长分享研究发现。上述三个步骤之间既是层层递进的关系,又是相互依赖、相互制约的关系,并体现时空上的累积性和可比较性。通过一种自下而上、循序渐进的深层监控、累积和比较,最终达到阐释、辩驳并试图解决语言问题的目的,从而使语言在响应当地社区目标、价值观以及协作潜力方面成为现实。

霍恩博格认为,民族志监控是一项所有项目参与者合作与沟通的活动,不仅项目的所有成员需要近距离、长时间的精诚合作,社区和学校代表均要参与其中。合作的民族志监控的最大价值就是项目中的各个成员在各个层面分析优势与劣势,分享成功与失败,共同评判学生的表现(包括语言表现)在促进社会公平方面产生的政治影响及社会意义(Hornberger,2013:101-122)。合作的民族志监控分为三个层面:合作者对项目中的当前交流行为进行描述(微观层面),对项目实施中的突发模式及其意义进行分析(中观层面),评估计划和政策在抵制语言不平等和促进社会公正方面的社会意义(宏观层面)。基于民族志监控三个层面的理论,霍恩博格对南非的两所大学(the University of Limpopo and the University of KwaZulu-Natal)的双语教育项目进行了长期的民族志监控,并提出了改善学校语言不平等的若干措施;另外,她还针对亚马逊地区和拉丁美洲双语教学迫切需求的状况(Hornberger,2013:1-21),与杜安娜(Dueñas)一起探索了西班牙语第二语言交际及教学实践中存在的语言不平等、心理紧张和改善的可能性,指出双语教育正在嵌入殖民和反抗的社会背景中,教学过程中需要从背景、内容、媒体和发展等维度绘制课堂交际实践图,通过开设示范课和合作评价,有针对性地促进双语教学发展,达到提升学生第二语言产出性技能的目的(Hornberger & Dueñas,2017:1-27)。

4　教育语言学的民族志研究趋势

依据上述分析,本文构建了一个基于民族志塑型理论的教育语言学民族志研究模型,模型的因变域为语言平等,自变域为语言规划/政策、双语/多语教育,理论上认为语言平等受语言规划/政策、双语/多语教育的影响,语言平等的实现是语言规划/政策、双语/多语教育实施的结果。而在这一理论模型的构建过程中,不难发现教育语言学的民族志研究在整体上呈现如下趋势:

首先,教育语言学的民族志研究议题主要围绕语言平等问题展开,这个问题的存在与语言的内在品质无关,更多的是与再生产社会语言资本密切联系。而关于语言平等问题的不同理解可能会影响到我们看待语言以及语言与社会互动的方式,不得不重新思考和审视语言与社会之间的复杂关系。语言平等问题带来的矛盾和冲突客观上需要语言规划/政策介入。一种是依靠权威机构自上而下的推动,一种则是微观的、自下而上的行动,这两种方向截然相反的力量共同致力于语言平等问题的解决。虽然建立在美国民族歧视之上的语言不平等问题一直是美国等西方社会无法根除的顽疾,但是关于如何通过双语/多语教育改善这一状况是学者们普遍重视的问题。不仅如此,实施双语/多语教育也是尊重少数民族群体语言价值、认同少数民族群体语言身份、促进社会公平正义的重要举措。可见,语言规划/政策、双语/多语教育对语言平等问题和社会公平正义均有重要的影响。

其次,民族志方法强调描写、解释、意义建构、关系和共同体,是教育语言学研究中涉及语言平等问题研究、语言规划/政策、双语/多语教育研究重要的研究方法。通过运用民族志监控、语言民族志、交际民族志、民族志诗学、语言政策民族志等民族志方法考察各种社会形态下语言的使用过程、语言教育的结果以及语言使用者复杂的社会活动,剖析语言规划/政策与语言平等、双语/多语教育与语言平等的关系,从而真正发现语言中蕴含的社会结构与规则、文化与资源的多维空间。

5　结语

　　民族志是推动教育语言学突破性发展的重要理论(赖良涛,2021),运用民族志从多个议题入手分析教育中的语言平等问题,是宾大教育语言学研究的一个重要特征。本研究仅根据相关文献对影响语言平等(因变域)的语言规划/政策与双语/多语教育等两个议题(自变域)尝试进行了理论上的探索,事实上还存在更多的人们曾经以为与语言平等有关的研究议题(自变域)。未来需要进一步梳理相关文献,或者从实务上找到更多的自变域开展更系统的研究。另外,本研究仅对模型中的语言规划/政策与语言平等、双语/多语教育与语言平等这两组关系进行了理论上的论证,并未就语言规划/政策与双语/多语教育的交互作用以及语言平等对社会正义的影响进行专门探讨。据此,未来研究可以在两个路线上展开。一条路线是依据民族志理论,生成语言规划/政策影响双语/多语教育、双语/多语教育影响语言平等进而影响社会正义的模型,另外一条路线是生成双语/多语教育影响语言规划/政策、语言规划/政策影响语言平等进而影响社会正义的模型。通过增加新的自变域,补充、发展和完善现有的理论框架,逐步熟悉其基本假设、逻辑、规则和程序,从而构建较为完备的教育语言学民族志方法论体系。

参考文献

[1] Canagarajah, S. 2006. Ethnographic methods in language policy[A]. In T. Ricento (Ed.) *Language policy: Theory and method*[C]. Oxford: Blackwell Publishing.

[2] Flores, N. & Chissel, J. L.. 2014. Dynamic bilingualism as the norm: Envisioning a heteroglossic approach to standards-based reform[J]. *TESOL Quarterly* (3): 454 - 479.

[3] Hornberger, N. & Johnson, D. C.. 2007. Slicing the onion ethnographically: Layers and spaces in multilingual language education policy and practice[J]. *TESOL Quarterly* (3): 509 - 532.

[4] Hornberger, N. & Johnson, D.C.. 2011. The ethnography of language policy[A]. In Teresa L. McCarty (ed.) *Ethnography and language policy*[C]. New York: Routledge.

[5] Hornberger, N. & Dueñas, F. K. 2017. From Student Shyness to Student Voice: Mapping Biliteracy Teaching in Indigenous Contexts[J]. *Working Papers in Educational Linguistics*, (1): 1 - 23.

[6] Hornberger, N. & Hardman, J.. 1991. Literacy as cultural practice and cognitive skill: Biliteracy in a Cambodian adult ESL class and a Puerto Rican GED program[A]. In D. Spener (Ed.) *National Clearinghouse on Literacy Education*[C]. Washington D. C.: Center for Applied Linguistics.

[7] Hornberger, N. & Skilton, S.E.. 1998. Revisiting the continua of biliteracy: International and critical perspectives[A]. In *Symposium on Sociolinguistic and Ethnographic Studies on Linguistic Diversity: Looking Back and Looking Forward*[C]. San Diego, California.

[8] Hornberger, N. 2000. Bilingual education policy and practice in the Andes: Ideological paradox and intercultural possibility [J]. *Anthropology and Education Quarterly* (2): 173 - 201.

[9] Hornberger, N. 2013b. Biliteracy Continua[A]. In Margaret, R.H. *Framing Languages and Literacies*[C]. New York: Routledge.

[10] Hornberger, N. 1989. Continua of biliteracy [J]. *Review of Educational Research* (3):

271 - 296.

[11] Hornberger, N. 1990. Creating successful learning contexts for bilingual literacy[J]. *Teachers College Record* (2): 212 - 229.

[12] Hornberger, N. 1998. Language Policy, Language Education, Language Rights: Indigenous, Immigrant, and International Perspectives[J]. *Language in Society* (4): 439 - 458.

[13] Hornberger, N. 2013. Negotiating methodological rich points in the ethnography of language policy[J]. *International Journal in the Sociology of Language* (219): 101 - 122.

[14] Hornberger, N. 2013. On not taking language inequality for granted: Hymesian traces in ethnographic monitoring of South Africa's multilingual language policy[J]. *Working Papers in Educational Linguistics*, (1): 1 - 21.

[15] Hornberger, N. 2015. Selecting appropriate research methods in LPP research: Methodological rich points[A]. In F. M. Hult & D. C. Johnson (eds.) *Research methods in language policy and planning: A practical guide*[C]. Malden, MA: Wiley-Blackwell, 9 - 20.

[16] Hornberger, N. & Tapia, A., Hanks, D. & Dueñas, F. K. 2018. Ethnography of Language Planning and Policy[J/OL]. *https://repository.upenn.edu/gse_pubs/*, (478): 1 - 69.

[17] Hornberger, N. 2006. Voice and Biliteracy in Indigenous Language Revitalization: Contentious Education Practices in Quechua, Guarani, and Maori Contexts[J]. *Journal of Language, Identity and Education*, (4): 277 - 292.

[18] Hymes, D. 1996. *Ethnography, Linguistics, Narrative Inequality: Toward an Understanding of Voice*[M]. New York: Taylor and Francis.

[19] Hymes, D. 1981. *Ethnographic Monitoring of Children's Acquisition of Reading/Language Arts Skills In and Out of the Classroom*[M]. Philadelphia: University of Pennsylvania.

[20] Hymes, D. (ed.). 1964. Introduction: Toward Ethnographies of Communication[A]. In J. J. Gumperz & D. Hymes (eds.) *The Ethnography of Communication*[C]. Washington, D.C.: American Anthropological Association.

[21] Hymes, D. 1980. *Language in Education Ethnolinguistic Essays. Language and Ethnography Series*[M]. Washington, D.C.: Center for Applied Linguistics.

[22] Link, H. K. 2011. Hola means Hello: The intersection of language ideologies and language policies in a school of the New Latino Diaspora[J]. *Working Papers in Educational Linguistics* (1): 101 - 120.

[23] Ricento, T. & Hornberger, N.. 1996. Unpeeling the onion: Language planning and policy and the ELT professional[J]. *TESOL Quarterly* (3): 401 - 427.

[24] Schensul, L. S., Schensul, J., & LeCompte, M.. 1999. *Essential Ethnographic Methods: Observations, Interviews, and Questionnaires*[M]. London: Altamira Press.

[25] 戴庆厦,何俊芳.2006,语言和民族(二)[M].北京:中央民族大学出版社.

[26] 赖良涛.2021.教育语言学新发展研究[M].北京:清华大学出版社.

[27] 刘玉皑.2018.民族志导论[M].北京:民族出版社.

[28] 纳日碧力戈.2010.语言人类学[M].上海:华东理工大学出版社.

[29] 夏宁满.2018.国内外教育语言学学科研究综述[J].外语与外语教学(02):22 - 33.

[30] 邹申.2014.民族志研究方法在语言测试研究中的应用[J].外语电化教学(05):3 - 9.

Ethnography in Educational Linguistics:
Issues, Approaches and Trends

Ningman Xia

Jishou University

Abstract: The application of ethnography in the exploration of language in education, including language education, is an important feature of the study of Educational Linguistics (EL) in the Education School of the University of Pennsylvania, USA, where a thorough research on Language Equality (LE) and Social Justice (SJ) with educational intervention, and problem-oriented research in combination with language education policy are created by Dell Hymes and Nancy Hornberger, two representatives of educational linguistics research. Their ethnography paradigm in educational linguistics research, which takes LE as a key variable (Dependent Variable, DV), Language Policy and Planning (LPP) and Bilingual or Multilingual Education (BME) as cultural domains (Independent Variables, IVs), integrates ethnographic methods such as ethnographic monitoring and language policy ethnography, has been preliminarily formed as well. However, this paradigm still needs to be further optimized in terms of factors, settings, and methods. For instance, Social Justice as an essential variable could be incorporated into IVs on the basis of preserving the existing issues, and a new formative theory model from two perspectives (LPP influences BME, which influences LI and then SJ; BME influences LPP, which influences LI and then SJ) can be constructed accordingly. Only in this way can a more complete ethnography methodology of educational linguistics be expected in the future.

Keywords: educational linguistics; Hymes; Hornberger; ethnography

作为教育语言学的外语教育

赖良涛[①]

上海交通大学

摘　要：教育语言学是研究语言与教育之间互动关系的学科,具有教育的语言与语言的教育两大任务。外语教育作为语言教育的一部分,也是教育语言学的重要研究内容。本文力图突破传统应用语言学的局限,从教育语言学的学科内涵、外延、属性、任务、理论基础、研究方法等各方面阐述外语教育的本质属性,力图为外语教育理论与实践提供新的启示。

关键词：外语教育；教育语言学；学科属性

外语教育是外语学界的根本性的教育任务,也是学术研究的核心话题。然而我国学界对于外语教育的学科性一直存在争议。本文提出外语教育是教育语言学理论与实践的重要组成部分,从教育语言学的学科视角来阐述外语教育理论与实践的学科属性,力图为外语教育教学提供新视角、新启示,促进我国外语教育理论与实践的长足发展。

1　外语教育的学科属性争议

外语教育是我国现代教育体系的重要组成部分,是我国对外开放、对外交流和实现中华民族伟大复兴的重要前提,对于个体发展和社会进步具有重要的理论与实践意义。然而,外语学界对于外语教育的学科属性一直存在争议。传统上,外语教育一直被看作应用语言学的组成部分。应用语言学(applied linguistics)这个学科术语在 1948 年刚被提出时主要指语言教学,特别是第二语言习得与教学(Grabe,2012)。我国部分学者继承了这个观点,比如桂诗春(2007：7；2015：5)提出在我国建立应用语言学这个学科,从而使大家把外语教学当作一门复杂的学问;陈建平(2018)也从应用语言学的视角来谈我国外语教育的发展。然而随着应用语言学的外延在发展中不断扩大,应用语言学本身的学科性不断受到质疑。比如威多逊(Widdowson,1984：7)指出,"应用语言学"这个术语暗示语言理论的研究发现能用来解决另一领域的实际问题,必然与语言教育教学紧密关联;然而理论语言学家看待语言的方式未必适用于语言教学。乔姆斯基(Chomsky)同样也警告语言教师必须对语言学的原理加以证实或证伪(Allen & van Buren,1971)。斯波斯基(Spolsky,2008：1-2)也认为,把(狭义)应用语言学看作语言学在外语教学中的应用是一种简单主义,此观点忽略了语言教学中的言语交际以及社会、心理、教育、学习等其他因素。

正是看到了外语(语言)教育教学的复杂性,一部分学者提出建立独立的外语教育学学科,比如章兼中(1993)、张正东(1999)、舒白梅(2009)分别出版了以"外语教育学"命名的专著。另外,张玉华(1998)、夏纪梅(1999)、汪国胜(2006)等则提出建立语言教育学学科,可以看作对外语教育学一脉相承的扩展。这些学者认为外语(语言)教学不对语言现象进行描写和解释,因而将之归于语言学是不恰当

---

①　赖良涛(1976—　　),男,博士,上海交通大学外国语学院副教授,硕士研究生导师;研究方向：功能语言学、教育语言学、法律语言学;
　　通信地址：上海市闵行区东川路 800 号上海交通大学外国语学院;邮编：200240;电子邮箱：lailiangtao@sjtu.edu.cn。

的,需要打破语言学一统天下的格局;他们提出外语教学是一门交叉学科,研究外语(语言)教学的本质、过程和规律,涉及语言学、心理学、社会学、教育学等相关学科。王文斌(2017)、王文斌和李民(2018)、王文斌和柳鑫淼(2021)等也撰文提出要建立独立的外语教育学学科,认为其研究对象是外语教育活动本身所涉及的课程设置、教法设计、教材编撰、学习研究等方面;其理论来源包括语言学与应用语言学以及教育学和心理学,但认为其学科属性仍然属于外国语言文学或语言学一级学科,而非教育学。

　　另外,我国还有一部分学者提出建立"外语教育语言学"。比如张国扬、朱亚夫(1996a/1996b)认为外语教育语言学是服务于外语教学的语言学,其研究范围是语言学及相关学科与外语教学之间的相互关系;目的是从外语教学的各个方面来分析和描写外语教学的过程;提出相关假设,由此提出外语教学应遵循的规律和原则,建立面向外语教学的语言模式;其研究对象涉及与外语教学相关的语言理论模式、语言描写模式、外语学习理论模式、理论模式的应用以及课堂教学实践等。范琳、张德禄(2004)提出外语教育语言学研究语言教与学的一般现象、规律、理论、原则和方法,揭示语言教育的措施、方法与语言教学的效果之间的关系;通过对语言科学与教育学理论的研究,此学科将语言学与语言学习理论相结合,用心理学和心理语言学的理论研究实用性的教授和学习方法,同时借助社会语言学和语用学理论来研究语言交际能力。

　　综合来看,各位学者都充分意识到外语教育教学的复杂性,认为其不仅涉及语言学,也涉及教育学、心理学、社会学等相关学科领域,是一个交叉性的研究领域。对其具体的学科属性,部分学者承认其交叉性,但秉持传统狭义应用语言学的观点,认为其属于应用语言学;部分学者对应用语言学的学科性提出质疑,认为外语教育应该突破语言学的藩篱,建立独立于语言学的交叉性外语教育学科;有学者认为其应该独立于应用语言学,但仍然属于语言学一级学科下的二级学科;还有学者认为其属于脱胎于教育语言学和应用语言学的外语教育语言学,仍然属于语言学的范畴。应该说明的是,各位学者从各自的学术视角出发对外语教育的学科属性提出不同的定位,本质上不是谁优谁劣的问题,而是对同一个客观现象从不同视角来加以研究;而这正是学科多样性的优势所在,也是多元社会的精髓所在。在下文中,笔者将从教育语言学的学科视角和理论原则出发,阐述外语教育的本质属性,从而为外语教育理论与实践问题提供新的启示。

2　外语教育在教育语言学中的定位

　　教育语言学是研究语言与教育之间的互动关系的一门学科(Spolsky,1978:viii;1999:1),关注的是教师和学习者通过语言来进行的教授或学习活动(Halliday,1990:23;2007:354)。作为一个学科术语,"教育语言学"内在包含三个关键词,即"教育""语言""学"。其内涵也可由此推理而出:我们可以从语言角度来研究教育教学,关注语言在教育教学中所发挥的作用,包括语言对个体发展、文化传承以及在教学话语过程中发挥的媒介作用,即"教育中的语言"(language in education),根本目的是建立基于语言的教育教学理论;也可以从教育角度来研究语言,关注语言教育教学(language education),包括宏观教育和微观教学中个体语言发展、社会语言演化以及教育话语发生过程中对语言本质和结构功能带来的影响,其基本目的是研究语言的教育教学规律;还可以关注两者的中间地带,研究基于语言(学)的语言教育教学规律(赖良涛,2021:2-3)。

　　由此来看,外语教育显然属于教育语言学的研究范围。教育语言学视域下的外语教育研究至少包含以下几个层次。第一,外语教育首先是教育。教育语言学从语言视角所揭示的一般性教育教学规律也是外语教育教学的基本规律,因而也是外语教育理论与实践需要关注的重要内容。由于语言在教育中的基本媒介作用,外语教育研究也需要关注教学媒介语言的作用,比如学习者母语、二语或目标外语在外语教育过程中所各自发挥的作用,这是"教育的语言"研究的基本内容,也是外语教育研究的基本内容。第二,外语教育也是语言教育,可以从教育角度来研究教学目标语言(外语),包括一般性语言教育给目标语本身所带来的发展变化,以及一般性的语言教学规律对外语教育的指导作用;不仅要关注教育教学过程中学习者个体的外语能力发展以及由此所引发的个体社会化发展,还要关注外语教育给社会整体(比如特定言语社区、地域以及整个国家和地区)语言能力所带来的变化以及所带来的整体社会发展,还要关注外语教育给教育话语过程(一般性教学过程)所带来的发展变化。第三,外语教育与母语教育不同,本质上是一种双语教育。需要从双语教育的内涵、外延、研究方法出发,研究外语教育教学独特的规律。

3　外语教育过程的三个方面

教育语言学理论与实践的前提是语言与教育之间的密切关系,这也是教育语言学视域下外语教育研究的基本前提。斯波斯基(Spolsky,1978:7-16)、海姆斯(Hymes,1980/1976)都从教育交际的视角强调语言是教育的基本媒介,斯波斯基(Spolsky,1978:7)进一步提出语言也是个体社会化发展的核心;霍恩博格(Hornberger,2001:9)提出要关注语言在建构和协商知识以及社会身份中的角色,兼顾语言、内容和身份的关系。这些学者主要是从教育中的语言问题视角来探讨语言与教育的关系,并未从本质上对这种关系进行深入讨论。但韩礼德(Halliday)社会符号的语言发展与学习观对于认识语言与教育的关系具有重要启示,也是外语教育理论与实践的重要指南。韩礼德(Halliday,2004:327-352)提出,人类学习过程是一个符号表意过程,学习就是学习如何表意,并不断扩展个人表意潜势;而语言是人类符号的基本形式,因而个体的语言发展过程也是学习的个体发展过程;同时求知(knowing)就是通过语言把经验识解为知识,因而语言是求知的基本条件。由此,韩礼德(Halliday,2004:308-326)指出,个体语言发展是学习语言(learning language)、通过语言来学习(learning through language)以及学习语言知识(learning about language)三位一体的过程:学习语言指通过学习者实现个体在目标语言能力上的发展;通过语言来学习指把语言作为学习文化知识的媒介,即学习语言所承载(识解)的知识文化;学习语言知识指把目标语言本身作为知识领域,学习其语音、语法、语义、语用知识。

韩礼德基于语言的学习与发展观对于外语教育理论与实践具有重要的启示。外语教育活动也是学习外语、通过外语来学习和学习外语知识三位一体的统一,外语教育研究也需要充分考虑这三方面的内容。首先,从学习者的角度来看,外语教育教学的目标之一是学习特定的外语,发展学习者用目标语言进行一般性的社会交际能力。其次,外语教育与母语教育的重要差别之一是需要更加重视目标语言的语言知识,包括语音、语法、语义、篇章语用等方面的知识。由于外语学习者基本不具备母语与二语学习者类似的沉浸式学习环境,他们需要通过显性的目标语言知识的学习来促进交流能力的发展。目前我国外语教学注重语音和语法知识的传授,但相对忽视语义以及篇章语用知识方面的传授。由于语言的实际运用单位不是句子,而是作为语义单位的语篇,对语篇语义知识的忽视大大限制了外语学习者语言能力的发展。第三,外语教育教学更要重视让学习者通过外语来学习其中所承载的知识文化。知识不是任何凭空存在的抽象物,而是通过语言的表意功能来识解的人类经验。学习外语必然与学习通过外语所承载的知识文化密不可分。这有两方面的含义。首先,学习语言与学习知识文化密不可分。当前我们的外语教育存在重视学习语言基本技能,而相对忽视学习语言承载的知识文化的倾向。我们需要进一步提高一般性外语教育中知识文化的系统性,从而帮助学生学习与此类内容相关的语言知识技能。其次,语言所承载的知识文化有一部分内容(特别是社会文化方面的内容)承载了特定文化的意识形态,这也是外语教育中需要充分重视的方面,而这正是外语教育中课程思政的基本出发点。

4　外语教育的语义发生维度

系统功能的教育语言学理论提倡从语言发展的视角研究教育教学(Halliday,2007:368 - 382;赖良涛,2019)。韩礼德和麦蒂森(Halliday & Matthiessen,1999:17 - 18)提出,语言是创造意义、表达意义的资源,而意义的创造和表达即语义发生过程,涉及系统语义发生(phylogenesis)、个体语义发生(ontogenesis)、语篇语义发生(logogenesis)三个时间维度。系统语义发生指特定语言系统以及人类语言整体的发展进化过程,个体语义发生指个体语言潜势的发展过程,而语篇语义发生指通过语篇(话语)活动进行的即时表意活动过程。这三个语义发生过程是语言发展的三位一体过程,本质并无差别,只是考察的时间维度不同而已。系统功能学派的教育语言学把教育过程看作由语言承载的语义发生过程。同样,外语教育过程也可以看作语言(教学目标语言和媒介语言)所承载的语义发生过程,可以从个体语义发生、系统语义发生和语篇语义发生三个时间维度来考察。

从系统发生视角来看,外语教育过程中,教学目标语言(外语)以及媒介语言(可以是母语或者外语)所建构的知识总和构成了外语教育的教育意义潜势,即可用于外语教育的知识总和,这是外语教育理论与实践要关注的首要对象。然而,当前我国外语教育界相对忽略外语教育中的知识体系。一提到外语教育的知识体系,主要聚焦于目标语言(特定外语)本身的语言知识,包括其语音、词汇、语法、语义、语用等知识。系统的语言知识传授主要是传统的语音、词汇语法和语义知识,且只限于外语专业中。一般通用性外语教育(大学外语)的课程体系基本不传授系统的语言知识,或者只涉及零散的用母语建构的外语语言知识;语言知识之外,主要传授用外语建构的日常生活知识,较少涉及用外语建构的通用性科技人文知识。

语言与求知也不可分。从个体发生的视角来看,个体语言发展的过程也是个体不断学习用语言表意来识解经验、建构与重构社会知识的过程,由此不断拓展其语义潜势。对外语学习者来说,只有学会使用特定外语来识解经验、进行意义交流,才能真正发展起基于此外语的系统性语言能力。由此,一方面学习者学习了用特定外语所建构的知识,同时也发展了用此语言来自我建构特定知识的能力,由此成为基于此外语的知识学习者和创造者。这意味着外语教育中,对个体语言能力的认知需要进一步深化:个体的外语能力除了使用外语识解日常经验、构建日常知识进行交流的能力之外,更要包括识解专业经验领域、构建和交流特定专业知识的能力,这应该是外语教育中的首要目标。

从语篇发生视角来看,外语教育过程可以看作由作为媒介语和目标语的外语及其他各种符号系统共同实现的一系列复杂的话语过程(Halliday,2007:90 - 91),涉及知识建构(production)、语境重构(recontextualization)、再生产(reproduction)等话语过程(赖良涛,2015)。在知识建构环节,我们需要研究目前此语种建构了哪些类型的专业知识技能可以供我们用来进行外语教育。我们可以从语言视角给这些知识归类,比如马丁和罗斯(Martin & Rose,2012:76 - 100)按照学术知识建构所涉及的话语类型把知识分为分类型、因果型和评价型知识。分类型知识包括事物分类和事物构成性知识,体现在描述报告、分类报告和结构报告中,帮助学习者理解事物特征;因果型知识主要体现在解释性语类中,包括时间、原因、结果等语义特征,帮助学生理解社会活动过程;评判型知识表达各种观点,主要体现在历史叙事以及议论和反响等评判性语类中。在语境重构环节,我们需要研究哪些类型的专业知识适合于何种层次的外语教育,且需要在哪些方面和多大程度上进行改写以纳入外语教材,使之适合特定的外语教育目的。再生产环节是通过具体的教学实践把教材知识技能传授给学生的过程。由此我们可以研究外语教师的教学语言、课堂话语、师生互动话语、评价话语等,从而为外语教学实践提供丰富启示。

5　建立基于语言(学)的外语教育理论

把外语教育纳入教育语言学的研究范畴,需要我们从语言角度来研究外语教育教学,建立基于语言(语言学)的外语教育理论,并用来指导教育实践。在这一点上,国内不少学者也有共识。沈骑(2016)提出外语教育研究是教育语言学研究的重要分支,需要借鉴参考教育语言学在学科建设、学科整合和研究范式上的创新,提升我国外语教育研究的学术水平和能力。李宇明(2018)指出我国语言教育种类繁多,其中外语教育涉及国外语言的教育以及我国汉语普通话、方言以及民族语言作为外语的教育,指出当前我国外语教学、汉语教学与民语教学各自为政,甚至同一语种的作为母语、二语、通用语、外语的教育类型也缺乏沟通,对语言(外语)教育政策、规划、传播等宏观层面研究不足,因而需要发展教育语言学来从学科和体制上克服这些局限。王文斌(2022)聚焦外语教育,从外语教育教学研究的认识论和方法论、教授、学习、课程、教材、翻译教育、教师发展、教育技术、政策规划等十个维度,论证语言学在外语教育研究中的重要性,认为语言学有益于外语教育研究在深度、广度和高度上进一步丰富其理论和实践,使外语教育研究的学理更加明晰,逻辑更加顺畅,效果更加理想。

建立基于语言(学)的外语教育理论既有必要,也有可能,这是由语言在外语教育中的根本性地位决定的。外语教育作为一般性教育的一部分,具有天然的符号性,而语言是人类社会的主要符号系统。外语教育的符号性可以从以下几个方面来认识。首先,语言是外语教育的目标得以实现的基本条件。外语教育的最终目标是发展个体基于特定语种的高级心理功能(Vygotsky,1998),即以此语言为载体的理性化概念、记忆、逻辑、思维等个体内认知能力;功能语言学把此认知能力解释为通过此语言的符号表意潜势把个体的社会化经验识解为知识的能力(Halliday & Matthiessen,1999)。因而,个体外语学习就是发展个体基于此外语的语义潜势。其次,外语教育以语言为媒介,通过学习者与教育者之间的互动性表意交流进行。外语教育的媒介语言可以是学习者母语、目标外语或者学习者与教育者之间的某种通用语。对所涉及媒介语言的互动交际功能进行深入研究,是外语教育顺利进行的基本条件。第三,外语教育的内容也是语言所建构起来的。其内容包括目标外语相关的语音、语法、语义、语用等语言知识以及相应的语言能力;也包括由此语言所建构、承载的一般性社会知识文化,包括此语言作为母语、二语、外语所建构的知识文化。总体来看,外语教育的目标、政策、规划、内容、大纲、组织、评估等本质上都是由语言建构的话语过程,具有天然的语言符号性。这决定了外语教育本质上是基于语言的教育,需要从语言角度来深入研究从而加深对其本质规律的认识。

语言在外语教育中的根本性地位决定了语言学在外语教育研究中的根本性地位。语言学的作用可以从三个层次来考虑。首先是普通语言学理论对外语教育作为一般性教育研究的作用,从而揭示外语教育的目标、内容、途径等方面的建构规律。其次是作为区别于母语和二语的外语所具有的一般性规律对于外语教育教学规律的决定作用。第三是特定语种(比如英语)区别于其他语言的独特规律对于此语种教育教学的启示。建立基于语言(学)的外语教育研究理论,并不排斥从社会学、心理学、教育学等相关学科汲取理论养分。这些外围学科可以通过其与语言的关系,从社会语言学、心理语言学、语言习得、语言发展等视角成为外语教育研究的理论基础。另外,建立基于语言学的外语教育理论,不能指望现成的语言学理论能直接用来指导外语教育实践,解决外语教育中的所有问题,因为正如前面所说,理论语言学的研究目的与外语教育有出入,其研究成果未必适用于外语教育。这要求我们对真实的外语教育场景中所涉及的语言现象进行细致的描写,建构适用于外语教育的语言描写体系,同时充分借鉴、吸收当前语言学理论中的有益成果,结合外语教育的需求加以提炼、改造,形成完整统一的、适用于外语教育理论和实践的语言理论和描写体系。

6　结语

外语教育作为特殊的语言教育,显然可以纳入教育语言学的研究范畴。教育语言学可以为外语教育理论与实践提供丰富、独特的理论指导和实践指南。具体来说,教育语言学从语言视角对一般性教育规律的揭示、对语言教育的独特观照以及把外语教育作为双语教育的视角可为外语教育提供独特启示。从教育语言学视角来看，外语教育教学应该追求学习外语、学习外语知识以及通过外语学习知识三位一体的统一，追求外语能力提升、外语知识学习和学科知识学习的统一。从系统发生、个体发生和语篇发生三个时间维度来考察，外语教育应该是传授以外语建构的社会知识文化、个体外语潜势发展以及具体的外语教育话语过程三位一体的统一。我们急需克服当前外语教育中的语言盲区，整合现代语言学的发展成果，构建适用于外语教育的语言理论与描写体系，从语言角度来研究外语教育的基本规律，建立基于语言（外语教育的媒介与目标语言）的外语教育理论并用来指导实践。这既是外语教育者的基本立足点和最大优势，也是在教育语言学视角下开展科学的外语教育研究与实践的需要。

参考文献

[1] Allen, J. P. B. & van Buren, P. 1971. *Chomsky: Selected Readings* [A]. London: Oxford University Press.

[2] Grabe, W. 2010. Applied Linguistics: A Twenty-First-Century Discipline [A]. In R. B. Kaplan (Ed.) *The Oxford Handbook of Applied Linguistics* (2ed.) [C]. Oxford: Oxford University Press.

[3] Halliday, M. A. K. 1990. On the concept of "educational linguistics" [A]. In R. Giblett & J. O'Carroll (Eds.), *Discipline-Dialogue-Difference: Proceedings of the Language in Education Conference* [C]. Murdoch: 4D Duration Publications, 23 - 42.

[4] Halliday, M. A. K. 2004. *The Language of Early Childhood* [M]. London & New York: Continuum.

[5] Halliday, M. A. K. 2007. *Language and Education* [M]. London & New York: Continuum.

[6] Halliday, M. A. K. & Matthiessen, C. 1999. *Construing Experience through Meaning — A Language-Based Approach to Cognition* [M]. London: Cassell.

[7] Hornberger, N. H. 2001. Educational linguistics as a field: A view from Penn's program on the occasion of its 25th anniversary [J]. *Working Papers in Educational Linguistics*, 17(1): 1 - 26.

[8] Hymes, D. H. 1976. Toward educational linguistics [J]. *Working Papers in Education* (Vol. I). Philadelphia: Graduate School of Education, University of Pennsylvania.

[9] Hymes, D. H. 1980. *Language in Education: Ethnolinguistic Essays* [M]. Washington D.C.: Center for Applied Linguistics.

[10] Martin, J. R. & Rose, D. 2012. *Learning to Write, Reading to Learn: Genre, Knowledge and Pedagogy in the Sydney School* [M]. London: Equinox.

[11] Spolsky, B. 1978. *Educational Linguistics: An Introduction* [M]. Rowley: Newbury.

[12] Spolsky, B. 1999. General introduction: The field of educational linguistics [A]. In B. Spolsky (Ed.), *Concise Encyclopedia of Educational Linguistics* [C]. Amsterdam & New York: Elsevier, 1 - 6.

[13] Spolsky, B. 2008. Introduction: What is educational linguistics? [A]. In B. Spolsky & F. M. Hult (Eds.), *The Handbook of Educational Linguistics* [C]. Oxford: Blackwell, 1 - 9.

[14] Vygotsky, L. S. 1998. *Part 2: Problems of Child (Developmental) Psychology* (A). In R. W. Beiber (ed.). *The Collected Works of L. S. Vygotsky Vol. 5 Child Psychology* [C]. New York: Plenum Publishers, 187 - 296.

[15] Widdowson, H. G. 1984. *Explorations in Applied Linguistics 2* [M]. Oxford: Oxford University Press.

[16] 陈建平.2018.应用语言学与我国外语教育[J].外语界(4)：8 - 12.

[17] 范琳,张德禄.2004.外语教育语言学理论建构的设想[J].外语与外语教学(4)：16 - 21.

[18] 桂诗春.2007.桂诗春自选集[M].广州：广东人民出版社.

[19] 桂诗春.2015.桂诗春自选集[M].广州：中山大学出版社.

[20] 赖良涛.2015.教育语言学：一个社会符号的模式[M].北京：外语教学与研究出版社.

[21] 赖良涛.2019.教育语言学的系统功能视角[J].语言学研究(2)：7 - 16.

[22] 赖良涛.2021.教育语言学新发展研究[M].北京：清华大学出版社.

[23] 李宇明.2018.我国需要教育语言学[G].见赖良涛,严明,王革主编,教育语言学研究(第 1 卷).上海：华东师范大学出版社.

[24] 沈骑.2016.教育语言学的学科创新及对我国外语教育研究的学科意义[J].外语与外语教学(3)：7 - 12 + 144.

[25] 舒白梅.2009.现代外语教育学[M].上海：上海外语教育出版社.

[26] 汪国胜.2006.语言教育论[M].武汉：华中师范大学出版社.

[27] 王文斌,李民.2018.外语教育属于什么学科——外语教育学构建的必要性及相关问题探析[J].外语教学(1)：44 - 50.

[28] 王文斌,柳鑫淼.2021.关于我国外语教育研究与实践的若干问题[J].外语与外语教学(1)：1 - 12 + 144.

[29] 王文斌.2017.论外语教育学的学科建构.外语教学与研究(5)：732 - 742 + 800 + 801.

[30] 王文斌.2022.论语言学与外语教育研究的关系.外语教学(2)：1 - 9.

[31] 夏纪梅.1999.外语教学的学科属性研究——"语言教育学论"引发的思考[J].语言教学与研究(4)：4 - 14.

[32] 张国扬,朱亚夫.1996a.外语教育语言学[M].南宁：广西教育出版社.

[33] 张国扬,朱亚夫.1996b.外语教育语言学漫谈[J].广州师院学报(社会科学版)(1)：59 - 66.

[34] 张玉华.1998.语言教育学漫谈[J].解放军外国语学院学报(5)：9 - 14.

[35] 张正东.1999.外语教育学[M].北京：科学出版社.

[36] 章兼中.1993.外语教育学[M].杭州：浙江教育出版社.

Foreign Language Education as a Part of Educational Linguistics

Liangtao Lai

Shanghai Jiao Tong University

Abstract: Educational linguistics focuses on the study of the interaction between language and education, and has two major tasks: The language of education and the education of language. Foreign language education, as a part of language education, is an important field in educational linguistics. This paper is intended to break the limits of traditional applied linguistics, expound on the nature of foreign language education based on the connotation, denotation, attributes, tasks, theoretic foundation and research methodology of educational linguistics, with a view to provide new insights for the theory and practice of foreign language education.

Key words: foreign language education; educational linguistics; disciplinarity

英语学术论文摘要中作者自我呈现方式的历时对比研究①

——以物理学和语言学学科为例

杨林秀② 韩 晋③

山西大学

摘 要：学术论文摘要不仅传递学术信息、报告最新科研成果，而且会使用恰当的策略和手段说服读者，对读者产生影响。在学术论文摘要中，作者会选择显性和隐性的语言手段和策略呈现自我及其研究，是建构作者身份和实现语篇目的的重要方式。基于自建语料库，本研究系统探讨作者自我呈现方式在 1976—2020 年语言学和物理学摘要中的显隐性呈现方式及其所建构的作者角色和语篇功能的历时变化情况。研究发现：① 作者自我呈现在两学科摘要中均呈增长态势，语言学增幅更加明显。② 两学科摘要中显性的第一人称单数代词不断增加，而复数代词则显示出现先升后降的趋势；隐性的非人称代词使用率不断增长，被动语态持续下降；语言学中使用第一人称单数代词和非人称代词的倾向性更强。③ 两学科摘要中建构的主要作者角色类型是研究者和写作者，其次是推销者和争论者；但语言学中研究者比例有所下降，推销者不断增加，物理学中研究者比例不断增加，推销者相对稳定。两学科作者自我呈现的差异主要源于写作观念、学科差异、语用因素以及外部环境的影响。本研究丰富的研究成果可以为学术论文摘要的写作和教学提供借鉴。

关键词：学术论文摘要；作者自我呈现；作者角色和语篇功能；历时变化

1 引言

如何在学术写作中呈现作者及其研究一直是一个备受关注的研究话题。一方面，研究者为了保障研究的中立与客观，不得不在写作中将自己置于边缘地位；另一方面，研究者也意识到需要建立和保持作者的存在感，以便与读者交流来获得读者及学术团体的认可。保持中立性和自身可见的微妙平衡导致研究人员在变化中使用各种各样的语言资源来表达立场和观点。尽管使用的术语不一，此方面的研究通过关注学术话语中作者呈现的词汇语法资源，如人称代词等探究作者在学术文本中的凸显程度，取得了丰硕的成果。

本研究将作者在学术文本中呈现自己及其研究的过程定义为"作者自我呈现"(authorial self-representation)，并将其看作一个语义概念，探究其词汇语法呈现方式(包括显性呈现和隐性呈现，涵盖

① 本文是教育部人文社科规划项目"基于语料库的英汉学术语篇中作者自我呈现方式的对比研究"(23YJA740048)的阶段性成果。

② 杨林秀(1976—)，女，博士，山西大学外国语学院教授；研究方向：系统功能语言学及语篇分析；通信地址：山西省太原市小店区坞城路 92 号山西大学外国语学院；邮编：030006；邮箱：yanglx@sxu.edu.cn。

③ 韩晋(1997—)，女，山西大学外国语学院在读硕士；研究方向：系统功能语言学及语篇分析；通信地址：山西省太原市小店区坞城路 92 号山西大学外国语学院；邮编：030006；邮箱：18835164952@163.com。

第一人称代词、非人称代词和被动语态）、所建构的作者角色和实现的语篇功能。本研究旨在从历时的角度探索物理学和语言学英语论文摘要中作者自我呈现在 1976—2020 年间的变化特征，并进行学科对比，旨在回答以下几个问题：

（1）1976—2020 年在两学科摘要中使用的作者自我表现方式呈现了怎样的历时变化特点？

（2）1976—2020 年两学科摘要中的作者自我呈现所体现的作者角色和话语功能出现了怎样的变化趋势？

（3）作者自我表现的历时性趋势的学科异同是什么？造成这些差异的动机是什么？

2 "作者自我呈现"相关研究回顾

对于自我呈现的研究最早可以追溯到戈夫曼（Goffman）的拟戏剧理论，他将自我呈现看作个体在与社会或他人互动中传递自我形象的方式（李琼、郭德俊，1997），由此兴起了对于身份的研究。伊瓦尼克（Ivanič）和切瑞（Cherry）是最早关注到学术文本中作者身份的学者。伊瓦尼克（Ivanič，1998）认为在学术写作中，作者会通过使用人称代词及其限定词和研究性动词来突出自我，因此写作本身是作者自我呈现的过程，在其中作者会建立三种作者"身份（identity）"："自传性自我"（autobiographical self）、"文本自我"（discoursal self）和"作者自我"（authorial self）。切瑞（Cherry，1988）指出学术话语中的作者自我表征问题与修辞资源有关。

此后，越来越多的学者认同学术写作中存在大量的语言资源来投射作者的存在这一观点（Ivanič，1998；Kuo，1999；Tang & John 1999；Hyland，2001，2002；Harwood，2005），语言学领域中出现了不同的术语来表示作者在写作中呈现自我建构身份的过程，如声音（voice）、立场（stance）、作者指称（authorial reference）、自我提及（self-mention）、作者存在（authorial presence）、作者自我呈现（authorial self-representation）等。海兰德（Hyland）曾使用作者指称和自我提及指代作者在文本中的自我体现和明确存在程度，主要涵盖第一人称代词及其形容词性物主代词、自我引用、非个人指称（比如 the author，the research team）和抽象名词（如 the study，the research）等词汇语法资源，作者呈现程度通过这些词汇资源的频率高低来体现（Hyland，2002；2005）。莫利诺（Molino，2010：87）将作者指称分为人称代词（personal pronouns）和非人称代词（impersonal pronouns）。唐奇娃-纳瓦拉蒂洛娃（Dontcheva-Navrátilová，2013：9）认为作者存在指作家在表达态度、判断和评估时在文本中投射个人可见性和权威性的程度。瓦尔科娃（Walková，2018：87）将作者自我呈现定义为作者选择在文本中呈现其角色的方式。

尽管这些术语不一，但都表示作者在学术写作中使用语言资源来表征自己的过程，包括第一人称代词和非人称代词（包括抽象名词和第三人称代词）。学者们基于以上术语，采用语料库等方法描述学术话语中作者自我呈现资源尤其是人称代词的使用情况，探究影响作者呈现的因素。研究表明影响作者自我呈现的因素主要有四类：体裁结构（Swales，1990；Bunton，1998）、目标受众（Shaw，2000；He，2020）、学科差异（Hyland，2001/2002/2008；Flttoum et al.，2006；Khedri & Kritsis，2020）和文化差异（Vassileva，2000；Sheldon，2009；吴格奇，2013；Ik-Ta，2018；Walková，2018；Can & Cangır，2019）。与此同时，学者们还探究作者自我呈现资源在语篇中建构的身份类型以及实现的语篇功能（如Tang & John，1999；Flottum，2006，2009；吴格奇，2013）。海兰德（Hyland，2002：1099）认为作者在突显作者身份时可以实现表达自我立场、陈述研究目的、解释研究步骤、阐述研究论点、陈述研究结果等语篇功能。弗洛特姆（Flottum，2006）认为作者呈现自我时会建构研究者、话语构建者和观点持有者。

综上，我们发现以往研究存在以下问题。首先，作者呈现相关研究主要关注第一人称代词和非人称代词对于建构作者身份的作用，但对于被动语态呈现作者态度及立场的研究寥寥；巴拉塔（Baratta，

2009)曾指出立场可以通过使用被动语态结构来显示,在这种结构中,句子的主语被赋予了强调和突出的地位。因此,对于作者身份的研究也要关注被动语态对于表达作者观点的作用。其次,以往研究关注到作者角色和语篇功能,但目前尚未有研究将自我呈现方式、作者角色和语篇功能三者进行结合。再次,以往研究大多从共时的角度出发研究作者自我呈现资源的使用情况,极少有学者尽管关注到作者自我呈现的历时变化(如 Hyland & Jiang,2016;Li,2021),主要关注某一学科论文或次语类,且主要焦点在于第一人称代词,并未对作者自我呈现的历时变化进行学科对比,探究不同学科论文中自我呈现资源历时变化的差异性。

鉴于以往研究的不足,本研究将"作者自我呈现"看作一个语义概念,探究其在 1976—2020 年间的物理学和语言学论文摘要中呈现方式、作者角色及语篇功能的动态变化特征,以求为学术论文摘要写作提供一定借鉴。

3　研究设计

3.1　语料收集

本研究旨在从历时的角度探究作者自我呈现在 1976—2020 年的动态变化特征。为保证研究具有代表性,本研究选取了语言学和物理学学科中建刊较早且影响因子较高的期刊(见表 1)中随机选取了期刊论文摘要 600 篇,每个学科 300 篇,分别涵盖 1976—1990、1991—2005、2006—2020 三个时间段,每个时间段每个学科均包含 100 篇摘要(单一作者和合作作者各 50 篇,以避免作者数量对作者自我呈现方式的比例产生影响),总库容共 98 574 词。

表 1　语 料 期 刊

学　科	期　　刊	建刊年份	JIF	JCI
语言学	*Modern Language Journal*	1916	4.759	3.54
	Language Learning	1948	4.667	2.53
	Language and Speech	1958	1.500	0.83
	Journal of Pragmatics	1977	1.476	1.95
	Journal of Language and Social Psychology	1982	2.253	1.05
	Second Language Research	1985	2.178	1.62
物理学	*Reviews of Modern Physics*	1929	54.494	12.72
	Reports on Progress in Physics	1934	17.264	2.11
	Journal of Applied Mechanics and Technical Physics	1965	0.657	0.16
	Applied Physics A	1973	2.584	0.45
	Applied Physics B	1981	2.070	0.55

需要说明的是,由于本文选取的期刊影响因子较高,国际认可度较高,其期刊水平代表了期刊对于作者语言能力和专业度的认可,因而并未对摘要作者的国籍进行控制。

3.2 研究步骤

语料选取完毕,我们对其中100篇摘要进行样本分析,发掘摘要中所包含的作者自我呈现方式、作者角色和语篇功能,在此基础上确定了本文的研究框架,如图1所示。随后在此框架下借助 UAM Corpus Tool 这一工具对语料进行逐一标注,图2是样例展示。

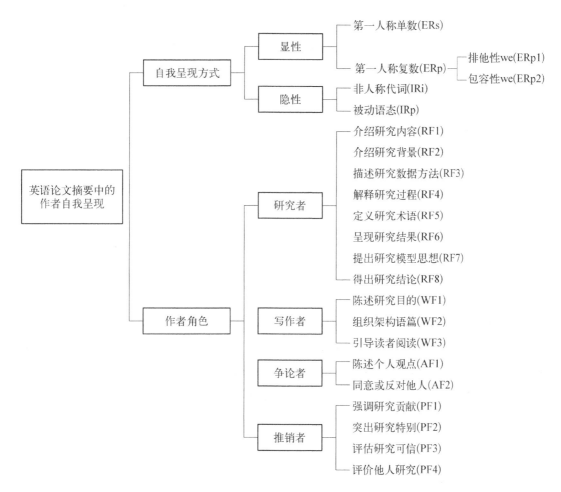

图 1 研究框架示意

为确保语料分析的准确性,本文的语料均进行了二次标注,对不确定的例子进行团队讨论。尤其是对于被动语态的分析,通常我们要将其转换为主动句来确定该动作的实施者是否是作者及其团队,如是则进行标注,不是则剔除。比如例1中的这两处被动语态均非作者自我呈现,因为其逻辑主语都不是作者本人。而例2中 *were found* 的主语则是研究者。

[例 1]

The students *were enrolled* in regular French-as-a-second language courses and in French immersion courses where French *is used* as a medium of course instruction during all or part of the school day. (1976 - 7 LL)

[例 2]

The two groups *were found* to use largely different politeness strategies: the American English speakers' strategies are mostly motivated by Leech's Agreement Maxim, whereas the Chinese speakers' strategies are motivated by his Modesty Maxim. (1993 - 3 JOP)

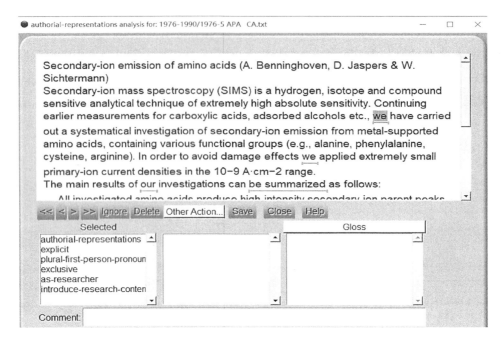

图 2　语料标注样例展示

4　结果与讨论

4.1　两个学科的学术论文摘要中作者自我表征的总体历时变化

本文共发现 2 185 处作者自我呈现,平均每篇摘要 3.64 处,每千字 22.15 处。由图 3 可见,作者自我呈现整体呈持续增长态势,其中语言学增幅较大。说明相较于物理学作者,语言学作者更注重在文本中凸显自我,因为语言学比物理学更需要作者主观存在来解释文章的观点,以寻求读者的赞同与承认。

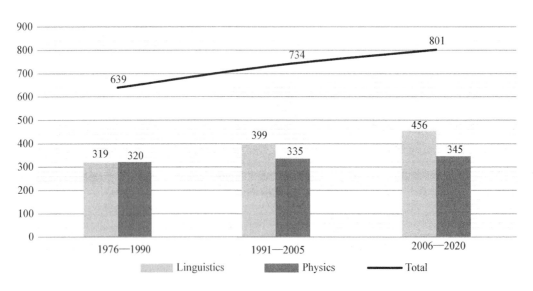

图 3　作者自我呈现总体趋势

4.2　两个学科论文摘要中显隐性作者自我表征方式的历时性变化

如表 2 所示,语言学中显隐性表征方式的数量都在不断增长,其中显性表征增幅主要出现在前两个时期,而隐性表征则在 2005 年以后出现较大幅度的增加;物理学的显性表征在第二时期达到峰值后出现轻微下降,隐性表征趋势相反。20 世纪 80 年代开始,学术论文的作者们注意到学术文本中可以通过使用词汇语法手段来表征自我,自此开启的相关研究越来越多,而发表压力的日益增大也让作者在写作时不得不注重摘要的推销功能,因而 90 年代作者自我呈现出现了大幅的增加。

表 2　两学科显隐性作者自我呈现历时变化情况(每千字)

学　科	语　言　学				物　理　学				差异性
表征类型	显性表征(ER)		隐性表征(IR)		显性表征(ER)		隐性表征(IR)		χ^2
	原始频数	标准频数	原始频数	标准频数	原始频数	标准频数	原始频数	标准频数	
1976—1990	17	0.28	302	5.06	33	0.64	287	5.54	5.500
1991—2005	90	1.51	309	5.18	87	1.68	248	4.79	1.160
2006—2020	91	1.53	365	6.12	82	1.58	263	5.08	1.571

4.2.1　显性表征的历时变化

显性表征一直被认为是建构作者身份的重要语言资源。本文中显性表征方式主要指第一人称代词,并将复数代词"we"分为"inclusive we"和"exclusive we",其中前者指代作者及其读者,而后者仅代表作者及其研究团队。在本文的语料中,显性表征整体占比为 18.41%,约占 1/5,比例较低。云红(2008:31)认为学术语篇较少加入个人的好恶、情绪,因而有生命主体的出现频率必然较低。

表 3　作者自我呈现显性表征历时变化情况

学科	时　期	第一人称单数(ERs)			第一人称复数(ERp)					
					排他性 we(ERp1)			包容性 we(ERp2)		
		原始频数	标准频数	比　例	原始频数	标准频数	比　例	原始频数	标准频数	比　例
语言学	**1976—1990**	4	0.07	1.25%	8	0.48	2.51%	5	0.30	1.57%
	1991—2005	20	0.34	5.01%	62	2.96	15.54%	8	0.38	2.01%
	2006—2020	21	0.35	4.61%	64	2.91	13.82%	7	0.32	1.54%
物理学	**1976—1990**	0	0.00	0.00%	32	1.86	10.00%	1	0.06	0.31%
	1991—2005	4	0.08	1.19%	75	4.44	22.39%	8	0.47	2.39%
	2006—2020	10	0.19	2.90%	64	3.61	18.55%	8	0.45	2.32%

由表 3 可知,两学科摘要中第一人称代词的频数在增长,但其比例却先增后减;这表明尽管第一人称代词是作者呈现自我建构身份的重要手段,但现当代作者在使用时还是倍加谨慎,尤其是在摘要这种概括性强简短精练的文体中。但可以发现第一人称单数代词的比例要显著小于复数代词。第一人称单数代词直指作者,表示作者对其观点的高度负责(高霞,2015:32),这种自信的姿态易对读者的面

子造成威胁,因而相较于其他方式使用频率较小。而第一人称代词复数的团体代表性和可协商性造成其频率和增幅更加显著。首先,排他性的"we"弱化了写作者个人,突出研究中团队的贡献(高霞,2015:32),避免呈现给读者咄咄逼人的形象,其频率在第一时期较少,随后明显增加,表明摘要作者在 20 世纪 90 年代以后开始明显地侵入语篇,以一种较为自信的姿态展示其研究。其次,包容性"we"将读者与作者纳入同一空间,表明作者愿与读者协商互动的态度,但占比较少。

请看以下几个例子:

〔例 3〕

① *My* thesis is that Nowell-Smith's "contextual implication", Grice's "conversational implicature", and Fogelin's "conversational implication" only tell ② *us* something about the intentions of speakers, but nothing about external reality. (1981 - 5 JOP)

〔例 4〕

We conducted an experiment to examine the comprehension of interrogatives such as "Could you make the pencil roll?", which can be intended as yes-no questions, as directives to perform an action, or as both. (1989 - 4 LAS)

例 3 的两处自我呈现均使用了显性的第一人称代词表明作者的论点,①处使用第一人称的形容词性物主代词"my"加抽象名词的方式明确告知读者后面的内容是自己的观点,②处的宾语从句是作者的观点,却通过使用"us"将读者也纳入其中,借此拉近与读者的距离,仿佛该观点是大家一致认可的。例 4 是由两个作者共同完成的,使用排他性的"we"直截了当地概括其研究重点,建构了作者作为研究者的身份。

4.2.2 隐性表征历时变化情况

隐性表征是作者自我呈现的主要方式,占比 81.59%,主要包括非人称代词和被动语态。其中非人称代词涵盖第三人称代词(*the author*,*the researcher* …)、第三人称抽象名词(*the study*,*the work* …)和研究相关的名词(*the result*,*the findings* …),因而相较于其他方式比例和频数庞大。

表 4　作者自我呈现隐性表征历时变化情况

学　科	时　期	非人称代词(IRi)			被动语态(IRp)		
		原始频数	标准频数	比　例	原始频数	标准频数	比　例
语言学	1976—1990	136	8.20	42.63%	166	10.00	52.04%
	1991—2005	228	10.87	57.14%	81	3.86	20.30%
	2006—2020	273	12.41	59.61%	93	4.23	20.31%
物理学	1976—1990	66	3.84	20.62%	221	12.97	69.09%
	1991—2005	87	5.15	25.79%	161	9.54	48.06%
	2006—2020	106	5.98	30.72%	157	8.85	45.51%

由表 4 可见,语言学和物理学摘要中非人称代词的频数和比例都在持续增加,表明作者们偏爱使用非人称代词来表征自我。非人称代词加抽象实体的主动式表述结构的显性程度介于第一人称代词和被动语态之间,既展示了研究的客观性,又恰到好处地突出了作者在研究中的作用。云红(2009:31)就曾指出这

种非人称代词是仅次于有生命主体的、偏向作者身份显现方面的指称标志。被动语态在两学科摘要中都出现明显的下降趋势,尤其是在前两个时期,这与前人的研究符合。他们认为被动语态由于阐述不清、表达累赘在20世纪后半叶使用频率明显下降(Bazerman,1988;Seoane & Williams,2006)。李(Li,2022)对被动语态的历时研究也表明应用语言学的论文摘要中被动语态的使用在不断减少。

但需要注意的是,非人称代词在语言学中的使用率明显高于物理学,其在每个时期语言学中的比例几乎是物理学摘要中比例的两倍。相反,被动语态更多出现在物理学摘要中,其比例的下降幅度也不如语言学显著。

4.3　两个学科摘要中作者角色及语篇功能的历时变化

4.3.1　两个学科摘要中作者角色的总体变化情况

作者在学术摘要写作中会建构各种各样的作者角色类型,本研究中主要发现四种角色类型,分别是研究者、写作者、争论者和推销者。研究者是作者在文本中表明研究过程、结果及结论的过程,通常与研究型动词连用,多为物质过程;写作者是作者组织衔接语篇、引导读者阅读的过程,通常与语篇类动词搭配;争论者是表明作者个人观点时建构的身份类型;推销者是作者使用比较明显的词汇语法资源表明研究的特别及重要性的过程。

表5给出了两学科摘要中四种角色类型的整体占比和三个时期的变化情况。首先,学术摘要写作中构建的作者角色类型由高到低依次是:研究者、写作者、推销者和争论者。吴格奇(2013:8)就曾指出研究者是论文写作的核心身份,作者要在其中讲述研究方法、过程、结果等,用可靠严谨的研究过程来表达研究的客观以获取别人的认可;写作者则像风向标一样向读者展示下一步即将讨论的内容,引领读者的阅读,在评述性文章中占比较大。推销者指在写作中通过使用一些显性的语言手段向他人推介自己的研究,强调其学术写作的重要性和必要性,是推销作品的重要步骤,在语言学中增势明显。

表5　作者角色历时变化情况

学科	作者角色	1976—1990(P1)			1991—2005(P2)			2006—2020(P3)			差异性
		原始频数	标准频数	比例	原始频数	标准频数	比例	原始频数	标准频数	比例	
语言学	研究者	229	13.80	71.79%	273	13.02	68.42%	308	14.04	67.54%	$\chi^2 = 12.83$ $p = 0.045$
	写作者	56	3.38	17.55%	78	3.72	19.55%	78	3.52	17.11%	
	争论者	14	0.84	4.39%	24	1.14	6.02%	18	0.82	3.95%	
	推销者	20	1.21	6.27%	24	1.14	6.02%	52	2.36	11.40%	
	合　计	319			399			456			
物理学	研究者	166	9.67	51.88%	170	10.07	50.75%	201	11.33	58.26%	$\chi^2 = 23.237$ $p = 0.000$
	写作者	137	7.98	42.81%	149	8.83	44.48%	124	6.99	35.94%	
	争论者	4	0.23	1.25%	3	0.18	0.90%	4	0.23	1.16%	
	推销者	13	0.76	4.06%	13	0.77	3.88%	16	0.90	4.64%	
	合　计	320			335			345			

其次,就变化趋势而言,语言学摘要中研究者和推销者的频数在三个时期不断增长,而写作者和争论者的比例则是先升后降;物理学摘要中研究者在不断增加,写作者在第二时期出现峰值,争论者比例相对稳定(1%左右),推销者有轻微的上涨趋势。语言学中研究者比例的下降和推销者比例的上升形成了互补,表明作者在摘要写作中会表达观点态度,说明研究过程的特别与可信。而物理学中推销者频率的稳定和研究者的上涨表明物理学作者主要充当研究客观叙述者的角色,不需要过多个人介入。

4.3.2 研究者及其语篇功能的历时变化

作者往往在对研究背景、研究目的、研究内容、研究对象、研究语料、理论模型、研究方法、研究过程、研究结果等方面进行陈述时建构研究者的身份。如表 6 所示,作者通过自我呈现担任研究者的角色可实现 8 种语篇功能,其中常用的语篇功能有介绍研究概况(RF1)、描述研究方法(RF3),解释研究步骤(RF4)、呈现研究结果(RF6)、得出研究结论(RF8),而介绍研究背景(RF2)、定义研究术语(RF5)和提出研究假设和模型等(RF7)等频率较少。以下是作者作为研究者的几个例子:

〔例 5〕

The influence of post-deposition annealing (PDA) temperature condition on charge distribution behavior of HfO2 thin films ① *was systematically investigated* by various-temperature Kelvin probe force microscopy technology. Contact potential difference profiles demonstrated that charge storage capability shrinks with decreasing annealing temperature from 1,000 to 500℃ and lower. Compared to 1,000℃ PDA, ② it *was found* that 500℃ PDA causes deeper effective trap energy level, suppresses lateral charge spreading, and improves the retention characteristics. ③ It *is concluded* that low-temperature PDA can be adopted in 3D HfO2-based charge trap flash memory to improve the thermal treatment compatibility of the bottom peripheral logic and upper memory arrays. (2015 - 4 APA)

〔例 6〕

① This study examined the effect of task complexity in the learning of request-making expressions. Task complexity ② *was operationalized* as[+ / - reasoning]following Robinson's framework. The study employed a pretest-posttest research design and was conducted over 6 weeks. Korean junior high school students from 3 classes(N = 73) ③ *were assigned* to one of the following groups: simple, complex, or control. (2015 - 2 MLJ)

例 5 的三处被动语态分别表示了不同的语篇功能:①处位于摘要的起始语步,简明扼要地告知读者其研究内容;②处则指出了实验发现:500℃ PDA 能引起更深的有效陷阱能级,抑制了横向电荷扩散,提高了保留特性;③处得出该研究结论。三处被动语态的使用呈现了研究的客观性,符合物理学科的特点。例 6 中的第一处使用非人称代词加抽象名词的结构讲述研究内容,这种主动结构一方面强调研究的主体是研究者本人,一方面非人称代词的使用也避免主观介入,②和③使用被动式说明研究的步骤表明研究过程客观真实,与语言学的特点相吻合。

如表 6 所示,语言学摘要中介绍研究内容(RF1)、描述研究方法或数据(RF3)、解释研究步骤(RF4)和呈现研究结果(RF6)略有上升趋势,符合语言学的实证趋势;相反,提出研究假设模型(RF7)、得出研究结论(RF8)则在轻微下降。在 8 个功能中,引入研究内容(RF1)、解释研究程序(RF4)、报告结果(RF6)和得出研究结论(RF8)所占比例明显高于其他 4 个功能。物理学摘要中解释研究程序(RF4)是物理学作者在构建研究者身份方面最重要和最突出的话语功能,其次是介绍研究内容(RF1)、报告研究结果(RF6)。令人惊讶的是,在这 3 个功能中,RF4 出现下降,而介绍研究内容(RF1)、介绍研究背景(RF2)、描述研究方法或数据(RF3)、得出研究结论(RF8)和呈现研究结果(RF6)的出现频率却在上涨。

表6　研究者及其语篇功能的历时变化情况(每千字)

语篇功能	语 言 学			物 理 学			差 异 性	
	1976—1990	1991—2005	2006—2020	1976—1990	1991—2005	2006—2020	χ^2	p
RF1	47(2.83)	69(3.29)	80(3.64)	33(1.92)	45(2.67)	51(2.88)	0.115	0.944
RF2	0(0.00)	4(0.19)	4(0.18)	3(0.17)	3(0.18)	15(0.85)	4.356	0.113
RF3	19(1.15)	22(1.05)	29(1.32)	5(0.29)	10(0.59)	13(0.73)	1.039	0.594
RF4	71(4.28)	78(3.72)	90(4.09)	75(4.37)	67(3.97)	61(3.44)	3.605	0.164
RF5	0(0.00)	3(0.14)	4(0.18)	0(0.00)	0(0.00)	1(0.06)	0.9	0.342
RF6	45(2.71)	60(2.86)	72(3.27)	39(2.27)	35(2.07)	41(2.31)	2.458	0.292
RF7	12(0.72)	8(0.38)	4(0.18)	7(0.41)	4(0.24)	4(0.23)	0.604	0.739
RF8	35(2.11)	29(1.38)	26(1.18)	4(0.23)	6(0.36)	15(0.85)	8.769	0.012

通过 p 值也可以看出,两学科在得出研究结论(RF8)上的差异性最为显著,其次较为显著的有介绍研究背景,尽管介绍研究背景是摘要写作的语步之一,但通常语言学作者会省略这一语步而将重点放在研究过程与结果意义的介绍上。摘要中包含的背景信息通常也会以去人格化的方式阐述,极少数使用复数代词"we""us"等来将读者纳入信息空间,这点更符合硬学科团体合作的特点,因而物理学中背景信息介绍这一功能的频率高于语言学。

4.3.3　写作者及其语篇功能的历时变化

当作者阐述研究目的(WF1)、组织语篇结构(WF2)或引导读者阅读(WF3)时,作者建构了写作者的身份,此时作者更多强调的是其行文,而非研究过程,因此常与语篇动词搭配使用。

［例7］

The key aim of the study was to understand how the experience of language learning was discursively constructed through recourse to particular cultural worlds and narrative strategies. (2018 - 1 MLJ)

［例8］

Here a pragmatic introduction to the weak value in terms of measurable quantities *is presented*, along with an explanation for how it can be determined in the laboratory. Further, its application to three distinct experimental techniques *is reviewed*. (2014 - 1 RMP)

例7通过 *The key aim of the study* 这一搭配表明了研究目的,例8则使用被动语态结构指出该研究的谋篇布局及主要谈论的话题。

在语言学摘要中,描述研究目的的频率呈现先升后降的趋势,而组织语篇和引导读者阅读的频率呈上升趋势。在物理学摘要中,组织语篇是最常见的功能。由于物理学依赖数据和科学发现,其研究结果本身就极具说服力,因此作者需要在写作中更加呈现自身研究者和写作者的角色,注重谋篇布局,将研究发现以一种有条理又清晰的方式讲述给读者,45 年间波动较大。WF1 和 WF2 的 p 值也同样反映了它们变化的差异性:WF1 和 WF3 的比例很小,但趋势在增加。通过比较可以发现,语言学摘要中描述研究目的的频率要高于物理学,而引导读者阅读的比例却小于物理学,这得益于物理学中第一人称代词的广泛使用。

表 7　写作者及其语篇功能的历时变化情况(每千字)

语篇功能	语 言 学			物 理 学			差 异 性	
	1976—1990	1991—2005	2006—2020	1976—1990	1991—2005	2006—2020	χ^2	p
WF1	15(0.90)	24(1.14)	14(0.64)	4(0.23)	1(0.06)	9(0.51)	8.945	0.011
WF2	41(2.47)	52(2.48)	62(2.82)	125(7.28)	141(8.35)	106(5.98)	6.886	0.031
WF3	0(0.00)	2(0.10)	3(0.14)	8(0.47)	7(0.41)	9(0.51)	2.239	0.312

4.3.4　争论者及其语篇功能的历时变化

作为争论者时,作者主要表达个人观点以及对前人的观点表示看法,因此主要有表达个人观点(AF1)和同意或反对他人观点(AF2)这两种语篇功能。例9通过观点型动词 argue 的被动结构来表达作者的观点。

[例 9]

It *is argued* that there exist potential areas of (in)compatibility between the two writing styles. (1994 - 7 JOP)

表 8　争论者及其语篇功能的历时变化(每千字)

语篇功能	语 言 学			物 理 学			差 异 性	
	1976—1990	1991—2005	2006—2020	1976—1990	1991—2005	2006—2020	χ^2	p
AF1	13(0.78)	23(1.10)	17(0.77)	4(0.23)	3(0.18)	4(0.23)	1.114	0.572
AF2	1(0.06)	1(0.05)	1(0.05)	0(0.00)	0(0.00)	0(0.00)	1.5	0.913

争论者是作者在摘要写作中尽可能避免的角色类型,因此占比在四种角色中最低。由表 8 可知,语言学中争论者角色的构建频数要多于物理学,主要是表达作者个人观点较多。而物理学摘要中出现的频率极少,这与两个学科的性质有关。软学科知识在本质上是定性的,需要更明确的解释。另外,摘要中争论者的总体趋势是波动式运动。在第二阶段语言摘要中,这表现为 AF1 的比例增加了约 76%,随后下降了 26%。物理摘要中的少量争论者应该归因于本研究语料库中包含一些评论文章。值得注意的是,在我们的物理学语料库中并未发现作者同意或反对他人的例子,硬科学强调对实验发现的客观描述,不需要对前人观点发表个人看法。

4.3.5　推销者及其语篇功能的历时变化

社会建构主义者认为,学术界是极具竞争力和矛盾的,而科学已经成为一种促销的消费者文化(Berkenkotter & Huckin, 1995: 43)。维克尔等(Vinkers et al., 2015)则指出现阶段的研究者似乎都认为未来发表论文必须夸大其词,夸大其影响。当作者在摘要中强调研究的重要性和必要性,表示研究方法、语料、对象、步骤等的独特,或与前人的研究结果进行对比或指出对未来研究的建议时,作者建构了推销者的身份。本文中推销者主要实现四种语篇功能：一是陈述研究重要（PF1）；二是强调研究特别（PF2），比如说明该研究在理论模型、语料方法等的独特性或理论和实践意义等；三是陈述研究（PF3），主要指表明当下研究的不足以及对未来研究的建议；四是对比前人研究（PF4），借助评价他人研究来衬托或推销本研究。

以下是几个例子：

［例 10］

These data make substantial contributions to astrophysics and fundamental physics on scales from the Solar System to cosmology. A knowledge revolution is underway. (2018－5 CP)

［例 11］

In *this paper*, *we* take a novel approach in on-chip optical sensing of gases. (2017－4 APA).

［例 12］

Further calibration research *is recommended* to ascertain the constraints and limitations of the technology to specific wood species and dimension. (2008－4 APA)

［例 13］

The results confirm some general developmental trends established in previous research. (2012－3 MLY)

例 10 指出了研究数据对于天体物理学和基础物理学的贡献，而实验数据的得出者是研究者，因而也突出了作者作为推销者的身份。例 11 明确指出其研究方法的新颖。例 12 为未来研究指出了方向。例 13 通过指出自己的研究与前人研究的相同之处来突出本研究的有效性和可信度。

表 9 展示了作者作为推销者的语篇功能在物理学和语言学期刊摘要中的变化情况。语言学摘要中 PF1 和 PF2 的频率在不断增加，PF3 也总体呈上升趋势，而 PF4 则明显下降。物理学摘要中，各个功能的变化波动性较强，变化较小，没有呈现出明朗的趋势，但可以看出 PF1 和 PF2 的频率明显高于另外两者，说明物理学作者依然在摘要中使用语言策略来突出研究的重要性和独特性，而不是仅仅依赖实验过程的叙述。

表 9　推销者及其语篇功能的历时变化（每千字）

语篇功能	语　言　学			物　理　学			差　异　性	
	1976—1990	1991—2005	2006—2020	1976—1990	1991—2005	2006—2020	χ^2	p
PF1	3(0.18)	9(0.43)	23(1.05)	5(0.29)	4(0.24)	6(0.34)	5.225	0.073
PF2	0(0.00)	4(0.19)	16(0.73)	7(0.41)	3(0.18)	6(0.34)	11.384	0.003
PF3	4(0.24)	2(0.10)	8(0.36)	1(0.06)	5(0.30)	4(0.17)	3.86	0.145
PF4	13(0.78)	9(0.43)	5(0.23)	0(0.00)	1(0.06)	1(0.06)	2.005	0.366

4.3.6　作者角色的常用词汇语法资源

通过前面的讨论，我们发现各作者角色在两个学科摘要的总体比例存在一定差异性，那么两学科作者在实现各种功能时所使用的自我呈现方式是否存在差异呢？表 10 统计了各语篇功能所使用的自我呈现方式的占比情况。

表 10　各语篇功能的作者自我呈现方式(每千字)

作者角色	语篇功能	语言学				物理学				差异性	
		ERs	ERp	IRi	IRp	ERs	ERp	IRi	IRp	χ^2	p
研究者	RF1	6 (0.10)	27 (0.45)	140 (2.35)	23 (0.39)	4 (0.08)	34 (0.66)	42 (0.81)	49 (0.95)	46.703	0.000
	RF2	0 (0.00)	4 (0.07)	4 (0.07)	0 (0.00)	0 (0.00)	18 (0.35)	2 (0.04)	1 (0.02)	5.942	0.051
	RF3	1 (0.02)	8 (0.13)	44 (0.74)	17 (0.28)	0 (0.00)	2 (0.04)	6 (0.12)	20 (0.39)	19.621	0.000
	RF4	6 (0.10)	31 (0.52)	45 (0.75)	157 (2.63)	3 (0.06)	30 (0.58)	18 (0.35)	152 (2.94)	9.802	0.020
	RF5	2 (0.03)	2 (0.03)	1 (0.02)	2 (0.03)	0 (0.00)	1 (0.02)	0 (0.00)	0 (0.00)	2.25	0.522
	RF6	8 (0.13)	28 (0.47)	96 (1.61)	45 (0.75)	1 (0.02)	25 (0.48)	27 (0.52)	62 (1.20)	35.457	0.000
	RF7	0 (0.00)	4 (0.07)	6 (0.10)	14 (0.23)	0 (0.00)	2 (0.04)	4 (0.08)	9 (0.17)	0.081	0.960
	RF8	3 (0.05)	10 (0.17)	60 (1.01)	17 (0.28)	0 (0.00)	8 (0.15)	11 (0.21)	6 (0.12)	8.171	0.042
写作者	WF1	1 (0.02)	3 (0.05)	47 (0.79)	2 (0.03)	0 (0.00)	1 (0.02)	12 (0.23)	1 (0.02)	0.579	0.897
	WF2	6 (0.10)	16 (0.27)	87 (1.46)	46 (0.77)	4 (0.08)	56 (1.08)	98 (1.89)	214 (4.13)	51.15	0.000
	WF3	0 (0.00)	3 (0.05)	2 (0.03)	0 (0.00)	1 (0.02)	2 (0.04)	8 (0.15)	13 (0.25)	9.377	0.024
争论者	AF1	12 (0.20)	11 (0.18)	19 (0.32)	11 (0.18)	0 (0.00)	5 (0.10)	1 (0.02)	5 (0.10)	9.024	0.028
	AF2	0 (0.00)	0 (0.00)	3 (0.05)	0 (0.00)	0 (0.00)	0 (0.00)	0 (0.00)	0 (0.00)	19.875	0.005
推销者	PF1	0 (0.00)	2 (0.03)	33 (0.55)	0 (0.00)	1 (0.02)	2 (0.04)	9 (0.17)	3 (0.06)	11.565	0.009
	PF2	0 (0.00)	2 (0.03)	18 (0.30)	0 (0.00)	0 (0.00)	1 (0.02)	13 (0.25)	2 (0.04)	2.729	0.255
	PF3	0 (0.00)	3 (0.05)	6 (0.10)	5 (0.08)	0 (0.00)	1 (0.02)	6 (0.12)	2 (0.04)	1.258	0.533
	PF4	0 (0.00)	0 (0.00)	26 (0.44)	1 (0.02)	0 (0.00)	0 (0.00)	2 (0.04)	0 (0.00)	0.077	0.781

　　由表 9 可知,由于学科范式的影响,两学科中作者为实现各语篇功能所使用的自我呈现方式既有相似,也有差异。相同之处在于,在实现 RF1、RF7、RF8、WF1、PF1、PF2、PF4 功能时,两学科作者更倾向于使用非人称代词来表征自我;实现 RF3、RF7 时,两学科被动语态的使用率要明显多于其他表征方式;在表明研究可信时,两学科作者都未曾使用第一人称单数代词;在对比前人研究时,鉴于其风险

较高,两学科作者都通常选择更加隐性的手段,不曾使用显性表征方式。而差异性主要表现在,在实现 RF3、RF6 时,语言学作者更喜欢用非人称代词,而物理学作者倾向于使用被动语态;在介绍研究背景和引导读者阅读时,语言学摘要中的第一人称代词复数和非人称代词的使用频率相差不大,而物理学中更多使用第一人称复数代词;建构争论者身份时,语言学作者会采用四种方式来表征自我,而物理学摘要中未曾发现使用单数第一人称代词的情况。

四种表征方式均可以呈现作者,但凸显程度有所差异。第一人称单数代词凸显程度最强,其次是第一人称复数代词、非人称代词,最后是被动语态。总体来看,语言学作者主要使用非人称代词来呈现自身,主张客观地呈现研究且恰当地表现自身;其次使用被动语态实现特定的语篇功能,比如 RF4 等。物理学作者则更多使用被动语态来尽可能减弱自己在文本中的存在程度;或者会使用复数代词来建构团体身份,而极少凸显个人在研究发挥的重要作用。

4.4 讨论

通过以上的数据分析,作者自我呈现在语言学和物理学两学科论文摘要中的历时分布表现出相似性和差异性。下面,我们从写作观念、语用考量、学科范式、外部环境等方面来讨论其背后的原因。

4.4.1 写作观念

这两个学科的作者普遍认可的学术写作观念是作者自我呈现相似性的基础。

首先,自 19 世纪起,学术论文逐渐从一种松散的、描述性的学者陈述转变为一种完全客观化、实证性的对现实客观存在的描述。自此,学术文本的写作主张让"事实说话",不应该有作者身份和个人情绪的显露以避免个人偏颇。海兰德(Hyland,2001:209)也曾指出在学术文体中作者只是一名服务于事实和数据的"谦卑的仆人"。实际上,在学术论文写作中,身份的显现也是有商榷空间的(云红,2009:29)。在如今竞争日益激烈的大背景下,学术写作成为一种作者适当参与的社会活动。作者作为学术知识的建设者和传播者,必须选择合适的语言资源和写作策略参与写作过程,以创新者的身份为所在学科提出独到的见解,借此增强语篇的说服性和互动性。因而 1976 年以来,作者自我呈现已成为作者建构身份、推销作品的重要语言资源,其数量逐渐攀升。

其次,两学科的共识在于,学术研究的主要任务是做研究并传递研究发现,这也导致了两学科摘要中作者角色和语篇功能频率的相似。两学科作者建构的作者角色依次是研究者、写作者、推销者和争论者,这四种作者类型相互交错,相互作用,最终构成了作者的身份。由此,作者自我呈现所实现的主要语篇功能也极为相似。最主要的语篇功能有 RF1、RF4、RF6、WF2,其次是 RF3、RF8、WF1、PF1、PF2;摘要中不常见的功能有 RF2、RF5、RF7、WF3、AF1/2、PF3/4。从变化趋势来看,两个学科中 RF1、RF2、RF3 均呈上升趋势,而 RF4 和 RF7 则在三个时期内出现了一定的下降。

4.4.2 语用考量

研究结果显示,两学科中隐性呈现方式占主导地位,且两个学科摘要中的显隐性表征方式变化趋势相近,但两学科中作者四种自我呈现方式的分布及历时变化规律差异较大。事实上,作者自我呈现的选择取决于每一种实现方式的具体语言功能,这就造成了每种实现方式在分布上的不同。

首先,在当代社会背景下,学术话语被主流宣传文化和广告语言所侵蚀,其人际互动和评价功能日益突出。第一人称代词越来越受到西方学术写作者的青睐,"I"不仅被视为写作者展示自我、建构可信的学术身份的重要手段,也是彰显其学术贡献、获得学术界认可的重要策略(Hyland,2002)。排他性"we"不仅满足了写作者自我介绍的需要,也缓解了学术信心不足时选择"I"所带来的心理压力,同时也突出了群体的贡献,构建了自己作为学科成员的身份。包容性"we"有助于建立友好和亲密的话语基调,拉近与读者之间的距离。显性表征的话语优势促使其在学术摘要中的使用频率越来越高,但其使用的高风险使作者在使用时更加谨慎,导致第三时期的频率略有下降。

其次,作者自我呈现隐性表征方式的使用也是以功能为导向的。数据显示,隐性方式中非人称代词在两个学科中都出现了极其明显的增长趋势(语言学:42.63%→59.65%,物理学:20.62%→30.72%),其原因在于非人称代词是间接揭示作者身份的一种重要而有力的指称标记和语言策略(徐昉,2011),可以通过一些无生命、无个性的抽象名词将责任间接转移给无生命的评价主体凸显研究可信,在语言学摘要中占主导地位。语料中被动语态的频率(语言学:52.04%→20.39%;物理学:69.06%→45.51%)不断下降的原因在于,尽管被动结构简明紧凑,但过度使用被动语态会导致句子头重脚轻,从而损害摘要的可读性和文本经济性。此外,频繁地对作者进行"非人格化",会给人留下"冷冰冰"的印象,导致摘要缺乏"人情味",有损论文在学术话语界的吸引力和推广效果(Cheng et al.,2019)。尽管如此,被动语态仍然是四种方式中物理学作者最倾向于使用的自我呈现方式,其重要性不可小觑。

由此可见,尽管隐性方式是作者建构身份的主要手段,但两学科依然存在差异。

4.4.3　学科差异

比彻(Becher,1989)指出每一门学科都是一个独特的部落,都有自己的一套规则和价值观,社区成员都应该遵守这些规则和价值观,因此作者在写作中也必须被动地适应不同的学术和文化传统以及社区法规。语言学和物理学分别作为软学科和硬学科的代表,其所属的类别直接决定了作者在文本中侵入程度的大小。

软学科研究的是不被普遍认可的离散现象(唐建萍,2012),没有统一认可的研究框架,因而需要学者进行主观阐述,建立原创的观点,完成有理的学术论辩,但与此同时应保持读者善意、建立团结。语言学研究特定的语言现象,侧重对研究领域和话题的渲染和解读,因此作者需要在写作中表明立场与态度,使用语言手段包装自己的观点,突出研究的独到之处,宣传其学科贡献和价值,以便获得听众的支持,这就不可避免地导致了作者自我呈现的频率增加,以及语言学中争论者和推销者频率的增加。

相反,硬学科依赖于可计量的经验数据和科学方法(唐建萍,2012),精确客观的研究结果以及基于数据和结论之间的强对应关系便是最有效可信的推销方式,作者仅仅是发现和描述实际发现的工具,因此在文本中作者不需要过度突出自身的存在。物理学作为硬学科的代表,摘要中作者自我呈现频率较低,且整体频率稳定。物理学依赖可量化的数据,注重准确和客观,物理学作者的主要任务是清楚、连贯地解释研究的过程与发现,所以物理学作者专注于构建研究者和作者的身份。

因此知识的建构与协商是基于学科范式的,而如何在写作中有意无意地凸显自身的影子、建构自己学术团体成员专业合格的身份成了各学科研究者必备的课题。

4.4.4　外部环境

学术话语并非是传递学科知识的独白,更是作者实现职业发展的阶梯,因此学术写作是一个说服他人的过程,作者在传播知识、保证客观的前提下要尽量眼光独到地凸显作品的优势,为知识的传播搭桥铺路。事实上,自从"不发表就灭亡"的观念在学者中盛行以来,学术界便充满了高度竞争。提高文章知名度的一个必要方法便是通过那些试图改变或影响受众的意见或行为的宣传性语言来突出文章要点以吸引读者。作者自我呈现便是其中可选的策略之一。通过在文本中建构恰当的身份可以直接或间接地影响读者对作者观点的接受和认可程度,促进知识的传播。

5　教学启示

本研究从历时的角度对比分析语言学和物理学论文摘要中的作者自我呈现方式及作者角色和语篇功能的变化趋势,有助于帮助两学科作者了解学科范式变化的规律,也会为学术写作教学带来一定启示。

巴蒂亚(Bhatia,2008)指出在写作教学中,教师应注重培养学生语言、语类以及社会三个层面的语篇能力。首先,在语言层面上,教师应教给学生如何遣词造句来表达自己的态度、立场和观点,如何保证语篇的衔接连贯。而本研究对学术英语写作课程师生最明显的影响之一是帮助教师利用语料库的方式总结写作所需的高频词汇和语法资源。就作者自我呈现而言,本研究所建语料库可供作语言写作教学课堂用作案例分析,让学生在分析专家摘要中挖掘作者自我呈现方式的变化规律,了解每一种呈现方式的用法、优缺点、功能及变化规律。其次,在语类层面,教师应训练学生如何根据学术论文的语类结构呈现研究过程和结果并且在此约束下恰当地表达自己的观点。就摘要这一特殊语类而言,作者在行文时应考虑到摘要的凝练性,将写作重点放在呈现研究方法步骤及研究结果上。在表达个人立场时,要尽量使用较为客观的表达方式。另外,学术写作还要考虑与潜在读者的社会距离、权力差距等,也可使用显性的表征方式,比如使用包容性的"we"与读者建立对话空间,引起读者共鸣。

更重要的是,本研究启示学术论文写作的师生要有身份意识和学科意识。首先,教师和学生在摘要写作中要强化语言敏感度和身份意识,注意到作者自我呈现方式及其所建构的作者角色和实现的语篇功能在近半个世纪出现的变化趋势,从变化中把握不变的规律。其次,在写作时要注意学科对于作者呈现的影响。教师在授课时要训练学生注意不同学科论文摘要中作者自我呈现的方式、作者角色类型及语篇功能的倾向性差异,明确学科所属类型及学科目标。软学科尽管以主观论述为主,却也逐渐转向实证主义,因此在作者呈现时注重凸显研究的信度和效度,更倾向于使用非人称代词凸显自己专业得体的身份,以迎合学科团体对于科学论辩的期许。物理学强调以中立客观的口吻报告研究数据、研究发现等,因此使用了大量的被动语态,但也投入了较多的修辞推介研究,增强论文说服力和可接受度。

总之,英语母语学者注重清晰、准确且有说服力地表达个人思想,英语学术写作教学要明确这一意识。在摘要写作时,各学科作者要根据交际目的和学科规范,合理且有效地凸显身份意识来润饰、推介其学术研究,以应对国际大背景下的学术竞争压力。

6　结语

本研究考察了 1976—2020 年语言学和物理学学术论文摘要中作者自我呈现及其所建构的作者角色与实现的语篇功能的变化趋势,旨在探究自我呈现方式在两个学科中的动态变化脉络。研究发现:① 作者自我呈现方式在两个学科中均呈现增长态势,其中语言学的增幅更加明显。② 显隐性表征在两个学科的变化趋势比较相似,其中第一人称单数代词的频率在不断上涨,复数代词在前两个时期大量增加后轻微下降;隐性表征中非人称代词在两个学科中均出现了惊人上涨,而被动语态则大幅下降,两学科具体的频率变化出现较大差异。③ 就作者角色而言,研究者和写作者是两学科摘要作者构建的主要身份类型,其次是推销者和争论者。但语言学中研究者频率有下降趋势而推销者上涨明显;物理学中研究者不断增加,推销者微弱增长,写作者却在第二时期后出现下降。④ 作者在语篇中实现各种各样的语篇功能,但主要功能在于介绍研究内容和步骤,发现和组织语篇;而定义研究术语、引导读者阅读、对比前人研究、同意或反对他人则寥寥无几,这主要取决于学术论文摘要的语类特点。

本研究可以使学术论文摘要的作者有意识地注意到在不同学科学术话语中作者呈现自我方式的历时性变化,为摘要写作和教学提供指导。当然,本研究存在语料库容偏小的不足,研究结果存在一定限制,未来研究可囊括更多学科,扩大语类范畴。另外,未来研究可将语步因素纳入考虑,探究不同学科摘要各语步中作者自我呈现方式的异同及变化规律。

参考文献

[1] Baratta, A. M. 2009. Revealing stance through passive voice[J]. *Journal of Pragmatics*, 41(7): 1406 – 1421.

[2] Bhatia, V. K. 2008. *Worlds of Written Discourse: A Genre-based View*[M]. New York: Continuum.

[3] Berkenkotter, C. A. & Huckin, T. N. 1995. *Genre Knowledge in Disciplinary Communication: Cognition/Culture/Power*[M]. New Jersey: Lawrence Erlbaum Associates.

[4] Can, T. & Cangır, H. 2019. A corpus-assisted comparative analysis of self-mention markers in doctoral dissertations of literary studies written in Turkey and the UK[J]. *Journal of English for Academic Purposes,* 42: 1 – 14.

[5] Cherry, R. D. 1988. Ethos versus persona: Self-representation in written discourse[J]. *Written Communication*, 5(3): 251 – 276.

[6] Dontcheva-Navratilova, O. 2013. Authorial roles and the functions of 1st person pronouns in RAs of Anglophone and Czech linguists[J]. *Linguistica Pragensia,* 8 – 30.

[7] Flottum, K., Kinn, T., & Dahl, T. 2006. "We now report on …" versus "Let us now see how …": Author roles and interaction with readers in research articles[C]. In K. Hyland & M. Bondi (ed.), Academic Discourse across Disciplines. Peter Lang.

[8] Harwood, N. 2005. "I hoped to counteract the memory problem, but I made no impact whatsoever": Discussing methods in computing science using I[J]. *English for Specific Purposes*, 24(3): 243 – 267.

[9] Hyland, K. 2001. Humble servants of the discipline? Self-mention in research articles[J]. *English for Specific Purposes*, 20: 207 – 226.

[10] Hyland, K. 2002. Authority and invisibility: authorial identity in academic writing[J]. *Journal of Pragmatics*, 34(8): 1091 – 1112.

[11] Hyland, K. Metadiscourse: Exploring Interaction in Writing [M]. London: Continuum, 2005.

[12] Hyland, K. 2008. Disciplinary voices: Interactions in research writing[J]. *English Text Construction*, 1(1): 5 – 22.

[13] Hyland, K. & Jiang, F. K. 2016. Change of attitude? A diachronic study of stance[J]. *Written Communication*, 33(3): 251 – 274.

[14] Ivanič, R. 1998. *Writing and Identity: The Discourse Construction of Identity in Academic Writing*[M]. Amestrdam: John Benjamins.

[15] Kuo, C.-H. 1999. The use of personal pronouns: Role relationships in scientific journal articles[J]. *English for Specific Purposes*, 18(2): 121 – 138.

[16] Khedri, M. & Kritsis, K. 2020. How do we make ourselves heard in the writing of a research article? A study of authorial references in four disciplines [J]. *Australian Journal of Linguistics*, 40(2): 194 – 217.

[17] Li, Z. 2021. Authorial presence in research article abstracts: A diachronic investigation of the use of first-person pronouns[J]. *Journal of English for Academic Purposes*, 51: 1 – 13.

[18] Li, Z. 2022. Is academic writing less passivized? Corpus-based evidence from Research Article Abstracts in Applied Linguistics over the past three decades (1990 – 2019)[J]. *Scientometrics,* 127(10): 5773 – 5792.

[19] Molino, A. 2010. Personal and impersonal authorial references: A contrastive study of english and Italian linguistics research articles[J]. *Journal of English for Academic Purposes,* 9

　　　(2)：86－101.

[20] M Walková. 2018. Author's self-representation in research articles by anglophone and slovak linguists[J]. *Discourse and Interaction*, 11(1)：86－105.

[21] Sheldon, E. 2009. From one I to another: Discursive construction of self-representation in English and Castilian Spanish research articles[J]. *English for Specific Purposes*, 28(4)：251－265.

[22] Swales, J. 1990. *Genre Analysis*[M]. Cambridge: Cambridge University Press.

[23] Tang, R. & John, S. 1999. The "I" in identity: Exploring writer identity in student academic writing through the first-person pronoun[J]. *English for Specific Purposes*, 18：S23－S39.

[24] Vassileva, I. 2000. Who is the author? (A contrastive analysis of authorial presence in English, German, French, Russian and Bulgarian academic discourse)[J]. Sankt Augustin: Asgard Verlag.

[25] Vinkers, C. H., Tijdink, J. K., & Otte, W. M. 2015. Use of positive and negative words in scientific PubMed abstracts between 1974 and 2014: Retrospective analysis[J]. *BMJ*, 351 (dec14_13), h6467.

[26] 高霞.2015.基于中外科学家可比语料库的第一人称代词研究[J].外语教学,36(02)：30－34.

[27] 李琼,郭德俊.1997.印象整饰的概念、动机及行为策略简述[J].心理科学(01)：69－72＋35.

[28] 唐建萍.2012.英汉学术论文中的作者身份构建[D].济南：山东大学.

[29] 吴格奇.2013.学术论文作者自称与身份构建———一项基于语料库的英汉对比研究[J].解放军外国语学院学报(03)：6－11＋127.

[30] 徐昉.2011.中国学生英语学术写作中身份语块的语料库研究[J].外语研究(03)：57－63.

[31] 云红.2009.论文摘要中作者身份的显与隐———一项基于 2008 医学与语言学国际学术期刊的修辞性研究[J].外语教学(05)：29－32.

A Diachronic Study of Authorial Self-Representation in Abstracts of Research Articles

Linxiu Yang, Jin Han

Shanxi University

Abstract: Academic papers not only convey academic information and report the latest scientific findings, but also need to use appropriate means to persuade readers and have an impact on their academic thinking. Authorial self-representation is not only the author's choice of style, but also an important linguistic strategy for highlighting identity to market research. This study systematically explores the explicit and implicit representations of the semantic concept of authorial self-representation in linguistic and physical abstracts from 1976 to 2020, and the changes in author roles and discourse functions it constructs over time, with a view to complementing existing synchronic studies and providing guidance for the writing of disciplinary abstracts. The study has three findings. ① Authorial self-representation is increasing in abstracts of both disciplines, with a more pronounced increase in Linguistics. ② In terms of representation realizations, explicit first-person singular pronouns are increasing in both disciplines while plural pronouns show an increasing and then decreasing trend; the use of implicit impersonal pronouns is increasing and passive voice is decreasing; the use of first-person singular pronouns and impersonal pronouns in Linguistics tends to be stronger. ③ The main author role types constructed in the abstracts of both disciplines are *researcher* and *writer*, followed by *promoter* and *arguer*. However, the proportion of author as *researcher* declines but *promoter* keeps increasing in Linguistics, while the proportion of *researchers* keeps increasing and the change of *promoter* is relatively stable in Physics. The differences in the authorial self-representation in the two disciplines stemmed mainly from shared writing ideas, disciplinary differences, pragmatic factors of each realization and the influence of the external environment. This will also provide guidance for the teaching of academic English writing in both disciplines.

Keywords: abstracts of research articles; authorial self-representations; author roles and discourse functions; diachronic study

中国理工科研究生学术论文中的名词词组研究[①]

刘　聃[②]　何中清[③]

北京科技大学

摘　要：本文融合系统功能语言学和多维分析法中的名词词组理论,探讨了中国理工科研究生英语学术论文中的名词词组特征及其影响因素。研究发现,中国理工科研究生在其学术论文中普遍使用复杂名词词组。与学者相比,中国理工科研究生使用了更多的仅有中心词或前置修饰语的名词词组。在名词词组的构成要素上,中国理工科研究生更喜欢使用分类语和特征语充当前置修饰语,而在后置修饰语的选择上则以介词短语为主。另外,他们更倾向于使用普通名词作名词词组中的中心词。影响中国理工科研究生使用名词词组的因素主要包括信息结构、学术语篇的信息性、母语迁移等。本研究对国内的学术语篇研究和学术英语教学具有一定的借鉴作用。

关键词：名词词组;学术论文;中国理工科研究生;特征;影响因素

1　引言

随着专门用途英语(ESP)和学术用途英语(EAP)在国内外的兴起,学术语篇研究已经成为语言学研究领域的一个重要课题(邓鹂鸣、周韵,2020;何中清,2021)。学术语篇研究涉及不同的背景理论和方法,如体裁分析、学术语言能力理论、多维分析、系统功能语言学等(姜亚军、赵钢,2006;徐昉,2015)。其中,系统功能语言学占有重要地位,它是学术语篇研究中"使用最广泛的理论"(Monbec,2020),同时也是"发展最完善的理论视角"(Hyland & Shaw,2016:9)。系统功能语言学视角下的学术语篇研究主要有三大路径:语域分析、语类分析和人际意义分析(何中清,2021)。其中,语域分析路径在过去几十年来一直是学术语篇研究中的焦点,主要关注各类词汇语法形式在特定语域中的分布、实现和功能。

名词词组是语域分析路径中的重要研究内容,与学术语篇的语言特征密切相关(Biber et al.,2011;Wang & Beckett,2017)。名词词组不仅可以通过修饰语和中心词传递信息,还可以通过名词词组的复杂度衡量英语学习者的语言能力(Biber et al.,2011;Lu,2011)。纵观国内外相关文献,鲜有研究关注中国理工科研究生学术论文中名词词组的类型、结构和分布特征。据此,本文通过自建语料库,融合系统功能语言学和多维分析法中的名词词组理论,探讨中国理工科研究生英语学术论文中的名词词组特征及其影响因素,旨在为国内学术语篇研究和学术英语教学带来参考。

2　语域分析中的名词词组研究

名词词组是构建话语的重要词汇语法资源,一直以来都是语域分析中的研究重点(Fang et al.,2006)。很多学者探讨了书面语、口语等不同语域中的名词词组特点。例如,比伯等(Biber et. al.,

---

①　本文系北京市哲学社科规划项目"功能语言分析视角下中国大学生学术英语语篇特征研究"(19YYB004)的阶段性成果。
②　刘聃(1997—　　),女,北京科技大学外国语学院助教;研究方向:系统功能语言学。
③　何中清(1976—　　),男,北京科技大学外国语学院教授、博士;研究方向:系统功能语言学、篇章语言学、学术话语研究。何中清为本文通讯作者,通信地址:北京市海淀区学院路 30 号北京科技大学外国语学院;邮编:100083;电子邮箱:hezhongqing@ustb.edu.cn。

1999)发现,学术语篇多使用复杂名词词组和带有短语修饰语的名词词组,以此压缩结构,隐含表达意义。比伯和格雷(Biber & Gray, 2010)则强调,口语中的名词词组数量少于学术语篇中的名词词组数量,且多使用带有小句修饰语的名词词组。还有一些学者(如 Biber & Clark, 2002;Ni, 2004)探讨了名词词组在诸如小说、新闻、学术语篇等特定语域中的特点。他们发现,小说、新闻、学术语篇等语域均大量使用没有任何修饰语的名词词组。

学术语篇中的名词词组研究主要从两个角度进行——研究内容和研究学科。在研究内容上,前期研究主要分为三类:一是描写学术论文中名词词组的结构和分布,总结学术语篇的文体特征(如 McCabe & Gallagher, 2008;Nesi & Moreton, 2012;Parkinson, 2015;姜峰,2015;梁新亮,2015);二是在总结名词词组特征的基础上,分析学术语篇中名词词组的语义和功能(如 Arnaud et al., 2008;Berg, 2011/2014;Biber & Gray, 2010);三是将名词词组作为学术写作能力的指标,探讨学习者的英语写作能力,给出提高学术写作能力的建议(如 Parkinson & Musgrave, 2014;Biber et al., 2020)。而在研究学科上,前期研究探讨了多个学科的学术语篇中的名词词组特征,如经济学(王春岩,2016)、医学等(Biber & Clark, 2002)。

可以看到,不管是研究内容还是研究学科,都鲜有学者探讨理工科研究生英语学术论文中的名词词组特征。而在近年来国家加快推进新时代研究生教育改革的背景下,探讨我国研究生学术论文中的名词词组特征对推动研究生的学术英语教学改革,继而提升研究生的科研水平和国际竞争力具有重要意义。本文拟融合系统功能语言学和多维分析中的名词词组相关理论,探讨中国理工科研究生学术论文中的名词词组特征及其影响因素,为推动国内学术语篇研究和研究生学术英语教学提供借鉴。

3 研究设计

3.1 语料来源

本研究中的语料来自两个自建语料库:"中国理工科研究生学术论文语料库"(简称"CGR 语料库"),包含 30 篇中国理工科研究生的学术论文;"理工科 SCI 期刊学术论文语料库"(简称"CPR 语料库"),包含 30 篇理工科 SCI 期刊论文。其中,CGR 语料库中的语料来自北京某大学开设的"研究生英语科技论文写作"课程的期末论文。该课程为必修课程,学生是数学、物理、工程、材料等理工科专业的研究生。该课程要求学生在期末提交一篇达到 SCI 期刊发表标准的英语科技论文。CGR 语料库包含 30 篇中国理工科研究生的英语科技论文,库容为 33 014 个形符。

作为对比语料库,CPR 语料库中的语料来自理工科 SCI 期刊。为减少其他因素的影响,我们在选取语料时注重所选论文均为研究论文,排除综述、书评等类型,每篇论文的篇幅为 3 500～5 500 词,且论文作者为英语本族语者。CPR 语料库的库容为 39 116 个形符。

3.2 名词词组的界定和识别

本研究采用韩礼德(Halliday, 1994:181)的名词词组界定方法,即名词词组包含三个要素:前置修饰语(Modifier)、中心词(Head)和后置修饰语(Qualifier)。其中,中心词是名词词组中的必要成分,通常由名词(包括普通名词、专有名词、代词、数字等具有名词属性的词)实现,而前置和后置修饰语可有可无。本文探讨的名词词组在小句中充当主语、直接宾语或直接补语,不关注介词后的名词词组。

本研究采取了系统功能语言学中的最小括号法,自上而下识别名词词组及其要素。手动标注名词词组及其要素的步骤如下。首先,在学术论文的摘要、引言和结论部分,用分隔线"|||"标记每一个单独的句子。在书面语言中,一个句子通常可以根据首字母大写和最后的句号来识别。其次,用分隔线"||"将每个句子拆分为小句。在书面语中,一个小句须包含一个动词短语。再次,依据对名词词组的

界定识别小句中的名词词组。最后，识别名词词组中包含的要素，进而描写名词词组的结构、类型及其要素类型。例如：

例（1）：||| Biomass has <u>the great potential</u> to become <u>one of the primary global energy sources of the next decades</u>. ||| <u>The clean nature of biomass-based energy systems</u> makes biomass <u>an essential contributor</u> to <u>sustainable development in industrialized as well as developing countries</u>. ||| <u>Many of the biomass processing units</u> requires <u>the use of fluidized beds</u>, || in which <u>the irregular biomass particles</u> are co-fluidized with <u>much denser and more regular particles such as sand</u>. ||| <u>Sand particles</u> enhance <u>the fluidizability of fuel particles</u> and <u>heat transfer in the bed</u>. ||| (Text 2, CRP)

根据上面的识别步骤，例（1）包含四个句子，五个小句，共 11 个名词词组（使用下划线标示），其中五个名词词组充当小句的主语，六个充当小句的宾语/补语。

3.3　名词词组的结构及其构成要素

本研究区分四种不同类型的名词词组结构：① 仅有中心词的名词词组（H）；② 仅有前置修饰语的名词词组（MH）；③ 仅有后置修饰语的名词词组（HQ）；④ 同时具有前后置修饰语的名词词组（MHQ）。这样，在例（1）中，共有两个为 H 结构的名词词组，两个为 MH 结构的名词词组，三个为 HQ 结构的名词词组，四个为 MHQ 结构的名词词组。

在此基础上，名词词组可以分为两种类型：① 简单名词词组［包括 H 和 MH（M 仅包含指示语）结构的名词词组］；② 复杂名词词组［包括 MH（M 包含除指示语之外的前置修饰语）、HQ 和 MHQ 结构的名词词组］。这样，在例（1）中，只有 *biomass* 是简单名词词组，其他均是复杂名词词组。

本文融合了系统功能语言学（Halliday，1994；Fang et al.，2006）和多维分析（Biber & Clark，2002；Biber & Gray，2010）中的相关框架，将名词词组的构成要素分为三大类，共 72 小类，如表 1 所示。

表 1　名词词组的构成要素

构成要素	具体类型	示　　例
前置修饰语	指示语 1	the, a/an, each, etc.
	指示语 2	other, same, certain, famous, possible, etc.
	数　词	two, third, few, many, preceding, etc.
	特征语	old, long, blue, splendid, silly, fantastic, etc.
	分类语	"electric" in electric train
中心词	普通名词	We propose to study the <u>influence</u> of hydrothermal ageing on the fatigue behavior of a UD flax-epoxy composite by implementing the fatigue tests in a water bath.
	专有名词	<u>Assarar et al.</u> observed on a flax-epoxy laminate after 40 days of immersion.
	代　词	<u>We</u> propose to study the influence of hydrothermal ageing on the fatigue behavior of a UD flax-epoxy composite by implementing the fatigue tests in a water bath.
	数　词	<u>One</u> of the main issues is related to their durability.

续　表

构成要素	具体类型	示　　例
后置 修饰语	关系小句	the particle mixing and segregation phenomena <u>that are crucially important for controlling the performance of biomass combustors or gasifiers</u>
	of 引导的 介词短语	the development <u>of structural PFCs</u>
	其他介词 引导的 介词短语	research and innovation <u>in plant fibre composites (PECs)</u>
	V-ing 小句	<u>concerning all the above discussed matters</u>, this article
	V-ed 小句	the proposed CPFD model, <u>based on a Barracuda framework</u>
	不定式 小句	an important method <u>to provide a more thorough understanding of fluidized bed flow patterns</u>
	介词 + *ing* 小句	major limits <u>in describing the physical model of the gas-particles, particle-particle, and particle-wall interactions in bed</u>
	名词性 补语小句	the spinel-type AB2O4 <u>(A is bivalent and B is trivalent metal cation)</u>
	同位语 名词词组	the discrete element method <u>(DEM)</u>

4　研究结果和讨论

4.1　名词词组的结构和类型分布

在两个语料库中,名词词组的分布频数均占总词数的 60% 以上(63.92% vs. 60.82%),这一结果验证了名词词组在学术语篇中普遍存在的观点(Halliday,1996;Parkinson & Musgrave,2014)。进一步分析发现,两个语料库将信息打包成名词词组的情况有显著性差异。CGR 语料库中一个名词词组平均由 5.98 个单词组成,而 CPR 语料库由 6.55 个单词组成。这一研究结果表明,作为高级学术写作的一个典型特征,复杂名词词组在中国理工科研究生的学术论文中的使用仍有不足。

表 2　名词词组的结构及其分布

	CGR		CPR		χ^2	p
	N	%	N	%		
H	612	17.34	572	14.54	16.991	0.000***
HQ	212	6.00	268	6.81	0.501	0.479
MH	1 284	36.38	1 291	32.82	18.031	0.000***
MHQ	1 421	40.28	1 803	45.83	3.904	0.048*

根据表2,在结构上,两个语料库都主要使用 MHQ 和 MH 结构的名词词组,而 HQ 结构的名词词组并不常见,这是因为前置修饰语比后置修饰语更早、更容易习得(Biber et al.,2011)。但比伯等人(Biber et al.,1999)发现,MHQ 结构的名词词组使用最少,这与本文的发现存在一些差异,其主要原因在于理工科学术论文的信息性。学术论文的功能是为读者传达新想法,展示新发现(Biber & Conrad,2009),而 MHQ 结构的名词词组可以通过前后置修饰语将信息密集打包(Fang et al.,2006),体现了信息重点(Ni,2004)。

通过卡方检验,我们发现两个语料库中的名词词组结构分布存在一些差异。中国理工科研究生使用了更多的 H 和 MH 结构的名词词组,而理工科领域的学者则使用了更多的 MHQ 结构的名词词组(见表2)。这一研究结果在一定程度上验证了王春岩(2016)、赵秀凤(2004)等人的研究,表明受母语迁移的影响,中国理工科研究生在学术论文中使用更多的 MH 结构的名词词组。此外,由于 MHQ 结构的名词词组是复杂的(Biber et al.,2011;Fang et al.,2006),与学者相比,中国理工科研究生在这类复杂名词词组的使用上存在不足。

根据表3,在名词词组的类型上,两个语料库都较多使用复杂名词词组。这一发现与前人研究一致,即复杂名词词组的频繁使用是学术论文的一个明显特征(Biber et al.,2011;Wang & Beckett,2017)。通过卡方检验,我们进一步发现,CGR 语料库更多地使用了简单名词词组,说明中国理工科研究生在其学术论文中更倾向于使用简单名词词组,对复杂名词词组的使用还不够熟练($\chi^2 = 17.898, p = 0.000$)。

表3 名词词组的类型及其分布

		CGR		CPR		χ^2	p
		N	%	N	%		
简单名词词组	H	612	17.34	572	14.54	17.898	0.000***
	MH(只有指示语)	278	7.88	292	7.42		
复杂名词词组	HQ	212	6.01	268	6.81	0.517	0.472
	MH(除指示语外)	1 006	25.51	999	25.39		
	MHQ	1 421	40.27	1 803	45.83		

4.2 名词词组的构成要素及其分布

在名词词组的构成要素方面,两个语料库中的名词词组都大量使用前置修饰语,而较少使用后置修饰语(见表4)。这一发现与贝克特等人(Wang & Beckett,2017)的结论一致。这是因为名词词组的前置修饰语比后置修饰语更早获得(Biber et al.,2011)。通过卡方检验,我们发现名词词组各构成要素的使用在两个语料库之间都存在着明显差异。比较来看,CGR 语料库使用了更多的前置修饰语和中心词,而后置修饰语的使用没有明显差异。这也进一步验证了贝克特等(Wang & Beckett,2017)的研究,表明中国理工科研究生可能受到母语迁移的影响,更多地使用前置修饰语。

进一步分析发现,在前置修饰语中,两个语料库多使用分类语和特征语修饰中心词,而数词和指示语2则较少使用(见表5)。这也与贝克特等(Wang & Beckett,2017)的发现相似。而在后置修饰语中,两个语料库多使用介词短语,尤其是"of"引导的介词短语来修饰中心词,这与比伯等(Biber et al.,1999)的研究结果一致。

表 4　名词词组的三个要素及其分布

	CGR		CPR		χ^2	p
	N	%	N	%		
前置修饰语	5 075	47.27	4 795	47.46	146.974	0.000***
中心词	3 873	36.07	3 290	32.56	220.693	0.000***
后置修饰语	1 789	16.66	2 018	19.97	2.419	0.120

表 5 中的卡方检验结果显示,在前置修饰语中,CGR 语料库更多使用分类语、特征语、数词和指示语 1。这一发现与梁新亮(2021)以及贝克特等(Wang & Beckett,2017)的研究结果一致,说明理工科专业的研究生更擅长在名词词组中使用多种形式的前指修饰语;在后置修饰语中,CGR 语料库使用了更多的"of"引导的介词短语和 V-ing 小句修饰中心词。这与杨晰(2017)的研究结果存在一定的差异。主要原因在于两个研究关注了不同的中国学生群体,杨晰(2017)关注的是中国英语专业本科生,而本研究的研究对象是中国理工科专业的研究生。

表 5　名词词组修饰语的构成要素及其分布

		CGR		CPR		χ^2	p
		N	%	N	%		
前置修饰语	指示语 1	1 826	35.98	1 812	37.79	30.186	0.000***
	指示语 2	77	1.52	93	1.94	0.015	0.901
	数词	174	3.43	148	3.09	8.906	0.003**
	特征语	865	17.04	865	18.04	12.777	0.000***
	分类语	2 133	42.03	1 877	39.14	94.231	0.000***
后置修饰语	"of"引导的介词短语	924	51.65	885	43.86	21.061	0.000***
	其他介词引导的介词短语	442	24.71	616	30.53	6.898	0.009**
	V-ed 小句	127	7.10	118	5.85	3.645	0.056
	关系小句	96	5.37	100	4.96	0.816	0.366
	同位语名词词组	87	4.86	103	5.10	0.000	0.996
	V-ing 小句	30	1.68	80	3.96	15.187	0.000***
	不定式小句	29	1.62	48	2.38	2.042	0.153
	介词 + ing 小句	31	1.73	34	1.68	0.097	0.756
	形容词词组	14	0.78	26	1.29	1.870	0.171
	名词性补语小句	9	0.50	8	0.40	0.352	0.553

　　根据表6,在所有修饰语中,两个语料库中的短语修饰语的使用都明显高于小句修饰语。这一结果与很多学者(如 Biber & Gray,2010；Biber et al.,2011；Staples & Reppen,2016；Lan & Sun,2019)的研究结果一致。在短语修饰语中,名词、形容词和"of"引导的介词短语常用于修饰名词词组,这也验证了其他学者的研究(如 Biber & Clark,2002；Biber & Conrad,2009；Parkinson & Musgrave,2014；Lan & Sun,2019)。他们发现,名词词组中心词通常伴随有名词、形容词和介词短语修饰。在小句修饰语方面,两个语料库都大量使用 V-ed 小句、关系小句和 V-ing 小句修饰中心词,这一发现与前期研究(如 Biber & Clark,2002；Parkinson & Musgrave,2014)的结果一致。

表 6　短语和小句修饰语的结构要素及其分布

	CGR		CPR		χ^2	p
	N	%	N	%		
名　词	1 554	49.62	1 324	45.94	116.937	0.000***
形容词	1 456	46.49	1 388	48.16		
V-ing	50	1.60	39	1.35	1.880	0.170
V-ed	72	2.30	131	4.55		

　　表6中的卡方检验表明,CGR 语料库更多地使用了短语修饰语。这一结果支持了其他学者(如 Parkinson & Musgrave,2014；Staples et al.,2016；梁新亮,2021)的研究,表明中国理工科研究生更擅长在其学术论文中使用各种短语修饰中心词。具体来看,在短语修饰语方面,CGR 语料库使用更多的名词和"of"引导的介词短语修饰中心词,而 CPR 语料库则使用更多的形容词、其他介词引导的介词短语和同位语名词词组修饰中心词。这一发现也验证了比伯等人(Biber et al.,1999)的研究,即学术写作的重要特征是名词和形容词作为名词词组的前置修饰语,介词短语作为名词词组的后置修饰语,说明中国理工科研究生的学术论文具有学术写作的特征。

　　在中心词的构成上,我们的研究发现,在两个语料库中,名词词组的中心词通常由普通名词充当(见表7)。这与比伯等人(Biber & Clark,2002；Biber & Gray,2016)的发现一致,进一步说明学术论文可以通过使用普通名词作名词词组中的中心词为读者提供更多信息。卡方检验结果显示,CGR 语料库更多使用数字作中心词,而 CPR 语料库更多使用缩略词等专有名词作为中心词。使用更多的数词会导致论文中的复杂名词词组数量减少,因为这些中心词不能添加前后置修饰语,传达更多的信息。这也说明中国理工科研究生在使用复杂名词词组方面仍有欠缺。

表 7　名词词组中心词的构成要素及其分布

		CGR		CPR		χ^2	p
		N	%	N	%		
数　词	数　字	96	2.48	27	0.82	51.720	0.000***
	其　他	2	0.05	1	0.03	0.527	0.468
代　词	人称代词	175	4.52	130	3.95	1.209	0.546
	指示代词	10	0.26	13	0.40	1.051	0.591
	其　他	20	0.52	26	0.79	0.164	0.921

		CGR		CPR		χ^2	p
		N	%	N	%		
专有名词	缩略词	48	1.24	77	2.34	20.324	0.000***
	名　词	71	1.83	72	2.19	0.357	0.837
普通名词	具体名词	526	13.58	468	14.22	6.226	0.183
	抽象名词	2 925	75.52	2 476	75.26	3.175	0.529

4.3　名词词组使用的影响因素

在前人研究的基础上,通过语篇分析,本研究发现,中国理工科研究生在学术论文中使用名词词组主要受到三个因素的影响：信息结构、学术语篇的信息性和母语迁移。

第一个影响因素是信息结构。信息结构是语篇功能的重要体现,其功能是呈现信息,促进信息交流(张孝荣,2020)。在学术语篇中,名词词组是重要的词类,通过前后置修饰语打包信息,便于向读者传递信息(Biber et al.,2011)。为有效地传递信息,中国理工科研究生在其学术论文中使用了不同结构的名词词组。如例(2)～例(4)所示,已知信息多由 H、MH、HQ 和 MHQ 结构的名词词组实现,而新信息则由 MH 和 MHQ 结构的名词词组实现。换言之,已知信息由不同结构的名词词组实现,以便通过不同形式的名词词组与前文衔接,但新信息,也称信息焦点,通常使用 MHQ 结构的名词词组,以便向读者全面地表达未知内容(Ni,2004)。另外,常见的信息结构是"已知信息-新信息",这也与人们从已知知识到未知知识的认知过程一致。当读者在阅读过程中遇到新信息时,会在已知信息的基础上对新信息进行理解、解释,以较少的认知努力提取所需信息(华晓宇、徐玉臣,2018)。不同结构的名词词组都可用于充当小句成分,实现句法功能,有效传达信息。中国理工科研究生多使用 H、HQ 和 MHQ 结构的名词词组充当主语,表达已知信息,而使用 MHQ 结构的名词词组充当宾语或补语,传递新信息,如例(2)～例(4)所示。

例(2)：Chemical treatment of wastewater[已知信息－MHQ] is the most widely used wastewater treatment method[新信息－MH] at present and China[已知信息－H] is strengthening the construction of ecological civilization city[新信息－MHQ]. (Text 1, CGR)

例(3)：Zinc, as one of the essential trace elements,[已知信息－HQ] has a moderation rate compared to gaseous biomaterials[新信息－MHQ]. (Text 14, CGR)

例(4)：The best material[已知信息－MH] shows the minimal Tafel slope of 128 mV and lowest overpotential of 56 mV·dec－1[新信息－MHQ]. (Text 9, CGR)

第二个影响因素是学术语篇的信息性。学术语篇在结构上是压缩的,隐性表达意义(Biber & Gray,2010),这种特征影响了中国理工科研究生在学术论文中使用名词词组。名词词组通常通过前后置修饰语和名词化结构压缩信息,隐含表达意义(Biber et al.,2011)。受学术语篇信息性特征的影响,中国理工科研究生在学术论文中通常使用更多 MHQ 结构的名词词组,如例(5)、例(6)所示。该两个例子共有五个名词词组,它们均同时具有前后置修饰语。在例(5)中,共有三个名词词组,通过使用名词词组,不仅描述了本研究中使用的数据库种类,还介绍了该数据库的功能。而在例(6)中,共有两个名词词组,通过使用名词词组,不仅介绍了本研究的内容,还介绍了研究的重要性。

例（5）：The thermodynamic[前置修饰语] database of TCNI9: Ni-Alloys v9 based on Thermo-Calc[后置修饰语] was used to calculate and summarize the[前置修饰语] influence of alloys composition on the microstructure[后置修饰语] and properties of Ni-based single crystal alloys[后置修饰语]. (Text 18, CGR)

例（6）：The flow[前置修饰语] diagrams of various products and components[后置修饰语] are drawn to facilitate the detailed[前置修饰语] study of the physical and chemical behaviors of various components in the entire reaction process and the factors that affect the changes of output products[后置修饰语]. (Text 23, CGR)

另外，受学术语篇信息性的影响，中国理工科研究生在其学术论文中经常使用名词化结构之类的抽象名词充当名词词组的中心词。名词化结构是对一个句子的压缩，这些名词化结构可以转化为动词或形容词，而名词化结构的修饰语可以转化为句子的主语、宾语和补语。在例（7）和例（8）中，三个名词词组的中心词均由名词化结构填充，打包复杂信息。

例（7）：In cold season, the same as air source electrical heat pump（ASEHP）, the performance[名词化结构] of AAHP drops or it even does not work even when the ambient temperature is too low. (Text 17, CGR)

例（8）：The introduction[名词化结构] of artificial intelligence has accelerated the efficiency[名词化结构] of alloy composition screening. (Text 26, CGR)

第三个因素是母语迁移。汉语体现综合性思维，先描述相关信息，再关注核心信息；英语体现分析性思维，会直接描述核心信息，再介绍相关信息（彭家玉、杨贤玉，2001）。在使用名词词组时，因为中心词是名词词组的语义核心，修饰语提供补充信息，汉语优先将所有的修饰语放在中心词之前，而英语会将中心词放在首位，然后再增加修饰语（丁志斌，2018），这样两种语言中的名词词组的形式刚好相反。受母语迁移的影响，中国理工科研究生在学术论文中普遍使用 MH 和 MHQ 结构的名词词组。在例（9）～（11）中，名词词组普遍使用多个前置修饰语修饰中心词。但实际上，这些前置修饰语均可转换为后置修饰语，以符合英语写作风格。

例（9）：The use of lithium metal as the negative electrode material of the battery[MHQ] can obtain an energy storage power source with higher electrochemical performance[MHQ]. (Text 4, CGR)

例（10）：China's air quality improvement methods in the industrial field[MHQ] mainly focus on end-of-governance[H], industrial structure adjustment[MH], and energy structure adjustment[MH]. (Text 28, CGR)

例（11）：The study[MH] found that the duplex stainless steel hot working performance [MH] is poor. (Text 15, CGR)

5　结语

本文通过对比理工科 SCI 期刊论文，系统探讨了中国理工科研究生学术论文中的名词词组结构、类型和分布特征，并讨论了其中的影响因素。研究发现，中国理工科研究生在其学术论文中更多地使用 H 和 MH 结构的名词词组。与学者相比，他们使用了更多的简单名词词组，复杂名词词组的使用还不够熟练。在名词词组的构成要素上，中国理工科研究生更擅长使用各种形式的前置修饰语，尤其是分类语和特征语；在后置修饰语中，他们多使用"of"引导的介词短语和 V-ing 小句修饰中心词；而在中心词选择中,他们更倾向于使用普通名词(尤其是抽象名词)。影响中国理工科研究生在其学术论文中使用名词词组的因素主要包括信息结构、学术语篇的信息性和母语迁移。

本研究给研究生学术英语教学带来两个启示。首先,教师在学术写作教学中应提高学生在学术论文中多使用名词词组的意识;其次,教师在教学中应注意名词词组使用方面的知识输入,介绍构成名词词组的类型和构成要素以及构成复杂名词词组的方法。通过上述方法,让学生熟悉名词词组的使用方法,提高其学术论文的写作水平。

参考文献

[1] Arnaud, P. J. L., Feragne, E., Lewis, D. M., & Maniz, F. 2008. Adjective + Noun sequences in attributive or NP-final positions: Observations on lexicalization[A]. In S. Granger & F. Meunier (eds.), *Phraseology: An Interdisciplinary Perspective*[C]. Amsterdam: John Benjamins. 111 - 125.

[2] Berg, T. 2011. The modification of compounds by attributive adjectives[J]. *Language Science* 33(5): 725 - 737.

[3] Berg, T. 2014. How nominal compounds are modified by two adjectives[J]. *Folia Linguistics* 48(1): 1 - 36.

[4] Biber, D. & Clark, V. 2002. Historical shifts in modification pattens with complex noun phrase structures[A]. In T. Fanego, J. Pérez-Guerra, & M. J. López-Couso (eds.), *English Historical Syntax and Morphology*[C]. Amsterdam: John Benjamins, 45 - 66.

[5] Biber, D. & Conrad, S. 2009. *Register, Genre, and Style*[M]. Cambridge University Press.

[6] Biber, D. & Gray, B. 2010. Grammatical change in the noun phrase: The influence of written language use[J]. *English Language & Linguistics* 15(2): 223 - 250.

[7] Biber, D. & Gray, B. 2016. *Grammatical Complexity in Academic English: Linguistic Change in Writing*[M]. Cambridge: Cambridge University Press.

[8] Biber, D., Gray, B. & Poonpon, K. 2011. Should we use characteristics of conversation to measure grammatical complexity in L2 writing development?[J]. *TESOL Quarterly*, 45(1): 5 - 35.

[9] Biber, D., Gray, B., Staples, S., & Egbert, J. 2020. Investigating grammatical complexity in L2 English writing research: Linguistic description versus predictive measurement[J]. *Journal of English for Academic Purposes* 46: 1 - 15.

[10] Biber, D., Johansson, S., Leech, G., Conrad, S., & Finegan, E. 1999. *Longman Grammar of Spoken and Written English*[M]. Harlow: Pearson.

[11] Fang, Z., Schlepperell, M., & Cox, B. 2006. Understanding the language of schooling: nouns in academic registers[J]. *Journal of Literacy Research* 28(3): 247 - 273.

[12] Halliday, M. A. K. 1994. *An Introduction to Functional Grammar (2nd edn.)*[M]. London: Edward Arnold.

[13] Halliday, M. A. K. 1996. Literacy and linguistics: A functional perspective[A]. In R, Hasan & G. Williams (eds.), *Literacy in Society*[C]. London & New York: Longman. 339 - 372.

[14] Hyland, K. & Shaw, P. 2016. Introduction[A]. In K. Hyland & P. Shaw (eds.). *The Routledge Handbook of English for Academic Purposes*[C]. London & New York: Routledge.

1 – 13.

[15] Lan, G. & Sun, Y. 2019. A corpus-based investigation of noun phrase complexity in the L2 writings of a first-year composition course[J]. *Journal of English for Academic Purposes* 38: 14 – 24.

[16] Lu, X. F. 2011. A corpus-based evaluation of syntactic complexity measures as indices of college level ESL writers' language development[J]. *TESOL Quarterly* 45(1): 36 – 62.

[17] McCabe, A. & Gallagher, C. 2008. The role of the nominal group in undergraduate academic writing[A]. In C. Jones & E. Ventola (eds.). *New Developments in the Study of Ideational Meaning: From Language to Multimodality*[C]. Equinox. 189 – 208.

[18] Monbec, L. 2020. Systemic functional linguistics for the EGAP module: revisiting the common core[J]. *Journal of English for Academic Purposes* 43: 1 – 14.

[19] Nesi, H. & Moreton, E. 2012. EFL/ESL writers and the use of shell nouns[A]. In R. Tang. (ed.). *Academic Writing in a Second or Foreign Language: Issues and Challenges Facing ESUEFL Academic Writers in Higher Education Contexts*[C]. London: Continuum, 126 – 145.

[20] Ni, Y. 2004. Noun phrases in media texts: a quantificational approach[A]. In J. Aitchison & D. M. Lewis (eds.). *New Media Language*[C]. London: Routledge, 159 – 168.

[21] Parkinson, J. 2015. Noun-noun collocations in learner writing[J]. *Journal of English for Academic Purposes*, 20: 103 – 113.

[22] Parkinson, J. & Musgrave, J. 2014. Development of noun phrase complexity in the writing of English for Academic Purposes students[J]. *Journal of English for Academic Purposes*, 14: 48 – 59.

[23] Staples, S. & Reppen, R. 2016. Understanding first-year L2 writing: A lexico-grammatical analysis across L1s, genres, and language ratings[J]. *Journal of Second Language Writing*, 32: 17 – 35.

[24] Wang, S. & Beckett, G. H. 2017. "My Excellent College Entrance Examination Achievement" — Noun Phrase Use of Chinese EFL Students' Writing[J]. *Journal of Language Teaching & Research* 8(2): 271 – 277.

[25] 邓鹂鸣,周韵.2020.基于 CiteSpace 的国际学术语篇研究可视化分析[J].外语教学(1):54 – 58.

[26] 丁志斌.2018.英汉名词修饰语语序类型研究[J].西安外国语大学学报(1):10 – 14.

[27] 何中清.2021.系统功能语言学视角下的学术话语分析范式建构[J].外语学刊(2):23 – 27.

[28] 华晓宇,徐玉臣.2018.语篇信息流动中的主语及被动化选择.外语教学(6):44 – 48.

[29] 姜峰.2015.中美学生论说文的立场名词表达——基于语料库的对比研究[J].外语与外语教学(5): 8 – 14.

[30] 姜亚军,赵刚.2006.学术语篇的语言学研究:流派分野和方法整合[J].外语研究(6):1 – 5.

[31] 梁新亮.2015.中国硕士生学术语篇中名词词组的使用特征分析[J].北京科技大学学报(社会科学版)(1):28 – 32.

[32] 梁新亮.2021.系统功能语言学视角下学术语言的语义复杂性研究[J].解放军外国语学院学报(4): 19 – 26.

[33] 彭家玉,杨贤玉.2001.英汉思维差异在语言上的反射[J].西安外国语学院学报(1):16 – 19.

[34] 王春岩.2016.经济学学术语篇中名词词组对比研究:从结构到语义[J].中国 ESP 研究(1): 16 – 27.

[35] 徐昉.2015.学术英语写作研究述评[J].外语教学与研究(1)：94－105.

[36] 杨晰.2017.中国英语专业学习者议论文写作中句法复杂性变化研究[D].成都：西南交通大学.

[37] 张孝荣.2020.英汉语信息结构的标注模式及其句法实现[J].现代外语(4)：439－450.

[38] 赵秀凤.2004.英汉名词词组结构差异对英语写作语体风格的影响———一项实证研究[J].外语教学 (6)：55－57.

Nominal Groups in Research Articles Written by Chinese Graduate Students of Science and Engineering

Dan Liu, Zhongqing He

University of Science and Technology Beijing

Abstract: This paper explores the features of noun groups (NGs) in research articles (RAs) written by Chinese graduate students of science and engineering and discusses the influencing factors. To do so, the present study adopts an integrative approach which combines the theories of NGs in systemic functional linguistics and multidimensional analysis. It is found that Chinese graduate students of science and engineering generally use complex NGs in their RAs. Compared with scholars, Chinese graduate students of science and engineering use more NGs with only head words or modifiers. In terms of the elements of NGs, Chinese graduate students of science and engineering prefer to use classifiers and epithets as the modifiers, while the qualifiers are mainly realized by prepositional phrases. In addition, they prefer to use common nouns as the head words in NGs. The underlying factors that influence the use of NGs in Chinese graduate students' RAs include information structure, informativeness of academic discourse, and mother tongue transfer. This study can be used for reference in promoting academic discourse research and English for academic purposes teaching in China.

Keywords: nominal groups; research articles; Chinese graduate students of science and engineering; features; influencing factors

科技英语教材的语义密度[①]

王任华[②]

南京工程学院

摘　要： 语义密度的浓缩和累积是科技英语教材的重要知识构建方式,对科技英语知识体系的建构起着重要作用。本研究以合法化语码理论(Legitimation Code Theory)中的语义密度理论为基础,通过分析科技英语教材造词工具的分布以及技术词语和日常词语的分布和特点来讨论科技英语教材的认知语义密度。研究发现科技英语教材的重点词汇中,语义密度较大的造词工具所占比例低于语义密度较小的造词工具。技术词语占比低于日常词语,在技术词语中凝聚词语占比低于紧凑词语,性状技术词语低于实体技术词语,日常词语中强化词语占比低于普通词语所占比例。日常词语中上下语义和整体-部分关系词语十分常见。

关键词： 科技英语教材;语义密度;造词工具;知识建构

1　研究背景和研究目的

教材是知识的载体,是教学的基本工具,对教材的分析有助于教师深入理解教学内容和教学要求,促进教学质量提升。对外语教材的语义特征进行科学分析是学科教学的基础,也是推进外语教学改革和教材建设,实现应用型人才的培养目标的重要途径之一。

合法化语码理论是分析具体的知识实践的一个概念工具,为研究知识实践过程提供了五个分析维度：专业性(specialization)、语义性(semantics)、自治性(autonomy)、紧密性(density)以及时间性(temporality)。合法化语码理论中,语义性用来处理符号实践中的语义密度,而语义密度(semantic density,又称认知语义密度)指社会符号实践中的术语、概念、词组、表达、手势、动作等各种符号语义浓缩的方式和程度(Maton,2014;2011)。

认知语义密度在知识构建中发挥十分重要的作用。当前通过认知语义密度来探讨教材教学或学科话语的知识构建的研究不多。有些研究(Macnaught et al.,2013;Matruglio, et al.,2013;Blackie,2014;Clarence,2014;Maton,2014)探讨了在课堂教学中教师如何通过加强或者削弱认知语义密度的方法来帮助学生学习和构建知识,提高教学效率;有的研究(Maton & Chen,2016)探讨如何应用认知语义密度在教育研究和实践中来揭示教育规则;还有学者(Maton & Doran,2017a)应用认知语义密度作为分析工具,将知识实践的复杂性概念化,详细论述如何通过合法化语码理论的转换机制(translation device)的多个维度来分析英文科技话语。在我国,赖良涛(2015)从认知语义密度出发讨论了学术话语和学校教育话语中的知识分布和语境重构;吴玉花(2016)探讨了在科技英语的课堂教学中,语义波与权力词汇、权力语法和权力话语的关系及其在课堂教学中帮助学生知识建构所发挥的作用;朱莉莉(2017)论述了语义引力和语义密度在课堂教学实践中的应用;于晖(2018)分析了天体物理领域的科普

---

① 基金项目：本文是南京工程学院创新基金面上项目"隐喻的态度意义研究"(项目号：CKJB202113)的阶段性成果。

② 王任华(1977—　),女,博士,南京工程学院副教授;研究方向：功能语言学,认知语言学、教育语言学;通信地址：江苏省南京市江宁区弘景大道 1 号南京工程学院外国语学院;邮编：211167;电子邮箱：renhua7763@163.com。

读物、教科书等教育语篇的语义建构特征。

本研究的目的是分析科技英语教材知识的认知语义密度特征,为科技英语的教学实践和教材编写带来启示。为了实现这一目的,本文设定以下三个研究问题:第一,科技英语教材中的造词工具有何分布特征?第二,科技英语教材的技术词语有何特征?第三,科技英语教材的日常词语有何分布特征?

2　理论基础和研究方法

合法化语码理论的语义性维度包含语义重力和语义密度两个概念:语义密度表示语义之间的关系,语义重力表示对语境的依赖性。语义密度表示语义在知识构建中是如何浓缩和相互关联的,也就是知识的复杂性。一个符号浓缩的语义越多,语义密度就越高;其浓缩的语义越少,则语义密度就越低。语义密度可用语义关联度(relationality)、区分度(differentiation)和响应度(resonance)三个指标来衡量(Maton & Doran,2017a,2017b;Maton & Chen,2016)。

合法化语码理论中的认知语义(epistemological meaning)对应系统功能语言学中的概念语义(也叫经验语义,通常指具有明确指称物的语义);合法化语码理论中的价值语义(axiological meaning)对应系统功能语言学的人际语义(包括语气、情态体现的协商语义、评价语义等)。语义浓缩(condensation)指的是符号或事件的语义在符号实践中获得增加的过程,包括认知语义浓缩和价值语义浓缩。语义密度越大,表明语义浓缩程度越高(标注为 SD＋);语义密度越小,表明语义浓缩程度越低(标注为 SD－)。换言之,语义密度探讨的是语义之间的关系,越多的语义相互关联,语义密度越大;越少的语义相互关联,则语义密度越小。

语义密度这个概念非常灵活,可应用于各门学科的教材、课程、教学法等不同教育实践中,包括教育话语中语言的词汇、短语、句子、句群、语篇等不同层面。在小句(clausing)或句群(sequencing)层面,认知语义密度就是语义之间所建立的新关系的数量,所建立的关系越多,语义关系的区分度越大,与其他未言明的隐性语义之间的响应度也越高。在词语(wording)层面,认知语义密度就是这个词语的语义与其他词语语义之间关系的数量。话语的认知语义密度的研究可以通过合法化语码理论的转换机制(translation device)来实现。转换机制为话语的认知语义密度提供了连句(sequencing)、造句(clausing)、词组(grouping)、措词(wording)四个工具,分别对应句间、句子、词组和词的认知语义密度(Maton & Doran,2017a/2017b)。本研究以措词为话语分析工具,分析词语之间的语义浓缩机制,揭示话语如何在词汇层面通过措词来浓缩语义和建构知识。

措词的语义密度浓缩机制体现在三个精密度层面(Maton & Doran,2017a),如表1所示。措词的第三个精密层面最精密,共有八种措词,按照语义密度由高到低分别是:凝聚性状词(conglomerate-properties)、凝聚实体词(conglomerate-elements)、紧凑性状词(compact-properties)、紧凑实体词(compact-elements)、专业词(specialist)、通用词(generalist)、精细词(nuanced)和简单词(plain)。精细词可以提供更多、更为精细的不同意义;简单词提供更为一般、区分度较小的意义;专业词指在以专业词语为主的语篇中出现的强化词;通用词指在以日常词语为主的语篇中出现的强化词;紧凑性状词指只有一个单一的部分表示特定专业意义的性状词;紧凑实体词指只有一个单一的部分表示特定专业意义的实体词;凝聚性状词指由多个可以区分的、具有独立意义的部分构成,每个部分都表示特定专业意义的性状词;凝聚实体词指指由多个可以区分的、具有独立意义的部分构成,每个部分都表示特定专业意义的实体词。第二精密层面共有四种措词,按照语义密度由高到低分别是:凝聚词(conglomerate)、紧凑词(compact)、强化词(conglomerate)和普通词(common)。凝聚词指由多个可以区分的、具有独立意义的部分构成,并且每个部分都表示特定专业意义的词;紧凑词指只有一个单一的部分表示特定专业意义的词;强化词指将事件或特性编码成事物的词;普通词指将事件或特性以其原本面目出现的词。第一精密度层面有两种措词,按照语义密度由高到低分别是技术词和日常词。技术词指将特定专业领域如学术领域、教育领域等的专业术语聚集在一起增加话语的复杂性、深度和稳定性的词;日常词指将日常生活实践中使用的词语聚集在一起使词语之间的关系更加具有实效性、移动性、变动性、灵活性的词。三个紧密度层面的相互关系如表1所示。

表 1　造 词 工 具

EC	第一精密层	第二精密层	第三精密层
↑ +	技术	凝聚	性　状
			实　体
		紧凑	性　状
			实　体
	日常	强化	专　业
			通　用
		普通	精　细
↓ −			简　单

本研究将结合系统功能语言学的相关理论描写(Halliday & Matthiessen,2014;Martin & Rose,2007),采用上述造词工具,基于小型语料库对科技英语教材的认知语义浓缩机制进行分析。语料选自2014年苏州大学出版社出版的《科技英语入门(第二版)》(凌惜晴、黄晓玲,2014)。该教材由10个单元组成,每个单元包括四篇科技短文,共计40篇文章,内容涉及数学、机械、汽车、物理学、材料学、计算机科学、通信工具、通信调制、计算机网络、模拟电子技术、数字逻辑电路等理工科题材。语料分析以自然段为基本单位,对教材各自然段所包含的造词工具进行标记、分析和统计。最后结合合法化语码理论展开讨论,分析概括科技英语教材的典型造词特征,揭示科技英语教材造词层面的语义浓缩机制和知识建构特征。

3　重点词汇的造词工具分布

本文采用造词工具(Maton & Doran,2017a)对语料中10个单元所列出的重点词汇的造词分布情况进行分析统计,其结果如表2所示。《科技英语入门》10个单元的"key words and phrases"中共列出284个单词和109个词组,在此仅分析单词的造词工具分布。

表2中第一列箭头表示各类造词工具的认知语义浓缩(epistemological condensation,缩写为EC)能力的大小,箭头上方旁边的加号表示造词工具认知语义浓缩能力加强,箭头下方的减号表示造词工具认知语义浓缩能力减弱。第二列分别为宏观的造词工具类别,即技术词语和日常词语的频次统计数据;第三列分别为四个次类的造词工具类别,即凝聚词语、紧凑词语、强化词语和普通词语;第四列分别为八个次小类的造词工具类别,即凝聚词语中表示性状的词语、凝聚词语中表示实体的词语、紧凑词语中表示性状的词语、紧凑词语中表示实体的词语、名物词语中的专业词语、名物词语中的通用词语、普通词语中的精细词语、普通词语中的简单词语。第五列和第六列是各次小类的造词工具类别的频次和占比。

表 2　科技英语教材重点词汇的造词工具分布

EC	大　类	次　类	小　类	频　次	占　比
↑　+　↓　-	技　术 （140）	凝　聚 （55）	性　状	25	8.8%
			实　体	30	10.6%
		紧　凑 （85）	性　状	36	12.7%
			实　体	49	17.3%
	日　常 （144）	强　化 （27）	专　业	10	3.5%
			通　用	17	5.9%
		普　通 （117）	精　细	46	16.2%
			简　单	71	25.0%

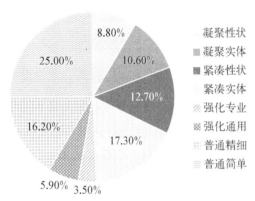

图 1　科技英语教材重点词汇
的造词工具分布

从表 2 可以看出,在本研究所用的科技英语教材所列的 284 个重点词汇中,技术词语 140 个,占比 49.3%,日常词语 144 个,占比 51.7%。在造词工具分布的第一个层面,技术词语略微少于日常词语。在第二个次类层面,140 个技术词汇中,凝聚词汇共计 55 个,占比 39.2%;紧凑词汇共计 85 个,占比 60.8%。144 个日常词汇中,强化词汇有 27 个,占比 18.8%;普通词汇有 117 个,占比 81.2%。为了更直观地呈现科技英语教材重点词汇的造词工具分布的数据,作者用图 1 来加以呈现。

从整体来看,在科技英语教材的重点词汇中,语义密度较大的造词工具所占比例低于语义密度较小的造词工具,具体体现在:技术词语占比低于日常词语占比,技术词语中语义密度较大的凝聚词语占比低于紧凑词语占比,日常词语中语义密度较大的强化词语占比低于语义密度较小的普通词语。从微观层面看,在每个造词工具次类所包含的小类层面,语义密度较大的小类所占比例都低于语义密度较小的小类。在技术词类中,凝聚词语和紧凑词语里语义密度较大的性状词语占比都低于语义密度较小的实体词;在日常词类中,强化词里语义密度较大的专业词语占比低于语义密度较小的通用词语占比,普通词语中的语义密度较大的精细词语占比低于语义密度较小的简单词语占比。

4　技术词语的造词工具分布

从重点词汇的造词工具分布的讨论中可以看出,科技英语教材的技术词语造词工具体现出语义密度较大的造词工具所占比例低于语义密度较小的造词工具的分布特点。

根据表 2,在 140 个技术词语中,凝聚技术词语有 55 个,占技术词语的 39.2%,紧凑技术词语有 85 个,占技术词语的 60.8%。在更微观的层面,凝聚技术词语中,表示性状的凝聚技术词语共计 25 个,占技术词语的 17.9%,表示实体的凝聚技术词语有 30 个,占技术词语的 21.4%;紧凑技术词语中,表示性状的紧凑技术词语有 36 个,占技术词语的 25.7%,表示实体的紧凑技术词语有 49 个,占技术词语总数的 35%。技术词语在微观层面的造词工具分布见表 3。

表 3　技术词语微观层面造词工具的分布

次　类	小　类	频　次	占　比
凝聚技术词语 （55）	性　状	25	17.9%
	实　体	30	21.4%
紧凑技术词语 （85）	性　状	36	25.7%
	实　体	49	35.0%

如表 3 所示，科技英语教材中的技术词语中，凝聚技术词语的数量少于紧凑技术词语。凝聚技术词语包含多个可以拆分的语义要素并且每个要素代表一种技术语义，例如 trigonometry，thermodynamics，hydrostatics；而紧凑技术词语只有一个包含技术语义的要素，例如 optics，atonic，integra，因此凝聚技术词语的语义密度大于紧凑技术词语。本研究所选用的科技英语教材为本科生所用的入门教材，教材中的技术词语必须符合目标读者的科技认知能力，因此技术词语中语义密度较大的凝聚技术词语占比低于语义密度较小的紧凑技术词语。图 2 能够更加直观地呈现科技英语教材中技术词语在微观层面的造词工具分布。

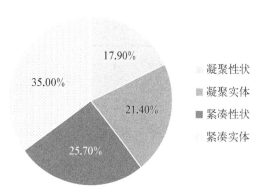

图 2　技术词语微观层面造词工具的分布

在微观层面，科技英语教材中凝聚技术词语和紧凑技术词语在造词工具的小类上都体现为表示性状的技术词语频次高于表示实体的技术词语。具体来说，表示性状的凝聚技术词语（例如，interoperability，virtualization，saturated）占比低于表示实体的凝聚技术词语（例如 bytecode，complier，assembler），表示性状的紧凑技术词语（例如 decimal，octal，binary）占比低于表示实体的紧凑技术词语（例如 wafer，pin，gate）。实体技术词语指用于表示一个实体、物体或事物的技术词语；性状技术词语指用于表示一种行为（包括事件、过程等）或一个实体、物体或事物的质量或性质的技术词语（Maton & Doran，2017a）。这也符合科技英语教材入门读者的语义认知能力，因为表示性状的技术词语如果所占比例太大，教材的语义密度就会高度浓缩，增加语义被认知理解的难度，不利于目标读者学习。此外，从词语的语义来看，实体技术词语一般对应的事物只有一个，语义比较单一，相对容易确定，而一个事物的性状可以从多个角度描述，可以有多种性状，因而性状技术词语的语义可以是多元的，语义比较复杂。科技英语教材中表示性状的技术词语使用频率高于表示实体的技术词语这一特点，既体现了科技教材严密性、技术性、抽象性、客观性、信息高密度性等语体特征，又体现了兼顾通用性和专业性的教材语言特点。

5　日常词语的造词工具分布

从表 4 可以看出，科技英语教材中日常词语的造词工具分布中，强化日常词语低于普通日常词语。在造词工具的小类层面，专业强化日常词语占比低于通用强化日常词语，精细普通日常词语占比低于简单普通日常词语。日常词语在微观层面的造词工具分布的详细数据见表 4。

强化日常词语由于词语自身的语义浓缩而使得其语义密度比普通日常词语的语义密度大，其语义浓缩不依赖某一特定的专业领域，用在技术词语上下文中的日常词语有更大可能性强化表示参与者、事物或实体的技术词,故其语义密度较大(Maton & Doran,2017a)。普通日常词语则浓缩为认知意义比较简单的日常名称,故其语义密度比强化日常词语低。在 144 个日常词语中,强化日常词语共计 27 个,占日常词语总数的 18.8%,普通日常词语共计 117 个,占日常词语总数的 71.2%。在微观层面,专业强化日常词语有 10 个,如 configuration,simulation,notation,占比 7.%;通用强化日常词语有 17 个,例如 proposition,deduction,computation,占比 11.8%;精细普通日常词语,如 experimental,crankshaft,collectable 等,有 46 个,占比 31.9%;简单普通日常词语,如 accelerate,alphabet,cyber 等,有 71 个,占比 49.3%。图 3 更加直观地呈现日常词语在微观层面的造词工具分布。

表 4　日常词语微观层面造词工具的分布

次　类	小　类	频　次	占　比
强化日常词语 (27)	专　业	10	7.0%
	通　用	17	11.8%
普通日常词语 (117)	精　细	46	31.9%
	简　单	71	49.3%

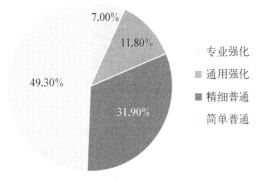

图 3　日常词语微观层面造词工具的分布

语料分析发现,科技英语教材中强化日常词语大部分都是表示动作过程的过程,例如 friction,amplification,configuration,simulation,interaction,ignition,或实体事物的名词,如 switch,package,documentation 等。日常词语在语篇中的分布还体现出一个重要特点:日常词语中的强化日常词语往往通过上下语义关系的词语反复出现的形式来调节科技英语教材的认知语义密度,实现科技英语教材语篇的知识建构。

上下义关系也是科技语篇概念体系中十分常见的概念关系。上下义关系在科技语篇中既体现在表示事物概念的名词或词组上,又体现在表示某个过程的词语或词组上。科技语篇在介绍某个对象与其下属概念以及相互关系时往往采用上下语义关系来描述概念体系;在表述事物属性或过程时经常使用上下语义体系来描述讨论对象的某种属性或某个过程。上下语义关系往往贯穿于科技语篇的整体,并且在一组上下语义的概念出现后接着出现另一组上下语义关系的概念,这些上下语义概念通常都是关键词或者表述与指示对象有着紧密关系的事物属性或过程。

以本研究所选科技英语教材的第七单元 Communication Modulation 的 Passage A *Amplitude, Frequency and Phase Modulation* 为例来讨论上下语义关系普通名词。modulation 是通用强化日常词语,是这篇科技文介绍的对象,也是文章的关键词,出现了 25 次。除了 modulation 之外,还出现了 amplitude modulation,frequency modulation,phase modulation,sinusoidal modulation,percent modulation 等 modulation 的下义词。此外,文中还出与 modulation 有整体-部分关系的 modulation forms,modulation waveform,modulation index,modulation function 等词。这种表示对象或过程的强化日常词语在科技英语教材的教学语篇中十分常见,类似的例子在该单元的 Passage B *Pulse and Coded Modulation* 中出现了,在此不详细讨论。

6　结语

　　语义密度指社会符号实践中的术语、概念、词组、表达、手势、动作等各种符号语义浓缩的方式和程度。语义密度在知识构建中发挥十分重要的作用,分析科技英语教材的认知语义密度,揭示科技英语教材的知识建构规律,能够为科技英语教材的编写和课堂教学带来启示。本研究通过分析科技英语教材的造词工具分布发现,科技英语教材的重点词汇中,语义密度较大的造词工具比例低于语义密度较小的造词工具。具体来说,技术词语占比低于日常词语;在技术词语中,凝聚词语占比低于紧凑词语,性状技术词语低于实体技术词语;日常词语中,强化词语占比低于语义普通词语。日常词语中,上下语义和整体-部分关系词语十分常见。这表明科学技术类的语言本身语义密度较大,科技英语教材在语言选择应用方面有意识地降低其语义密度,从而降低读者理解的难度,更广泛地传播科学知识。因此,我们在科技英语教学中也要尽可能地借助于不同语义关系,通过使用语义密度较低的普通词语和技术词语来解释语义密度较高的重点技术词语,降低英语科技语篇的整体语义密度,帮助学生更好地认知、理解科技语篇的知识建构规律。

参考文献

[1] Blackie, M. 2014. Creating semantic waves: Using Legitimation Code Theory as a tool to aid the teaching of chemistry[J]. *Chemistry Education Research and Practice*, 15: 462 – 469.

[2] Clarence, S. 2014. Enabling Cumulative Knowledge-building Through Teaching: A Legitimation Code Theory analysis of pedagogic practice in law and political science[D]. Rhodes University: South Africa. http://www.legitimationcodetheory.com.

[3] Halliday, M. A. K. & Matthiessen, C. 2014. *Introduction to Functional Grammar (4th edition)*[M]. London and New York: Arnold.

[4] Macnaught, L., Maton, K., Martin, J. R., & Matruglio, E. 2013. Jointly constructing semantic waves: Implications for teacher training[J]. *Linguistics and Education* 24 (1): 50 – 63.

[5] Martin, J. R. and D. Rose. 2007. *Working with Discourse: Meaning beyond the Clause (2nd edition)*[M]. London/New York: Continuum.

[6] Maton, K. & Doran, Y. J. 2017b. Condensation: A translation device for revealing complexity of knowledge practices in discourse, part 2 — clausing and sequencing[J]. *Onomázein*, March, 77 – 110.

[7] Maton, K. & Chen, R. T-H. 2016. LCT in qualitative research: Creating a translation device for studying constructivist pedagogy[A]. In K. Maton, S. Hood & S. Shay (eds.), Knowledge-building: Educational studies in Legitimation Code Theory[C]. London: Routledge. 27 – 48.

[8] Maton, K. & Doran, Y. J. 2017a. Semantic density: A translation device for revealing complexity of knowledge practices in discourse, part 1 — wording[J]. *Onomázein*, March, 46 – 76.

[9] Maton, K. 2011. Theories and things: The semantics of disciplinarity[A]. In F. Christie & K. Maton (eds.), Disciplinarity: Functional linguistic and sociological perspective[C]. London: Continuum, 65 – 66.

[10] Maton, K. 2014. *Knowledge and Knowers: Towards a Realist Sociology of Education*[M].

London and New York: Routledge.

[11] Matruglio, E., Maton, K., & Martin, J. R. 2013. Time travel: The role of temporality in enabling semantic waves in secondary school teaching[J]. *Linguistics and Education*, 24(1): 38 - 49.

[12] 赖良涛.2015.教育语言学:一个社会符号的模式[M].北京:外语教学与研究出版社.

[13] 凌惜晴,黄晓玲.2014.科技英语入门(第二版)[M].苏州:苏州大学出版社.

[14] 吴玉花.2016.科技英语中名词化的知识建构[J].宁夏大学学报(人文社会科学版),38(3): 192 - 196.

[15] 于晖.2018.基于语义密度的教育语篇累积性知识建构分析[J].学术探索,15(3): 21 - 30.

[16] 朱莉莉.2017.语义波理论及其在教学中的应用[J].当代外语研究(4): 66 - 68.

The Epistemic-Semantic Density of Words and Groups in Technology English Textbook

Renhua Wang

Nanjing Institute of Technology

Abstract: The condensation and accumulation of semantic density is an important way of knowledge building. This study applies the theory of Epistemic-Semantic Density in the Legitimation Code Theory to analyze the distribution of wording and grouping tools in a technology English textbook to reveal its epistemic-semantic density. It is found that, among all the key words and groups, the proportion of wording tool of high semantic density is less than the proportion of wording tool of low semantic density, and the proportion of technic words is less than the proportion of everyday words. In technic words, the proportion of conglomerate words is less than the proportion of compact words; the proportion of technic words which describe properties is less than the proportion of technic words which describe elements. In everyday words, the proportion of consolidated everyday words is less than the proportion of common everyday words, and the hyponymy and whole-part semantic relationship is common in everyday words.

Keywords: technology English; semantic density; wording tool; knowledge building

基于 LCT 语义密度的法律英语
语言可接受性研究

——斯顿普案司法意见书的个案分析[①]

许文涛[②]

广东外语外贸大学/广东农工商职业技术学院

摘　要：法律语言的可接受性是法律语篇分析的重要议题,其中裁判文书的语言可接受性决定着人们对司法正义的感知,也是法律语言教学需要重点考虑的因素之一。本文在合法化语码理论语义性维度框架下,在对语言可接受性界定的基础上,以一个美国司法先例的意见书为语料,运用语义密度的转换工具,探究司法意见书语义密度的变化特点及其对语言可接受性的影响,并从语境层次阐释语义密度与语言可接受性特征的成因。司法意见书随着语篇的生成,语篇的语义密度逐渐降低,语言可接受性总体在提高,这源于该语类互动性逐渐增强,也是为了促进人们理解司法正义的再现。本研究也表明基于语义密度对语言可接受性进行分析与阐释的可行性,这为量化分析法律英语的语言可接受性及其阐释提供了新视角。

关键词：可接受性;语义密度;司法意见书;意义集群

1　引言

关于法律语言特征的论述已经相当多(杜金榜,2004;廖美珍,2006；Coulthard et al.，2017 等),研究普遍认为庭审语言需要提高语言的可接受性(刘承宇等,2021 等)。就裁判文书等书面语篇而言,虽然"简明英语"(plain English)运动大力推进书面法律语言的简明化(Coulthard et al.，2017),以增强语言的可接受性,但这种做法仍然不太被认可。

可接受性是哲学、语言学(包括修辞学)、法学等不同学科中的重要议题(孙光宁,2010)。在法学框架下,可接受性研究主要关注非语言因素,如受众、法律方法(孙光宁,2010),而一定程度上忽视了语言的重要性。在语言学框架下,可接受性的研究涉及语法、语义、修辞(况新华,2001)以及语境、文化、认知等因素(况新华,2001;刘辰诞,2011),然而大部分研究者忽略了语言可接受性在语篇中的动态变化。

裁判文书语言可接受性研究主要从法学、修辞学等角度进行分析(张纯辉,2010;郭晓燕,2021;宋菲,2020),有研究者提出了法律修辞学(何静秋,2015 等)。语言可接受性是撰写裁判文书时需要考虑的关键要素之一。司法意见书作为一种最为重要的裁判文书,是法律英语学习的重要素材,其语言可接受性是选择语言素材需要考虑的重要因素。但已有研究都是从宏观上定性讨论司法意见书的语言可接受性,微观上的定量分析不足。

司法判决是法律语境下的一种重要社会实践,通过裁判文书再现,在此过程中语言起到极为重要

---

① 基金项目：广东省教育科学规划领导小组办公室 2021 年度教学科学规划课题(高等教育专项)(2021GXJK618);四川省教育厅人文社会科学重点项目"系统功能语言学个体化理论视域下的社区矫正心理矫治话语研究"(项目编号：SCWY22－03);教育部人文社会科学研究规划基金项目"国家级非物质文化遗产英汉文本平行语料库的研制与应用"(项目编号：21YJA740016)。

② 许文涛,男,广东外语外贸大学/广东农工商职业技术学院;研究方向：法律语言学、功能语言学;通信地址：广东省广州市天河区粤垦路 532 号;邮编：510507;邮箱：xwt6@sina.com。

的作用。裁判文书的语言可接受性关涉人们对司法判决实践复杂程度的感知。如何基于语言分析,就复杂程度探究这种实践的语言可接受性仍需进一步研究。合法化语码理论(Legitimation Code Theory, LCT)是社会学中研究不同实践组织的前沿理论,其中语义性维度的语义密度(semantic density)为研究不同实践形式的语义复杂度或语义密度提供了理论基础(Maton,2014)。现有研究极少在社会学框架下探讨裁判文书中司法实践的语言可接受性,对于裁判文书语言可接受性的定量分析和动态分析也不足。鉴于此,本文基于 LCT 语义性维度,重新界定语言可接受性概念,进而以美国司法意见书为例,运用语义性维度的语义密度分析工具,定量地探讨语言可接受性在语篇中的动态变化,以期加深对司法裁判文书语言可接受性的认识,为裁判文书的写作、选用英语裁判文书作为法律英语学习的素材提供借鉴。

2 理论基础

2.1 LCT 语义密度

LCT 探讨知识建构等实践的深层指导原则,是一种多维方法论,包括专门性(Specialization)、语义性(Semantics)、自主性(Autonomy)、时间性(Temporality)等多个维度,每个维度都包含一套知识建构合法化实践的组织原则,指导主体从事的实践活动,使其符合一个领域"成功"的标准(陈颖芳、马晓雷,2018:38-45;Maton,2014)。梅顿(Maton)把语义性区分为语义密度和语义引力(semantic gravity)(朱永生,2015:16-25;Maton,2014,2019)。语义密度指话语意义的复杂程度。当更多的意义被压缩进一个概念,或者一个概念与其他更多概念产生关联时,语义密度较强;相反,当一个概念的意义通过解释说明的方式被解包时,语义密度就减弱。语义引力指话语意义对语境的依赖程度,当具体细节变化为一般的概述,语义引力减弱;当抽象的概念变为特定的实例,语义引力增强。

梅顿和多兰(Maton & Doran,2017)提出了认识语义密度的识别手段,包括措词(wording)、组词(word-grouping)、造句(clausing)和组句(sequencing)四类工具。前两类工具关注话语中词汇层面的语义复杂度,后两类工具用于分析如何在更大范围内增加意义的复杂度。本文主要依据词汇意义的语义密度探讨语言的可接受性。

第一类是措词工具,依据是否需要在某一专属领域理解实义词的意义,区分为技术性(technical)词和日常性(everyday)词。凝聚型(conglomerate)技术性词由多个组成部分构成,每一部分都具有一定的技术性意义,进一步区分为性状型(property)和实体型(entity)。在本文分析的司法意见书中,前者如 jurisdiction,后者如 immunity;而紧凑型(compact)技术性词仅包含一个表示一定技术性意义的部分,也区分为性状型和实体型,前者如 proceeding、hearing、judgement、immune、judicial、reversed、decided,后者如 statue、respondent、opinion、cause、suit、appeal、complaint、act。这些紧凑型技术性词多数一词多义,在司法意见书中使用的是其法律领域的专业意义。日常词中,强化型(consolidated)日常性词指由过程或者性状转化为事物的词,在专业技术性词主导的语篇中使用的是专业型(specialist)词,在本文分析的司法意见书中,如 authority、violation、approval、statement、claim、validity;使用在日常性词为要的语篇中的为通用型(generalist)词,如 appointment、inability、absence、operation、correctness、treatment、formality、implication。两类专业型词汇的差别在于其使用的语境是否是相应的专业语域。在系统功能语言学中,这些词汇主要指的是动词或者形容词的名词化。普通型(common)日常性词指表示过程和性状的一致式的动词和形容词,包含较多不同意义的为精细型(nuanced),在本文分析的司法意见书中,如 approved、performed、accordingly、principles、process、judge、parties;也包含较少意义的为简单型(plain),在本文分析的司法意见书中,如 mother、time、married、told、significant。作者依据其认知语义密度由强至弱对各类词进行赋值,见表 1。

表 1　语义密度措词工具及其赋值

认识语义密度	类　型	子　类　型	子子类型	分　值
强（强→弱）	技术性	凝聚型	性状型	8
			实体型	7
		紧凑型	性状型	6
			实体型	5
	日常性	强化型	专业型	4
			通用型	3
		普通型	精致型	2
			简单型	1

第二类是组词工具,用于进一步调整措词工具识别的单个实义词的语义密度的强度,包括三种类型:嵌套型使相应词语参与到一定过程,通常是一些后置小句,如在本文分析的司法意见书中,"neither the procedural errors the Circuit Judge may have committed nor the lack of a specific statute authorizing his approval of the petition in question rendered him liable in damages for the consequences of his actions","the Circuit Judge may have committed"和"authorizing his approval of the petition in question"都属于嵌套型,分别增强了"errors"和"statute"的语义密度;分类型指的是对单个实义词进行分类,主要是通过添加修饰语的方式,如"the procedural errors"和"a specific statute"中的形容词 procedural 和 specific 分别增强了相应名词的语义密度;定位型指对单个实义词进行时间和空间上的限制,通常表示时间或者空间的词组,如"As a result, she and her husband（also a respondent here）filed suit in Federal District Court"中的"here"和"that the only state action alleged in the complaint was the approval by Judge Stump"中的"in the complaint"分别通过定位的方式增强了相应的名词"respondent"和动词"alleged"的语义密度。作者根据认知语义密度增强的程度对词组工具中的不同类别赋值,见表 2。

表 2　语义密度组词工具及其赋值

认识语义密度	类　型	分　值
↑↑↑	嵌套型	3
↑↑	分类型	2
↑	定位型	1

2.2　基于 LCT 语义性的语言可接受性界定

从 LCT 语义性维度来看,司法意见书中,代表法院的法官需要在综合考虑法庭审讯当事人、社会公众等的前提下,运用语言客观再现庭审事实和过程,达到成功传递司法正义、教化普通大众的目的

(余素青,2013:78－86)。法官在撰写意见书的过程中需要思考如何既保证其作为一种司法文书的正式性,也要保证其为潜在读者所理解。撰写过程必然权衡意见书的语篇语义复杂性及语篇与语境的关联性,所以司法意见书的语言可接受性由语义密度和语义引力共同决定。

在 LCT 框架下,本文把语言可接受性视为在知识建构过程中,在语义复杂度和语境依赖性共同作用下,累积性建构的知识能够被读者所理解的特性。语境依赖性越低,语义复杂度越高,语言的可接受性就越低;反之,语境依赖性越高,语义复杂度越低,语言的可接受性就越高。所以语篇的可接受性与语篇的语义密度成反比,与语篇的语义引力成正比。语义密度是首要因素,语义密度影响着语义引力的变化。另外,由于语义引力尚未形成成熟的分析手段,因此,本研究我们重点探讨基于认知语义密度(epistemic semantic density)的语言可接受性。

2.3　系统功能语言学语类和语域理论

系统功能语言学认为语言的使用发生在一定的语境中。语境包括文化语境和情景语境,分别对应语类和语域,语类由语域体现(Martin,2012:55－057)。在文化语境角层,语类是"分阶段实现、有目的取向的社会过程"(Martin & Rose,2008:7)。语类理论把社会过程划分为不同的阶段,关注其社会目的。在情景语境层,语域由语场(field)、语旨(tenor)和语式(mode)三要素构型(Martin,2012:57－64)。语场关注经验世界里发生了什么,即对什么做了什么。语旨涉及地位(status)和接触(contact),前者关注权势关系(是支配还是顺从),后者关注与他人的联盟(alignment)和亲近性(是亲密还是疏远)。语式涉及不同的交际渠道、语言的抽象程度等。语域三因素的配置进一步通过语言实现,语场由概念意义实现,语旨由人际意义实现,语式由语篇意义实现(Martin & Rose,2008)。在语域体现为语言意义时,需要从意义语境依赖性和意义复杂度两个方面考虑三种意义的体现过程。

2.4　司法意见书的语类结构

司法意见书作为一种语类,是代表法院的法官呈现案件事实、适用法律、进行司法推理,对外宣布判决结果,以实现司法正义为最终目的的语篇类型(张纯辉,2010)。这样的社会目的通过一定的语类结构、语域要素配置和语言表达实现。

根据目前已有的研究(Lu & Yuan,2021:71－93;Enriquez & Lindsay,2015;马迁,2005:97－100;Maley,1985:159－175,等),司法意见书的语类结构为:(判决历史)^案件事实^争议焦点^推理过程^结论^判决^(不同意见)。判决历史仅在上诉案件的意见书中才出现,主要陈述案件之前的判决情况等基本信息;案件事实部分叙述案件的主要诉讼当事人和案件的来龙去脉;争议焦点是在案件事实叙述的基础上提出诉讼双方当事人争议的焦点;在推理过程部分,某一位法官代表法院通过对双方当事人的诉求、理由等的叙说,结合过往类似案件的判决情况,进行分析和评论;结论是在明确适用法律先例或者条文基础上得出观点;判决指的是宣布判决结果,解决争议的焦点;不同意见指的是在一些案件存在意见不一致的情况下,在先呈现多数法官的意见后,附持有异议法官的意见。

就刑事案件而言,司法意见书语域三要素的构型具体为:关于语场,司法意见书再现了案件当事人(尤其是被告)的行为、法庭审理过程及其对被告做出的判决。关于语旨,意见书涉及审理一方的法院和法官、作为控方的检察院及检察员、作为辩方的被告和证人。不同方之间的关系不同,相应的地位和接触都不同。关于语式,意见书通过书面语言再现庭审过程、事实和法律的适用以及贯穿其中的法律推理,语言的抽象程度需要不断调整。事实上,语域三要素的配置在不同语类阶段表现不完全相同,因此,语域要素的配置随语篇的发展动态变化。

本文将以上司法意见书的语类阶段合并为三大部分,意见书的语类结构简化为:案件已知信息^多数法官意见^持异议法官意见(见图 1)。本文据此分析司法意见书不同语类阶段的语义密度及其差异,探讨句子和不同语类阶段语言可接受性的动态变化,并进一步从不同语类阶段的语域构型(主要是语场、语旨)阐释基于语义密度的语言可接受性差异的成因。

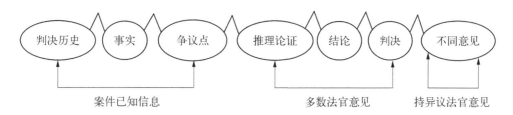

图 1 司法意见书语类结构

2.5 分析框架

综上,本文的分析框架如图 2 所示。第一,通过语义密度措词工具和组词工具的分析从整体上获得司法意见书词汇的语义密度。第二,基于词汇语义复杂性,通过一定的加和计算和标准化,获得句子的语义复杂性。第三,基于句子的语义复杂性,把握不同语类阶段的语义复杂性。三类语言单位的语义复杂性分别从不同广度揭示了语篇的语言可接受性。第四,可读性是由语境决定的,本文在系统功能语言学框架下,结合语类和语域三要素,阐释司法意见书及其不同语类阶段语言可接受性差异的深层原因。

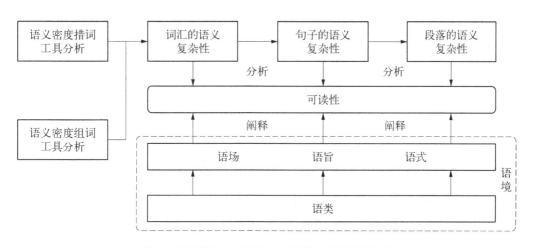

图 2 基于语义密度的司法意见书可读性分析框架

3 研究设计

本研究以美国最高法院 1978 年审理的斯顿普-斯帕克曼案[435 U.S. 349 (1978)]的意见书为分析语料(见表 3)。本案作为司法先例再次确认了司法人员的司法豁免权原则,其司法意见书作为语言素材具有一定的代表性。另外,本案经历了三次审理,且当前法院的不同法官之间也存在很大分歧,各级法院之间以及终审法院不同法官之间的"对话"使得该意见书的语篇结构等方面也比较具有代表性,较好地体现了司法意见书作为论辩性语篇类型的特点。另外,本意见书由美国最高法院的知名大法官撰写,确保了其语言的代表性。

在本案中,斯顿普法官单方面批准了一位母亲申请为女儿进行绝育手术的申请。女儿和其丈夫后来因不能生育提起诉讼,斯顿普法官因享有司法豁免权而免于起诉和相关责任。本案的争议焦点是法官是否享有司法豁免权。本文通过个案研究尝试回答以下问题：司法意见书语篇生成过程中，不同语类阶段的语义密度及语言可接受性如何变化？语言可接受性变化的动因何在？

表 3　语　　料

意 见 书 部 分	形　符　数
案件已知信息	716
多数法官意见	3 048
持异议法官意见 1	1 258
持异议法官意见 2	329
总　　计	5 356

本文主要用到的工具包括 Python[①] 和 LancsBox，具体的分析步骤包括：① 使用 Python 把判决书以传统的句子为单位进行切分，切分的标志主要是句号、问号等。② 使用 LancsBox 生成词表，然后依据表 1 对其中的实词(content words)(包括名词、动词、形容词和副词)进行人工赋值，其他词类和专有名词赋值"0"，获得单词赋值表。③ 获得文本的四词词块(4-grams)表[②]，据此判断词块所在词组的类型：表示时间、地点的形容词性介词短语(located modifications)，作定语的形容词短语，作定语的从句。依据表 2 对四词词块进行人工赋值[③]，获得词块赋值表。④ 使用 Python 依据单词赋值表对文本词语进行替换，然后对每个句子的词语赋值求和；使用 Python 依据词块赋值表对文本词块进行替换，剔除词块之外的词语，然后对每一个句子的词块赋值求和。⑤ 使用 Python 词性赋码表，统计每个句子中的实词数。然后，把组成每一个句子的词和词组的语义密度赋值加和，除以句子中的实词数，获得句子的语义复杂性数值。⑥ 计算出不同语类阶段中所有句子的平均语义复杂性数值。

4　司法意见书语言可接受性的语义密度分析和讨论

本节基于词语的语义密度，分析语义密度在语篇生成过程中不同语类阶段的变化趋势，讨论不同语类阶段的可读性，并进一步从语域三要素的配置角度阐释语篇可接受性的成因。

4.1　基于措词工具语义密度的司法意见书语言可接受性

首先，语义密度的八种措词工具的使用情况见表 4 和图 3。表 4 和图 3 显示，司法意见书中使用的词汇绝大多数都是日常性词汇。在不同语类阶段，四种类型的日常性词汇占比达 82%～89%。整体而言，语义密度越强的词汇使用的比例越少。另外，司法意见书不同语类阶段在词汇语义密度上的变化趋势基本相同，但案件已知信息阶段和多数法官意见阶段的日常性简单型词语相较持异议法官意见阶段的比例略低。技术型词语中，实体型略多于性状型，这是因为性状型词汇多用于修饰限制或者特征

---

① 本文 Python 的使用得到了广东外语外贸大学法律语言学专业硕士生彭健铭的帮助。
② 语料库语言学研究中，词块长度通常设置为 3～6，词块长度越长，高频词块就越少。本文获得词块是为了观察词块中存在的组词工具的类型，虽然分析单位越长，越能较好地确定组词工具的类型，但考虑到需要对获得的词块进行人工赋值以及后面的定量统计，因此本文选择词块长度为 4，既能保证人工赋值的效率，又能最大程度保证本文量化统计的可靠性。
③ 本文研究过程中词表的赋值是在专家的指导下由两人分别完成，然后两人对存在差异的地方进行充分商讨，达成意见后再次由其中一人赋值，作为最后的赋值表。

说明,实体型词汇则多作为事件的参与者出现,而在司法意见书中,作者需要更多明确表达概念的实体型词汇。

表 4　不同语义密度措词工具使用情况

			案件已知信息		多数法官意见		持异议法官意见 1		持异议法官意见 2	
			数量	占比(%)	数量	占比(%)	数量	占比(%)	数量	占比(%)
技术性	凝聚型	性状型 1	8	3.24	39	4.2	3	0.76	0	0
		实体型 2	6	2.43	15	1.61	5	1.26	4	4.12
	紧凑型	性状型 3	11	4.45	20	2.15	10	2.52	6	6.19
		实体型 4	19	7.69	66	7.1	23	5.79	7	7.22
日常性	强化型	专业型 5	30	12.15	76	8.18	34	8.56	2	2.06
		通用型 6	19	7.69	74	7.97	30	7.56	12	12.37
	普通型	精细型 7	96	38.87	355	38.21	121	30.48	25	25.77
		简单型 8	58	23.48	284	30.57	171	43.07	41	42.27
			247		929		397		97	

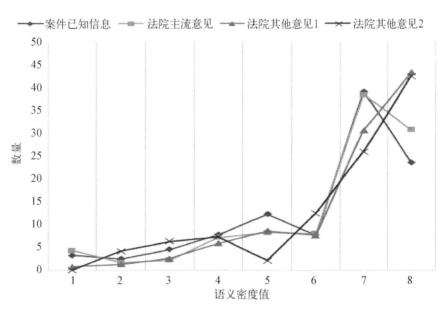

图 3　不同语义密度强度措词工具使用趋势

　　司法意见书使用具有较低语义密度的日常性词语,增强了语言的可接受性。从语域的语旨角度来看,司法意见书作为一种法律文书,潜在读者除了法官、律师等司法人员和法律学习者外,更多的是普通大众,作者只有拉近与其的人际关系,才能保证其更好地理解意见书中的法律思想并感受到司法公正的贯彻。从语式角度来看,日常性词汇的语言抽象程度较低,其作为主要的词汇选择有利于建立亲密的关系。但是从语场角度来看,司法意见书作为书面语篇,尤其是对法庭各环节进行的语篇重构或者再语境化(Bernstein,1981:327－363),自然需要进行信息的整合,因此,名词化作为最为重要的技术性词汇可以实现概念的压缩。司法意见书主要是传达明确的概念,而实体型词语相较性状型词语能够更好地概括不同概念。

4.2 基于组词工具语义密度的司法意见书语言可接受性

语义密度三种组词工具的使用情况以及未使用任何组词工具的情况见表 5 和图 4。表 5 和图 4 显示,在司法意见书中,在词组层面,增强词汇语义密度的方式较少使用定位型和嵌套型,即较少使用表达时空概念的定语或者其他起到修饰限定作用的从句或者非谓语动词结构。增强语义密度的工具主要是分类型,即倾向于通过其他不同的词语对核心词语修饰限制,以更加细化词语意义。另外,约 1/3 的词语不使用任何增强语义密度的手段,即简单地借助词语本身的语义密度实现意义的关联和变化。另外,三种组词工具的使用情况在本研究分析的司法意见书不同语类阶段的使用情况完全一致。

表 5 不同组词工具使用情况

	案件已知信息		多数法官意见		持异议法官意见 1		持异议法官意见 2	
	数量	占比(%)	数量	占比(%)	数量	占比(%)	数量	占比(%)
嵌套型 3	10	4.05	35	3.77	17	4.28	7	7.22
分类型 2	146	59.11	555	59.74	229	57.68	57	58.76
定位型 1	6	2.43	16	1.72	8	2.02	1	1.03
无 0	86	34.82	326	35.09	142	35.77	32	32.99
	247		929		397		97	

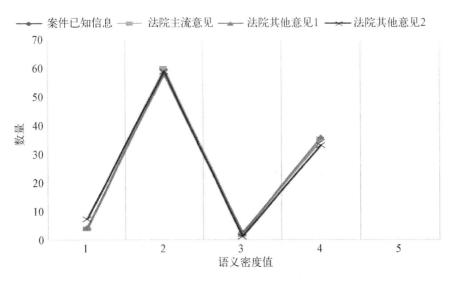

图 4 不同增强语义密度强度的组词工具使用趋势

司法意见书不使用组词工具或者使用较低语义密度的分类型组词工具,可以在保证专业性的同时又增强语言的可接受性。从语场角度来看,司法意见书体现着法律的权威,用词必须严谨,这决定了该语类常常直接借助各种实词表达一定的概念,不使用任何修饰成分,即不使用任何组词工具。除此之外,为了使概念更加精细化,必然采用一些定语,但是司法意见书的主要目的是呈现法律推理,因此,很少使用表达时空概念的词语进行修饰,较少选择定位性组词工具。另外,从语式角度来看,为了使法律推理清晰明白,需要减少使用嵌入结构做后置修饰语,因为后置嵌入结构会相对增加理解的难度。

4.3　司法意见书句子语义复杂性的动态变化和语言可接受性

4.1 和 4.2 两节基于语义密度的两种转换工具,从整体上讨论了词汇语义的复杂性。对于句子而言,随着语篇展开,句子的语义复杂性是动态变化的,这种动态变化由语篇的文化语境和情景语境决定。本节基于 4.1 和 4.2 两节词汇的语义密度,考查句子的语义复杂性随语篇展开表现出的动态变化性。具体分析步骤为:对组成每个句子(指的是传统意义上的句子,主要以句号、问号、感叹号等为标记)的词和词组的语义密度值求和,除以相应句子的实词数,表示该句子的语义复杂性;然后,对每个语类阶段所有句子的语义复杂性数值求和,再除以该语类阶段的句子数,求出每个语类阶段的平均值,表示每个语类阶段的语义复杂性。

例如,本文司法意见书中案件历史阶段的一个句子,其语义密度分析如下所示(上标的数字表示措辞工具的赋值,方括号标识的是组词工具,方括号右侧的下标数字表示该组词工具的赋值):

A mother[1] *file* [*d*[2]]₂ *a petition*[4] [*in* [*affidavit*]₂ *form*[1]]₂ *in an Indiana Circuit Court, a court*[2] [*of* [*general*]₂ *jurisdiction*[8]]₂ *under an* [*Indiana*]₂ *statute*[5], *for authority*[4] [*to have*[1] *her* "*somewhat*[1] *retard* [*ed*[2]]₂ " [[*15-year*]₂ -*old*[1]]₂ *daughter*[1] (*a respondent*[5] [*here*]₁) *sterilize* [*d*[2]]₂]₂, *and petitioner*[4] [*Circuit Judge*]₂ *approve* [*d*[2]]₂ *the petition*[4] *the* [*same*]₂ *day*[1] *in an* [*ex parte*]₂ *proceeding*[6] *without a hearing*[4] *and without notice*[4] *to the daughter*[1] *or appointment*[3] [*of a guardian*[4] [*ad litem*]₂]₂ .*

本句的措辞工具和组词工具的赋值和为 108,除专有名词外共有 32 个实词,因此,该句子的意义复杂度为 3.38。

图 5 呈现了句子意义复杂度在语篇生成中体现出的趋势。表 6 展示了不同语类阶段的语义复杂度。

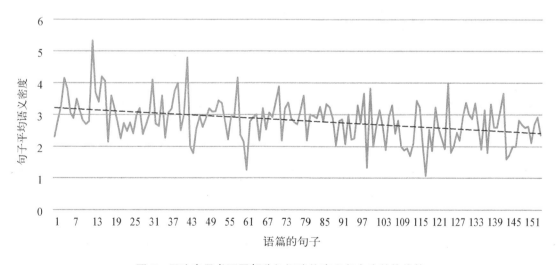

图 5　司法意见书不同部分知识建构意义复杂度整体趋势

表 6 和图 5 显示,司法意见书的语义复杂度介于 2.5 至 3.5 之间,处于 1～8 这个区间的低位,这说明语义复杂度比较低。图 5 中由左至右的虚线表示的是句子语义复杂度的整体趋势。随着语篇的展

开,句子和语类阶段的意义复杂度逐渐降低。意义最为复杂的是案件事实的陈述等案件已知信息的介绍,法官意见部分的意义复杂度降低,尤其是不同意见部分的意义复杂度最低。

表 6 司法意见书不同部分知识建构意义复杂度情况

	案件已知信息	多数法官意见	持异议法官意见 1	持异议法官意见 2
意义复杂度	3.35	2.89	2.54	2.53
句子序号	1～19	20～101	102～149	150～158

LCT 关于语义性维度的论述提出了用语义轮廓(semantic profile)来描述语义密度的动态变化(Maton & Doran,2017:70–71)。其中语义波(semantic wave)指的是语义密度由较强通过解包逐渐降低,然后再通过打包逐渐增强,形成一个波浪。图 5 展示的语义密度不断降低,属于语义波中的解包过程。就语场而言,这一过程反映的是司法人员结合司法先例和相关法律评论案件基本事实、适用法律。就语旨而言,作者为了使做出的判决结果为相关方和普通大众都能接受,努力建立结盟关系,采用了易于潜在读者理解的亲近语言。但是,进一步细致的观察发现,虽然整体而言,句子语义密度逐渐降低,但在这个整体趋势下,局部出现了多个完整的语义密度波,这源于局部语场建构需要引入一些法律术语,以确保概念意义表达的准确性。语义密度的局部变化也带来了可读性的变化,这正是普通公众觉得裁判文书较难理解的主要原因之一。

综上,司法意见书较低的语义密度能确保较强的可读性,从而保证相应的法律推理被接受。不同语类阶段的交际目的略有不同:案件事实的陈述主要是简单介绍案件的主要案情以及已有判决结果,需要言简意赅,信息量较大,而司法意见书的主要部分呈现法官的法律推理和判决结果,需要清晰明了。后者的意义复杂度要进一步降低,才能保证其被更好地理解。同时,本节的讨论也提及各语类阶段的语场和语旨也都存在一些差异。因此,司法意见书基于不同类型的词语以及词组、句子和段落的语义复杂性,逐渐降低语义复杂性以增强语言的可接受性,确保了其社交目的的实现。事实上,更加细致的语义密度分析显示司法意见书不同语类阶段内部的语义轮廓出现了不同的小语义密度波。所以,司法意见书整体下行的语义波中穿插着多个小语义波,不断微调的可读性是不同的语场和语旨配置的体现。

5　结语

本文从 LCT 语义性维度把语言的可接受性界定为语义密度和语义引力共同作用的结果,并从语义密度角度,结合 SFL 的语类和语域理论,探讨了司法意见书语言的可接受性及其成因。本文基于词汇的语义密度分析,从词汇、句子、语类阶段三个层面定量地分析了司法意见书的语言可接受性。整体而言,司法意见书采用语义密度值较低的日常性词汇和语义密度值居中的嵌套型组词方式;句子语义密度随语篇的发展呈现逐渐降低的趋势;就不同语类阶段的语义密度而言,多数法官意见的语义密度低于案件已知信息的语义密度,而持有异议的法官意见的语义密度低于多数法官意见的语义密度,即随着语篇对话性的增强,语义密度逐渐减弱。司法意见书语义密度的规律性降低提高了司法场景中语言的可接受性,这是由语类阶段交际目的的动态变化决定的,进一步由语场和语旨的动态配置实现。

本研究为法律语篇的语言可接受性研究提供了新的思路,也可为选择司法意见书作为法律英语教学素材提供可资参考的方法,助力涉外法治人才的培养。本研究仅开展了个案研究,进一步研究需要借助各种语言数据处理和分析工具,扩大分析规模,并尝试分析语义引力对语言可接受性的影响,以及语义密度和语义引力如何协同影响语言的可接受性。

参考文献

［1］陈颖芳,马晓雷.2018.构建以核心素养为中心的大学英语知识体系——基于合法化语码理论的视角［J］.外语界(03)：38-45.

［2］杜金榜.2004.法律语言学［M］.上海：上海外语教育出版社.

［3］郭晓燕.2021.论司法判决的可接受性——基于听众理论的分析［J］.南大法学(02)：126-139.

［4］何静秋.2015.美国司法意见书的可接受性及其启示——法律修辞学的视角［J］.甘肃社会科学(6)：145-148.

［5］况新华,曾剑平.2001.语言可接受性判断［J］.外语与外语教学(11)：11-13.

［6］廖美珍.2006.论法律语言的简明化和大众化［J］.修辞学习(4)：16-20.

［7］刘承宇,汤洪波.2021.白话法言法语：解包庭审话语中的名物化语言［J］.当代修辞学(2)：60-70.

［8］刘辰诞.2011.篇章学的可接受性与文学批评的接受理论［J］.外国文学(05)：104-110+159.

［9］马迁.2005.试论美国法院判决书的查阅利用及借鉴意义［J］.河南司法警官职业学院学报(03)：97-100.

［10］宋菲.2020.裁判说理的可接受性及其实现［D］.华东政法大学.

［11］孙光宁.2010.可接受性：法律方法的一个分析视角［D］.济南：山东大学.

［12］余素青.2013.判决书叙事修辞的可接受性分析［J］.当代修辞学(03)：78-86.

［13］张纯辉.2010.司法意见书可接受性的修辞研究［D］.上海：上海外国语大学.

［14］朱永生.2015.从语义密度和语义引力到物质与存在［J］.中国外语(4)：16-25.

［15］Bernstein, B. 1981. Codes, modalities and the process of cultural reproduction: A model. Language in Society［J］. *Language in Society*(19), 327-363.

［16］Coulthard, M., Johnson, A., & Right, D. 2017. *An Introduction to Forensic Linguistics: Language in Evidence*［M］. London：Routledge.

［17］Enriquez, A. & Tatum, L. 2021. Understanding Judicial Opinions［EB/OL］. https://ipxcourses. org/understanding-judicial-opinions/.

［18］Lu, N. & Yuan, C. 2021. Legal reasoning: a textual perspective on common law judicial opinions and Chinese judgments［J］. *Text & Talk* (41)：71-93.

［19］Martin, J. R. 2012. Language, Register and Genre［A］. In Wang Zhenhua (ed.). *Register Studies*［C］. Shanghai：Shanghai Jiao Tong University Press, 47-68.

［20］Martin, J. R. & Rose, D. 2008. *Genre Relations: Mapping Culture*［M］. London：Equinox.

［21］Maley, Y. 1985. Judicial discourse: The case of the legal judgment［A］. In: J. E. Clark (Eds.), *The Cultivated Australian*［C］. 159-175. Hamburg：Buske.

［22］Maton, K. 2014. *Knowledge and Knowers: Toward a Realist Sociology of Education*［M］. London：Routledge.

［23］Maton, K. 2019. Legitimation Code Theory: What can it offer your research and teaching?［R］. The First Public Discourse Symposium.

［24］Maton, K. & Doran, Y. J. 2017. Semantic density: A translation device for revealing complexity of knowledge practices in discourse, part 1 — wording［J］. *Onomázein*, Número Especial SFL, 46-76.

Language Acceptability of Legal English based on LCT Semantic Density

Wentao Xu

Guangdong University of Foreign Studies; Guangdong AIB Polytechnic

Abstract: The acceptability of language is one of the most important issues in legal discourse analysis. Language acceptability in judicial opinions determines people's perceptions and understanding of the judicial justice. Under the framework of Semantics in Legitimation Code Theory, with the help of Python and LancsBox, the judicial opinion of a classic case is analyzed to demonstrate the change of language acceptability with the unfolding of discourse. It is found that the semantic density of the judicial opinion gradually decreases, and the overall language acceptability is improving, so as to promote people's understanding of the reproduction of judicial justice. This analysis serves as a reference for analyzing the language acceptability of legal texts, and also offers guidance for writing Chinese judgments.

Key words: acceptability; semantic density; judicial opinion; constellation of meanings

司法裁判说理话语中评价语义对价值的重构[①]

于梅欣[②] 申 露[③]

上海大学

摘 要: 司法裁判说理融入社会主义核心价值观是实现公平公正的应有之义。本研究采用质性研究方法,从我国舆论热点案件的司法裁判话语的说理语义资源出发,分析系统功能语言学框架下的评价语义资源在司法裁判文书中的作用,探讨其对释法说理与价值导向的功能。本研究认为,评价系统建构裁判说理话语,能够再次语境化双方冲突的立场以及法官的裁判立场,使得司法裁判话语具有更强的语义张力,而这种语义张力实质上蕴涵着司法与价值之间动态张力关系。在这层关系下,评价语义建构裁判说理话语价值,建立法官的价值取向,也会引导社会价值风向。若判决生效,败则陷入舆论漩涡,有损社会主义核心价值的建构;成则主导社会舆论,有助于社会主义核心价值建构。司法裁判说理价值有助于建构共享价值的社会共同体,推动社会文化发展。

关键词: 司法裁判说理;评价语义;价值重构;社会共同体

1 引言

"努力让人民群众在每一个司法案件中感受到公平正义"是新时代法治中国建设的风向标。"努力"是司法过程中孜孜以求的行为和态度;"公平正义"是结果也是目标,是社会主义核心价值取向之一;"人民群众在每一个司法案件中感受"是指广大受众对司法过程中的行为、态度和结果的感知与反应。广大受众对司法过程的感知,在互联网成为主要媒介的当下,对推动阳光司法实践、实现社会主义核心价值、促进社会发展具有重要作用,但同时也可能由于感知的感性或者"情感"的非理性,使司法实践陷入一定的舆论困境。以江某莲诉刘某曦生命权纠纷一案为例,该案判决结果将社会主义核心价值观赫然写于纸上。因此,法律的理性与舆论的感性的交织给司法判决提出了挑战,即实现公平正义的努力如何在司法判决中体现,方能让人民群众在每一个司法案件中感受到其存在。这个问题的解决,除了需要理性的思维工具,还需要借助于另一个强大有力的工具——语言,即让司法裁判的语言发挥其承载公平正义的基本功能。司法裁判语言所建构的说理话语不仅有"法律刚性",还具有"政治效果、社会效果、法律效果相统一的内在张力"(赵朝琴,2022)。

司法裁判说理一直是学界关注的重点,尤其是近年来,随着法律语言学的发展,说理的语言本体研究也受到了高度重视。首先,裁判文书说理的修辞研究是重中之重,如王聪(2019)等论证了修辞在释法说理中的重要作用,钟林燕(2022)认为适度修辞可以克服法律形式主义的僵化性,而过度修辞则会进入修辞消解法治的误区。其次,司法裁判面临的说理困境与出路也是重要关注点,如邵栋豪(2017)、

① 本文为上海市哲学社会科学基金一般项目《突发公共事件的司法裁判话语构建研究》(编号:2022BYY010)的阶段性成果。
② 于梅欣(1981—),女,博士,上海大学外国语学院讲师;研究方向:系统功能语言学、法律语言学;通信地址:上海市上大路99号C楼325信箱;邮编:200444;电子邮箱:haixinyuyang@shu.edu.cn。
③ 申露(1999—),女,上海大学硕士研究生;研究领域:系统功能语言学、法律语言学。

罗灿(2022)分析了刑事裁判文书目前的定位、存在的错位以及日后的归位。最后,近两年社会主义核心价值观融入裁判文书的论述(李祖军、王娱瑷,2020;刘峥,2022)将相对抽象的社会主义核心价值观具象化,在诠释司法审判活动中的核心价值观的同时也提出其完善路径。上述研究对提升裁判文书的说理水平具有一定的参考借鉴意义,但是说理语言资源对价值的建构作用及其对社会的作用鲜有深入探讨。

鉴于此,本研究在系统功能语言学语篇语义学框架下,以两份受到社会舆论关注的裁判文书——2007 年原告徐某兰与被告彭某人身损害赔偿纠纷案(以下简称"彭某案")一审判决书和 2021 年江某莲与被告刘某曦生命权纠纷案(以下简称"江某案")一审判决书①——为语料,对裁判文书说理过程中评价语义资源的使用进行分析,并就其引发的关于对价值的作用及其价值对于社会共同体和文化的作用进行思考。

2　语篇语义学中的评价系统

功能语言学认为"语言使用是一种互动行为,是人与人之间互相影响的过程"(Martin & White,2005:93),人们通过语言向受众传达自己的价值立场。马丁和怀特(Martin & White,2005:212)基于巴赫金提出的语篇既包括意识形态也包括价值观这一思想,认为意义与感受力动态关联(见图 1)。从意识形态上看,语篇的发展具有理性,表现为逻辑动态性,是寻求"事实"的过程;从价值观上看,语篇的发展具有感性,表现为修辞动态性,通过价值建立共同体的过程,是对受众/读者的邀约(Martin & White,2005:211)。

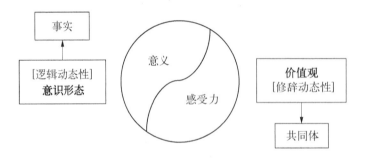

图 1　联结:价值在活动中的融合过程(Martin & White, 2005:212)

无论是逻辑动态性的寻求事实,还是修辞动态性的寻求建立共同体过程,均诉诸语言评价系统的意义及其受众对于这些意义的感受力。

评价系统(appraisal)是系统功能语言学在语篇语义层面的重要语义资源,是语言建构人际意义的重要语义系统。评价系统是在语篇中磋商的各种态度、情感的强度、态度来源的各种途径以及与受众的亲和的各种途径(Martin & Rose,2007:25)。"评价系统的中心是'系统',焦点是'评价'。语言在该系统中是'手段',透过对语言的分析,评价语言使用者对事态的立场、观点和态度"(王振华,2001)。

该系统包括三个子系统:态度子系统(attitude)、介入子系统(engagement)以及级差子系统(graduation)。态度系统又包括三个子系统:情感子系统(affect)、判断子系统(judgement)以及鉴赏子系统(appreciation)。情感用来表现人的情感情绪,是人对事物情感的表达或是对行为、现象的情感反应,能够很好地表达说话人的情感和立场(Martin & White,2005:51)。判断包括对人们行为的规范性、能力性、坚韧性在内的社会评判(social esteem)和包括对人们行为的真诚性、正当性在内的社会约束(social sanction)。鉴赏是指对事和物的看法和赏析,包括反应(reaction)、构成(composition)和

---

① 数据分析时"江某案"二审判决尚未产生。

价值(valuation)。

　　介入系统是指态度的来源,"用以表明说话者或作者与他人的主体间性,以及他们对相关话语内容介入的程度"(张冉冉,2015),主要有单声(monogloss)和多声(heterogloss)两种表达方式,其中单声介入不涉及信息来源或其他声音,多声介入则涉及其他立场或声音。多声系统表示允许对话性,包括收缩性介入(contract)和扩展性介入(expand)。前者包括否认(disclaim)和公告(proclaim),后者包括接纳(entertain)和归因(attribute)(Martin & White,2005)。

　　级差系统体现表达态度的强弱,包括语势(force)和聚焦(focus)。语势指对可分级的人或物进行强调程度的上扬或下降,而对不可分级的人或物进行"清晰"或"模糊"的描述则是聚焦(王振华、马玉蕾,2007:20)。评价系统的具体框架见图2。

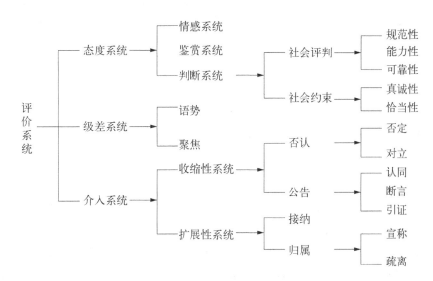

图2　评价系统(基于 Martin, 2000; Martin & White, 2005; 王振华,2001;张冉冉,2015;于梅欣,2018)

3　评价语义建构裁判说理话语立场

　　裁判文书说理话语主要在于认定事实并在此基础上予以评判。裁判说理话语包含双方所建构的客观事实、法庭根据证据所"认定的事实"和根据法律所判定的"案件事实"。客观事实是指事情发生的始末,是案发现场的真相;案件事实是判决书上根据适用法律所认定的案件事实;所谓的"以事实为根据"中的"事实"并非客观事实本身,而是"根据证据认定的事实,是以客观事实为原型的事实"(南英、高憬宏,2015:284-287;于梅欣,2018)。

　　司法裁判的过程是明辨是非、裁量程度的过程,因此裁判必涉及观点和态度。不同的观点及态度通过评价资源的相互运作得到建构,从而实现涉事双方及法院的立场表达。

3.1　再次语境化双方冲突的立场

　　客观事实的重构是再次语境化的过程,由双方各自描述,因双方立场与目的不同,往往会倾向性地使用语言,借助评价资源构建双方具有分歧或冲突的态度、立场。

　　举例来说,在例1和例2中,当事人双方对同一客观事实作出不同表征,话语的冲突性体现在两个层面。一是法官在转述过程中的语义选择,即针对原告陈述事实,使用扩展性介入资源"诉称""提出诉讼请求",开启了对话空间;针对被告陈述事实,使用收缩性介入资源"辩称",意在关闭对话空间。二是双方立场表达上的语义选择,即例1(1)的原告使用"被从车内冲下的被告撞倒"这一物质过程,对事件进行归因;(2)中的被告则是运用一系列的"否定"介入资源,如"没有""非""不应当""不利于",否认了原告的归因;运用积极判断资源,如"做好事""帮扶",在否认前者归因的基础上评价与原告所设立的相反的行为。例2(1)中则是通过"级差+判断"资源,即"重大过错"对被告行为予以评价;(2)中则是通过"否定"介入系统,如"没有""不应当"对原告的评价予以否定。

[例1]

(1)原告徐某兰诉称,被从车内冲下的被告撞倒。

(2)被告彭某辩称,被告当时是第一个下车的,在下车前,车内有人从后面碰了被告,但下车后原、被告之间没有碰撞。被告发现原告摔倒后做好事对其进行帮扶,而非被告将其撞伤。原告没有充分的证据证明被告存在侵权行为,被告客观上也没有侵犯原告的人身权利,不应当承担侵权赔偿责任。如果由于做好事而承担赔偿责任,则不利于弘扬社会正气。原告的诉讼请求没有法律及事实依据,请求法院依法予以驳回。

——彭某案

[例2]

(1)江某莲向本院提出诉讼请求:刘某曦存在重大过错,应依法承担侵权责任。

(2)刘某曦辩称:……江某遇害系陈世峰的行为造成,刘某曦没有过错,不应当承担侵权责任。

——江某案

因此,法官通过介入资源再次语境化双方的话语冲突;双方则通过物质过程或者判断资源建构客观事实,通过"否定"的介入资源和判断资源予以反驳,形成了对客观事实观点的分歧和态度上的冲突。正是这种不能调解的冲突,给法官裁判说理提出了挑战和机遇。挑战在于双方分歧明显的情况下,法官基于双方的陈词和证据对事实的认定,进而依据法律进行理性的判决,具有一定的难度;机遇在于如果能够解决由冲突引发的问题,对于司法公平公正的实现将是一次正向导向。

3.2 建构法官的裁判立场

法院通过评价语义资源对双方的争议进行再次语境化并展开论证,建构法官的裁判立场。

首先,从语类上来看,同样是"经审理查明"的事实,彭某案与江某案的再次语境化方式具有显性区别,前者进行分条论证,以第三人称片段式阐述为主;后者则以时间和事件发展为序,以第三人称视角展开完整叙事。就这一问题,本研究认为,彭某案属于民事纠纷,且在事发当年没有视频录像,所以很难还原整个故事,故而采取片段式分条论证;而江某案缘起于刑事案件,且之前的证据材料里包含相关音频图像证据,所以能够还原案发现场,还原故事,因而采用叙事方式再现冲突。由于其论证方式不同,所以两者运用的评价语义资源也有所区别。

其次,就冲突对抗性呈现程度上,彭某案的冲突对抗性比较显性,包括双方的谈话笔录、讯问笔录和证人证言的态度冲突、对是否相撞这一事实的态度冲突;而江某案的冲突呈现在一个长时间的叙事中,在最后的总结中呈现对方明确的观点和态度的对抗。因此,两个案子在事实认定的过程中,运用了不同的评价资源。彭某案借用介入资源引入冲突并形成对事实的认定:如例3中法院认为双方对于证人证言态度冲突,原告持有"异议"(鉴赏:-价值),运用对立+否定("但不是")类的介入资源;被告则"认可"(鉴赏:+价值),运用宣称+接纳("认为……应")类介入资源;法院则就此使用介入资源"并不能证明"(否定+引证)和"也不能排除……的可能性"(否定+……接纳)表明了法官对该证据认定的两可性,但结果却倾向于认同被告与原告相撞。而江某案的"经调查审理"部分,以时间为线索,以事件发生过程为主要表征手段,叙述了被告人与原告的纠纷。此部分叙事客观,未引入原告和被告对于同一证据冲突的态度,但是使用了单声介入资源建构法院对事实的判断。如例4中,四个主旨句表明了法院对事实的态度,采用"高值情态的否定＋鉴赏:＋价值"("不可侵犯")资源表示对生命健康权的保护,"级差＋鉴赏:＋构成"("一定的构成关系")资源表示刘对江所形成的义务关系,"级差＋判断:能力性"("更为清晰的")和"否定＋判断:能力性"("未充分尽到……")资源表达刘的责任缺失。

[例3]

对于证人证言,原告持有<u>异议</u>,并表示事发当时是有第三人在场,<u>但不是</u>被告申请的出庭证人。被告<u>认可</u>证人的证言,<u>认为</u>证人证言应作为本案认定事实的依据。

法院:被告申请的证人陈某春的当庭证言,<u>并不能</u>证明原告倒地的原因,当然<u>也不能</u>排除原告和被告相撞的可能性。

——彭某案

[例4]

首先,公民的生命健康权<u>不可侵犯</u>。……

其次,刘某曦与江某双方形成<u>一定的</u>救助关系。……

再次,刘某曦对侵害危险具有<u>更为清晰的</u>认知。……

最后,刘某曦<u>并未充分尽到</u>注意义务及安全保障义务。……

——江某案

4　评价语义建构裁判说理话语的价值观

再次语境化各方立场完成了对"以客观事实为原型的事实"的呈现,与此同时,评价语义资源也在建构基于"事实"的价值评价以及价值引导,增强了裁判说理文书与价值之间的耦合度,进而以裁判文书为载体,建构以社会主义核心价值观为共享价值的社会共同体和社会文化。

4.1　建构法官的价值取向

评价语义资源在两个案子中具有显著的价值构建作用。首先是彭某案中的价值缺失。两个案子之所以在查明事实的呈现方式上有上述区别,是因为江某案的事实具备可还原性,而彭某案的事实具有不可还原性,即原告摔倒是否是被告撞倒无法还原,无法证明,因此最后的判决不是依据法条,而关键在于价值取向:即要引导社会向善,而非向恶。而在彭某案法官的论证过程中,这一价值显然是缺失的。如例5在双方是否发生碰撞的意见分歧中,被告认为搀扶是做好事,法官却将搀扶认定为被告撞了原告的结果。法官论证运用了两个"如果",对该行为进行"社会评判:可靠性"("见义勇为")和"社会约束:恰当性"("做好事")的评价,并运用具有模糊性的介入资源"根据社会情理"推断了人性的恶,并对被告的善行予以否认("相悖")。其次是江某案中价值的凸显。在江某案中,法官的价值取向显性地嵌入论证中,凸显了价值取向。如例6认为"扶危济困"是中华民族的"传统美德",司法裁判应"引导全社会崇德尚善",进而运用"社会约束:真诚性"("真诚的""无私")类评价资源显性评价其行为"体现了中华民族传统美德",运用"介入:接纳"类资源("应")予以"褒扬"和"得到法律救济",表明了法院在事实认定过程中的理性价值取向。

[例5]

法院:如果被告是<u>见义勇为</u>做好事,更符合实际的做法应是抓住撞倒原告的人,而不仅仅是好心相扶;如果被告是做好事,根据社会情理,在原告的家人到达后,其完全可以言明事实经过并让原告的家人将原告送往医院,然后自行离开,但被告未作此等选择,其行为显然与情理相悖。

——彭某案

［例 6］

　　<u>扶危济困</u>是中华民族的<u>传统美德</u>，<u>诚信友善</u>是社会主义核心价值观的重要内容。司法裁判<u>应当守护</u>社会道德底线，<u>弘扬</u>美德义行，<u>引导</u>全社会崇德向善……<u>需要指出的是</u>，江某作为一名在异国求学的女学生，对于身陷困境的同胞施以援手，给予了<u>真诚的</u>关心和帮助，并因此受到不法侵害而失去生命，其<u>无私</u>帮助他人的行为，体现了中华民族传统美德，与社会主义核心价值观和公序良俗相契合，应予褒扬，其受到不法侵害，<u>理应</u>得到法律救济。

——江某案

4.2　引导社会的价值风向

　　语言是一把双刃剑，败则破坏沟通效果，非但不能与读者/受众建构结盟关系，不能形成共同体，还会形成与读者/受众的疏远关系，形成对立，将社会关系导向恶性循环；成则促成有效沟通，积极与读者/受众建构结盟关系，形成共同体，引导社会关系向好发展，形成良性循环。评价语义在裁判说理话语中对社会的价值导向具有重要作用，对核心价值会产生建设或者破坏、偏离或者重塑的不同方向，进而破坏或建构社会关系。

　　首先，彭某案裁判文书中核心价值被遏制，价值偏离。彭某案虽然已经过去那么多年，但是对于社会关系的破坏性却一直存在。其中具有评价语义的"见义勇为""做好事"即便是没法被证明，但事实上也没有证据推翻，因此不应该本着"公平正义"的原则，让"见义勇为""做好事"的人承担法律责任。本来社会所弘扬的、人们所践行的美德被惩罚、被遏制，进而引发"见义"是否应该"勇为"的大讨论。

　　其次，江某案裁判文书凸显了核心价值认同，价值重塑。随着最高人民法院《关于深入推进社会主义核心价值观融入裁判文书释法说理的指导意见》的践行，江某案的一审裁判文书展示了司法裁判融入社会主义核心价值观、积极引导社会价值的努力。裁判说理中用评价语义肯定了江某"扶危救急"的美德，同时也回应了大众的情绪，彰显了在没有具体法条可依的情形下，"诚实信用""公序良俗"原则在引导核心价值观的作用，使核心价值受到鼓励和认同，更重要的是得到了重塑。

4.3　建立社会共同体

　　功能语言学认为语言是一种具有层次性、系统性的社会符号系统，各层级之间具有实现化关系，而其组织原则是三大元功能。人际元功能在语篇语义层表现为评价语义资源，在语域层为语旨关系。评价语义用以和读者建构共享价值的共同体（Martin & White，2005：217）。在自媒体时代，共享价值共同体的建构对于司法裁判尤为重要，而积极正向的价值观引导对于优秀社会文化的形成也具有正导向作用。

　　首先，裁判说理话语中的评价语义对共享价值社会共同体的建立有促进作用。走进公共舆论场的事件，要么舆论一边倒，如彭某案；要么形成两派，如江某案；还有可能有反转，如林某斌案。公众对事件真相了解的局部性以及最朴实的价值取向容易引发不同的舆情立场，立场相同、价值趋同的公众容易建立一个虚拟的网络共同体，在一定程度上影响现实共同体的构建，因此，有必要形成一个代表社会主流价值取向的社会共同体。而司法裁判代表的是国家意志，其话语的构建有建构与受众之间结盟关系的语义潜势。因此，说理评判的过程要充分发挥涉及价值取向的评价语义潜势，优化能够代表社会主义核心价值观的语义表征，在作为逻辑动态性的意识形态追求事实的过程中，要运用其作为修辞动态性的价值观追求功能，与受众结盟，建立价值共同体，以积极引导社会价值取向良性发展。

　　其次，核心价值观推动社会文化发展。系统功能语言学将社会文化视为语境的最外层，将其视为语类，是具有目的导向性的分阶段的社会过程。裁判说理话语作为一种司法语类，其目的在于"努力让人民群众在每一个司法案件中感受到公平正义",而这一目的的实现有其阶段性特征,这一社会过程要依赖作为社会的参与者,即建构了和即将建构社会主义核心价值观的价值共同体。价值共同体的建立有助于推动社会文化的正向发展。

5　结语

本文对比分析引发社会舆论的两个案件的裁判文书说理话语,考察了系统功能语言学下的评价系统在裁判说理话语中对价值的建构。研究表明,评价系统能够建构裁判说理话语立场,如重建当事人具有冲突性的立场以及法官立场;也能够建构裁判说理话语的价值观,如建构法官的价值取向,并引导社会价值取向。评价资源使得裁判文书说理话语具有强大的语义张力,当评价语义与核心价值相悖时,语义资源展现的法律效果与社会效果发生错位;当评价语义与核心价值并行时,语义资源则实现法律效果与社会效果的统一。因此,这种语义张力实质蕴涵着司法与价值的张力关系,裁判文书传递给社会的价值引导意义恰是在这层张力关系下进行的,张力关系的大小会影响价值引导的成败。研究认为,裁判说理话语对于价值导向具有重要作用,同时价值取向还是建构社会共同体并促进社会文化发展的重要维度。

参考文献

[1] Martin, J. R. 2000. Beyond exchange: Appraisal systems in English[A]. In S. Hunston and G. Thompson (Eds.). *Evaluation in Text: Authorial Stance and the Construction of Discourse* [C]. Oxford: Oxford University Press, 142–175.

[2] Martin, J. R. & White, P. R. R. 2005. *The Language of Evaluation: Appraisal in English* [M]. London, New York: Palgrave, Macmillan.

[3] Martin, J. R. & Rose, D. 2007. *Working with Discourse: Meaning Beyond the Clause* [M]. London: Continuum.

[4] 李祖军,王娱瑗.2020.社会主义核心价值观在裁判文书说理中的运用与规制[J].江西师范大学学报(哲学社会科学版),53(04):58–65.

[5] 刘峥.2022.论社会主义核心价值观融入裁判文书释法说理的理论基础和完善路径[J].中国应用法学,32(02):58–70.

[6] 罗灿.2022.刑事裁判文书证据说理的现实图景与完善路径[J].中国应用法学,34(04):95–104.

[7] 南英,高憬宏,编.2015.刑事审判方法(第二版)[M].北京:法律出版社.

[8] 邵栋豪.2017.刑事裁判文书说理的困境与出路[J].北京理工大学学报(社会科学版),19(05):150–155.

[9] 王聪.2019.我国司法判决说理修辞风格的塑造及其限度——基于相关裁判文书的经验分析[J].法制与社会发展,25(03):89–105.

[10] 王振华.2001.评价系统及其运作——系统功能语言学的新发展[J].外国语(上海外国语大学学报)(06):13–20.

[11] 王振华.2007.语篇研究新视野——《语篇研究——跨越小句的意义》述介[J].外语教学与研究(5):396–399.

[12] 王振华,马玉蕾.2007.评价理论:魅力与困惑[J].外语教学,128(06):19–23.

[13] 王振华.2009.语篇语义的研究路径——一个范式、两个脉络、三种功能、四种语义、五个视角[J].中国外语,6(06):26–38.

[14] 于梅欣.2018.国内刑事庭审话语意义发生模式研究[D].上海:上海交通大学.

[15] 张冉冉.2015.介入意义在现代汉语词汇——语法层次上的体现方式研究[D].北京：北京师范大学.

[16] 赵朝琴.2022.论裁判文书的说理空间[J].中国应用法学,34(04)：68－81.

[17] 钟林燕.2022.司法裁判修辞说理的情感需求和理性限度[J].江西社会科学,42(08)：158－167.

Appraisal for Axiological Reconstruction During the Reasoning in Judicial Judgments

Meixin Yu, Lu Shen

Shanghai University

Abstract: The socialist core values shall be integrated into judicial reasoning. This paper, positioned within the framework of systemic functional linguistics, aims to employ a qualitative method to explore the contributions of appraisal resources to the discourse of judicial reasoning of two high-profiled cases and discuss its value orientation. It is found that appraisal resources recontextualize the conflicts and construction of the facts and consolidate the dynamic semantic tension between justice and values, which will potentially result in bad or good public opinions, while the values of the judicial reasoning contribute to the invitation of the shared community and the promotion of social culture.

Key words: judicial reasoning discourse; appraisal; axiological reconstruction; social community

社会符号学视角下中国"兄弟型"民间故事英文绘本中的人物形象变迁

邓泽念①　于海玲②

湖南财政经济学院　湖南大学

摘　要： "兄弟型"故事是中国民间故事经典之一,20世纪初以来,英语世界对此类故事的绘本化呈现从未间断。本文在社会符号学理论的指导下,对比分析了三个以中国"兄弟型"故事为题材的英文绘本,即《中国五兄弟》(*The Five Chinese Brothers*,1938),《中国六兄弟:一个古代传说》(*Six Chinese Brothers：An Ancient Tale*,1979)以及《中国七兄弟》(*The Seven Chinese Brothers*,1990),重点关注其中呈现的人物形象变迁。对三个绘本的概念意义挖掘发现,在文字部分,故事情节相似度较高,但是在入狱原因、代替受刑情节以及故事结尾的处理上,从《中国五兄弟》到《中国七兄弟》,中国经典民间故事"兄弟型"故事团结互助、反抗压迫的内核得到了越来越合理且深刻的体现;就图片部分而言,随着时间的推移,后出版的绘本呈现了越来越多的中国传统文化元素,如剪纸、长城等,极大地丰富了读者的阅读体验。从人际意义来看,文字部分描述的故事主角和其他角色之间的对话表明,《中国五兄弟》中的主人公圆滑、世故;《中国六兄弟》中的主人公真诚、团结;而《中国七兄弟》在团结友爱的基础上,还呈现出不惧强权的形象。图片部分,从《中国五兄弟》到《中国七兄弟》,绘本角色与读者的互动增加,读者参与感与代入感增强,从而有利于拉近文化距离。

关键词： 社会符号学;绘本;民间故事;兄弟型故事

1　引言

中国各民族民间故事内涵丰富,体现了勤劳勇敢、团结互助、尊老爱幼、知恩图报等中华民族优良传统美德(王壮、于华颖、刘晓晔,2019;尹可丽等,2020;蒋好霜,2021)。从20世纪开始,以中国民间故事为题材的英文绘本作品不断涌现,由于其简单易懂、篇幅适中、趣味性强(魏怡,2015),广受国内外儿童读者的喜爱。诸多绘本荣获国际奖项,如获得凯迪克金奖的《狼婆婆》(*A Red-Riding Hood Story from China*)、获第14届布拉迪斯拉发国际儿童图书展(BIB)金苹果奖的《宝儿》(*The Fox Spirit of the Waste Land*)等。民间故事题材绘本借用一些彰显共同人性的故事来弘扬中华传统美德(胡丽娜,2017),不仅有利于儿童读者发展文化意识,还能加深全年龄段人群读者对源语文化背景的理解(Lwin,2015)。

但是,也有一些绘本由于各种原因,出现了对中国文化的误解、歪曲乃至污蔑。有学者曾对美国韦斯特维尔公共图书馆的156本中国主题绘本的真实性进行了调查,发现绘本图片的错误率在13.82%到25.72%之间(Zhang,2011)。张晓天和王燕(2021)对北美出版的53本以中国及其文化为特色的儿童图画书进行了系统的检查和分析,探讨了所选图书的文化真实性程度,也认为"一些图书包含了不正

---

① 邓泽念(1999—　),女,湖南财政经济学院教师。研究领域:多模态绘本、英语笔译;通信地址:长沙市岳麓区湖南财政经济学院外国语学院;邮编:410006;电子邮箱:dengzenian@hnu.edu.cn。

② 于海玲(1984—　),女,湖南大学外国语学院教授,博导;研究领域:多模态(绘本、漫画、话剧、电影)、翻译学、系统功能语言学;语料库语言学;通信地址:长沙市岳麓区湖南大学外国语学院;邮编:410006;电子邮箱:hailing.yu@hnu.edu.cn。

确的、刻板的或过时的信息"。

"兄弟型"故事是中国民间故事经典之一。从 20 世纪 30 年代开始,英语世界不断涌现出以"兄弟型"故事为题材的绘本。其中,部分绘本获得国际奖项,或在美国、加拿大、西班牙等多地出版,影响较大。本文希望从以"兄弟型"民间故事为题材的英文绘本入手,探索英语世界如何对中国民间经典进行重构,呈现了怎样的中国人物形象,并通过对比研究,解读不同绘本之间的人物形象差异,尝试分析差异出现的原因。

2　兄弟型故事：国内外影响兼备

"兄弟型"故事是中国民间故事经典,版本众多,影响深远。其中最具代表性的是海南黎族的《十兄弟》和汉族山西民间口头流传的《水推长城》,分别收录于符震、苏海鸥编著的《黎族民间故事集》和束为的《水推长城·民间故事》(刘守华,2002)中。除此之外,还有苗族的《五哥弟》、四川地区的《三兄弟》等等。"兄弟型"故事的广泛流传有着深刻的社会原因,《中国民间故事初探》总结道："这类故事,一表现了阶级社会的压迫和被压迫的关系;二表现了人民在反压迫的斗争中,意识到自己的强大和战胜统治者的信心。"(天鹰,1981:192)

随着新媒体的发展,"兄弟型"故事衍生了众多改编作品,在当今社会依然颇具影响力。在国内,1958 年,上海人民美术出版社出版了由金江改编、郑家声绘图的《十兄弟·民间故事》连环画;1959 年,吴回导演了影视作品——喜剧片《十兄弟》;1985 年,庄伟健监制了以民国时期为背景的奇幻古装《十兄弟》;2006 年,潘嘉德导演了电视剧《十兄弟》(又名《天赐良儿》);2014 年,世一图书出版中心出版了繁体中文版本的儿童绘本《十兄弟》;2015 年,洪汛涛所著的《中国故事·十兄弟》注音全彩版被选入"中国小学生基础阅读书目";2018 年,香港劳工及福利局与教育局联合出品了双语儿童绘本《十兄妹·台风总动员》(*The Caring Ten*：*Light up the Community*);2021 年,酱油熊编绘的《中国民间传说故事》系列绘本中,也包含了《七兄弟》的故事。

在英语世界,"兄弟型"故事也有不少相关作品。美国传教士菲尔德女士于 1893 年出版、1912 年再版的《中国童话》(*Chinese Nights' Entertainment*)一书,系其"以口述记录为方法,从汕头当地民众口头中记录下来的民间故事集"(陆慧玲、李扬,2022:135),其中就包括《五个怪兄弟》(*The Five Queer Brothers*)的故事。美国摇滚乐队 R.E.M 于 1984 年发布的专辑中收录了原创歌曲《七个中国哥们儿》(*7 Chinese Bros*.),标题和部分歌词的灵感都来源于中国兄弟型故事(Rosen, 1997)。国外兄弟型故事的改编作品以绘本为主,如 1938 出版的英文儿童绘本《中国五兄弟》;1979 年出版的《中国六兄弟：一个古代传说》(以下简称《中国六兄弟》);1990 年出版的《中国七兄弟》;2003 年,由凯西·塔克(Kathy Tucker)编著、林格蕾(Grace Lin)插图的《中国七姐妹》(*The Seven Chinese Sisters*)出版;美国 LAZ 公司旗下著名在线阅读产品 RAZ 分级阅读绘本中,N 级绘本也包括一个兄弟型故事《五兄弟》(*The Five Brothers*)。

综合考虑故事情节相似度、绘本影响力以及图片数量等因素,本研究选取了以下三个英文绘本作为研究语料,即《中国五兄弟》《中国六兄弟》以及《中国七兄弟》,借助社会符号学理论,重点分析各绘本中呈现的人物形象,以期通过民间传说的跨文化旅行追踪民族间文化交流。

《中国五兄弟》于 1938 年首次印刷出版,作者为美国童书作家克莱尔·于歇·毕肖普(Claire Huchet Bishop),插图者为库尔特·维泽(Kurt Wiese)。绘本由 1 119 个单词和 25 张图片(含封面)组成。《中国五兄弟》于 1959 年获得刘易斯·卡罗尔书架奖,2007 年入选美国国家教育协会"教师推荐百佳童书",影响力深远持久,然而该绘本自出版以来备受争议(Lanes, 1976；Lechner, 1991；Schwarz, 1977；Cai, 1994)。《中国六兄弟》于 1979 年在美国和加拿大同时出版,影响范围广。作者为成后田(Cheng Hou-tien,音译),插图为该作者的剪纸作品。绘本由 645 个单词和 24 张图片(含封面)组成。

《中国七兄弟》1990 年由美国学乐出版社出版；1994 年，该出版社还发行了西班牙语版本。作者为玛格丽特·马希(Margaret Mahy)，插图者为著名华裔绘本插画师曾氏夫妇(Jean and Mou-sien Tseng)。绘本由 1 836 个单词和 29 张图片(含封面)组成。

3　社会符号学

1987 年，韩礼德提出社会符号学，认为符号系统不仅能呈现物体，还能呈现物物关系、物与环境、物与内在精神世界的关系。语言符号主要有三个元功能，即概念功能、人际功能和语篇功能(Halliday & Matthiessen，2014)。随着电影、电视、绘本等视觉艺术的不断发展，仅限于文字语言分析的研究已经无法充分解释文本意义的构建。因此，在系统功能语法的基础上，克雷斯和范卢文(Kress & van Leeuwen，1996)提出了视觉语法，对应元功能分别为再现意义、互动意义和构图意义。之后，视觉语法理论不断发展与创新，佩因特(Painter)等基于语料分析对视觉语法理论进行修正、补充，提出了新的理论框架(冯德正，2015)。

概念功能分为经验功能和逻辑功能。经验功能指的是语言可以表征人们在现实世界或内心世界的各种经历。我们对经验最深刻的印象是，它由一连串的事件或"正在发生的事情"组成(Halliday & Matthiessen，2014)，即语言用以表征事件。在语言中，事件通常通过若干过程(process)表达出来，过程涉及的对象即参与者(participant)，过程涉及的环境(circumstance)即时间、地点、目的、条件等。经验功能主要通过及物性系统来实现，这一系统将英文中的各种动作分类整理成六大过程：物质过程、心理过程、言语过程、关系过程、行为过程和存在过程。

视觉语法中的再现意义对应概念功能，认为图片同样可以表征世界中的事物或事物间的关系。与文字的概念功能相对应，图片的再现意义分为概念再现和叙事再现。概念再现呈现的是事物的本质特征，包括象征、分类等过程。而叙事再现关注事件的过程，通常通过图像中的矢量呈现，包括行动过程、反应过程、言语和心理过程等类别(Kress & van Leeuwen，1996)。文字和图片在概念功能上的对应关系如图 1 所示。文字部分的行为者为"The soldiers"(兄弟们)，对应了图片出现的士兵们；动作过程"threw"(扔)，则对应了图片部分士兵们伸手将老六扔进海里的动作；目标则为"the Sixth Son"(老六)，对应了图片中被扔进海里的角色。文字和图片相互对应，向读者呈现了故事同一情节的发展。

图 1　文字和图片功能对应

语言不仅用来表征经验，还体现着我们与他人的互动关系(Halliday & Matthiessen，2014)，这就是语言的人际功能。人际元功能关注的是说话人如何用语言表达态度，影响他人。实现人际功能的重要方式包括语气系统和情态系统。语气系统可以构建说话人社会地位和身份。而情态系统则关系到情态动词的使用和分布情况,可以了解说话人对于某一主题有效性肯定程度的高低和对执行命令的人所施加压力的大小(李战子,2002)。图片同样具有人际功能,也称交互功能,通过接触(contact)、社会距离(social distance)和态度(attitude)来体现,也就是图像参与者和观看者之间的目光接触、镜头选择和视角选择,实现方式如图 2(Kress & van Leeuwen,2006:149)所示。在实际运用中,以图 1 为例,主角与读者并无目光接触,且采用远镜头水平视线呈现故事的全貌,因此图片呈现的主角与读者的关系较为疏远。

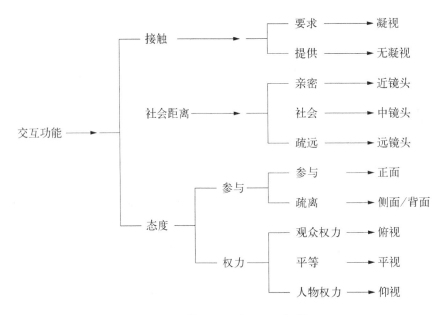

图 2　图片交互系统及实现方式

4　"兄弟型"民间故事英文绘本中的人物形象分析

4.1　概念意义:故事内涵和人物形象呈现

本节共分为两小节,将分别从文字和图片两方面对比分析三个绘本,以期探索不同绘本中的人物形象。

4.1.1　文字:细节体现不同故事内涵

故事是儿童绘本的主线,生动的故事是串联绘本图画的"项链",亦是唤醒图画的内在力量(吕志敏、张立新,2019)。本节将从故事情节入手,对比分析三个绘本中文字所呈现的人物形象的异同之处。

前文提到,情节相似度高是本研究所选三个绘本的重要特征。故事内容都讲述了一位兄弟因故被判死刑,其他兄弟用各自的超能力互帮互助、应对刑罚,最终幸免于难的故事。然而,各故事中入狱的原因却大相径庭。绘本《中国五兄弟》中,由于小男孩不诚实,老大过失致其死亡,因此入狱,呈现了不诚实、好欺骗的人物形象。在《中国六兄弟》中,老大为救父亲,指使老二拿了王的珍珠入药,犯下偷窃罪,被抓住并判死刑。该绘本刻画了孝敬父母的兄弟形象。而在《中国七兄弟》中,老三为了帮助修长城的劳苦人民,用超能力一夜之间修好长城,皇帝认为受到威胁,因而判其死刑,呈现了七兄弟富有同情心、心系天下的形象。

其次,"代替受刑"的情节也有细微差异。《中国五兄弟》绘本中三处代替受刑的情节都是用省略号简单带过,例如第一处二哥代替大哥:

On the morning of the execution he said to the judge:

"Your Honor, will you allow me to go and bid my mother good-bye?"

"It is only fair," said the judge.

So the First Chinese Brother went home ... and the Second Chinese Brother came back in his place.

行刑的那天早上,大哥对法官说:

"大人,您能放我回去,让我和我娘告个别吗?"

"这个要求可以满足。"法官说。

于是,大哥回到家……换了二哥顶替他。(费方利　译)

读者无从知晓二哥代替兄长受刑是出于什么原因,又是否自愿。突兀的"于是"显得大哥回家并不是真的为了和母亲告别,而是找借口和二哥调换。而在《中国六兄弟》中,当老大回家时,描述如下:

And they arrested First Son and brought him before the king. "Off with his head!" cried the king.

First Son could not stand the thought of dying without seeing his father one more time.

"Please let me see my father before I die," he begged. The king allowed him to go.

When the old farmer learned that his son was to be beheaded, he was very sad. "But wait," said Third Son. "Let me go and take my brother's place."

他们(士兵)逮捕了大哥,并把他带到王面前。"砍下他的头!"国王喊道。

大哥无法忍受死前不能再见父亲一面。

"请让我在死前去看看我的父亲,"他恳求道。国王允许了。

当老农夫得知他的儿子要被斩首时,他非常难过。"但是等一下,"三哥说。"让我代替大哥去吧。"(笔者　译)

该绘本中,首先是大哥的想法和语言都强烈体现了想见父亲的想法,其次是见面后的倾诉,同时三哥听说了情况后主动提出要代替老大受刑,这样的处理使情节更加流畅、自然。在《中国七兄弟》中,则用了更长的篇幅讲述这个情节,总计达209词。老三被判刑后,痛哭流涕,千里之外的顺风耳大哥听见了哭声,千里眼二哥看见他正被两支军队围住。得知三哥将被砍头,老四主动提出要去代替三哥,且说明了两个理由,一是为了安抚七弟的情绪,另一方面是因为自己有铁脖子的超能力,可以承受这一刑罚,原话如下:

"Don't worry!" cried Fourth Brother, who saw that Seventh Brother was about to cry, too. "I will change places with him. The Celestial Emperor (whose face is more dazzling than the rising sun) can try cutting my head off as many times as he likes. Perhaps that will make him feel better."

"别担心!"看见七弟要哭了,老四喊道。"我会去代替他。秦始皇(他的脸比升起的太阳更耀眼)可以试着随意砍下我的头。也许这会让他感觉好一些。"(笔者　译)

此外,三个故事的结局也各不相同。在《中国五兄弟》中,长官认为五兄弟是不死之身,一定是无罪的,因此将其释放。这一判决缺乏逻辑,十分荒谬,暗含了司法的随意与不公正。在《中国六兄弟》中,老六被扔下水时,在水底找到了一箱珍珠献给王,将功补过,因此得以释放。相比前一个绘本,这里的释放显得有据可依。且皇帝知道兄弟替代兄长受刑的真相后,夸奖了兄弟们对家人的关爱("You boys are a fine example of devotion to family. China is proud of you.")并设宴款待,点名了绘本家人之间相互帮助的主题,具有一定的教育意义。在《中国七兄弟》中,兄弟们并非被上级释放,而是七弟泪流成河,将暴戾的皇帝冲走,不仅摆脱了皇帝的刑罚,还使其受到了惩罚,具备一定程度的反封建意义。《中国七兄弟》的情节设置十分趋近束为编著的《水推长城》,原著情节设置真实地反映了当时下层阶级和统治者的尖锐矛盾,具有深刻的社会根源(倪迅,2008)。英文绘本中,也保留了统治者受到惩罚这一结局,表现了人民团结一致反压迫的精神。

总的来说,从《中国五兄弟》到《中国七兄弟》,第二节提到的兄弟型故事的内核得到了更加完整的诠释,也让外国读者对中国古代人民的智慧与力量有了更深刻的理解。

4.1.2 图片:从刻板印象到丰富的文化元素

图片的概念再现在人物外形上得到最直观的呈现。从《中国五兄弟》的封面中可以看到,作为主角的五兄弟皆呈现出黄皮肤、眯眯眼、长辫子的形象,身着苦力服;绘本中的其他人物,无论是官员、母亲还是民众,也都是黄皮肤、眯眯眼,身着苦力服,是典型的刻板印象。

而在《中国六兄弟》中,从服装到发型,六兄弟都各不相同;且绘本中的其他角色也各有特点,如头戴斗笠、手持钉耙的父亲,头戴梁冠的王,还有手持梭枪、脚踩长勒靴的士兵。值得一提的是,这些生动形象的配饰都由作者的剪纸作品来呈现。剪纸这一载体本身就是中国民间传统艺术的重要组成部分,并在 2001 年被列为世界艺术遗产,得到国际认可(李西秦,2005)。这种非绘画性视觉艺术表现形式以独特鲜明的风格向读者传递了中国传统文化之美(夏平,2015)。但同时,受制于剪纸的形式,人物形象细节和颜色的展示有所局限。

相比之下,绘本《中国七兄弟》中的人物刻画更为细节,人物五官不是一笔带过,而是有明暗对比,立体而真实。作为主角的七兄弟身着布衣,以缁撮束发,兄弟们手持锄头、钉耙、扁担等,是典型的中国古代农民的形象。另一重要人物秦始皇则与 2017 年统编版历史教科书上的形象颇为相似:头戴垂旒冕冠,冠上饰天河带,身着黄色交领宽袖上衣,赤色韨,足登多色舄,腰系大带与革带,身体左侧佩剑(赵连赏,2019),形象庄重威严,气宇轩昂。细节描绘越详细,越能够丰富读者对中国传统服饰和头饰的了解,从而激发读者的兴趣,增强对中国传统文化的好感。

图片的概念再现还体现在环境刻画上。《中国五兄弟》和《中国六兄弟》都模糊了具体时间和地点,只交代是"很久很久以前",画面也仅简单呈现了海边或是村庄作为故事背景。然而,在《中国七兄弟》中,故事发生的时间是秦始皇在任期间,地点是长城,画面也呈现了雄伟壮观的长城绵延向远方的场景。这样的设定增强了故事的真实感,有助于提升儿童对于中国历史文化和建筑文化的了解。

除了概念再现,叙事再现也是再现功能的重要组成部分。实际上,在三个绘本中,大部分图片都是叙事再现,呈现角色的行动、事件的展开及变化过程(Kress & van Leeuwen,2006)。三个绘本的角色基本可以分为主角兄弟团和配角两类,配角主要包括统治阶级和民众。

值得注意的是,反应过程的主体虽然都是配角,即统治阶级和民众,但在三个绘本中各不相同,因此呈现了不同的人物形象。由表 1 所知,在《中国五兄弟》中,作为观看者的配角共有六次反应过程,其有三次都是群众聚集,观看五兄弟被执行死刑的场景,如图 3a、b 所示。该绘本运用重复的手法一次次描绘民众围观各种刑罚的场景,诸如淹死、烧死,传递出民众的残酷与麻木。在《中国六兄弟》中,两次反应过程同样描绘了群众聚集的场景,如图 3c,但民众并非盲目围观,而是在讥笑无能的刽子手("The people laughed and jeered."),站在了统治阶级的对立面。在绘本《中国七兄弟》中,群众仅在修筑长城时出现,见图 3d,观刑的场景不复再现。六次反应过程的观看者大都是代表统治阶级压迫的士兵,他们坐在马背上监督劳工修筑长城,监督刽子手执行火刑,或是站在船上监督水刑,士兵数量少则五人,多时高达 20 人以上,充分体现了统治阶级的压迫感,为后来的反抗和惩罚做出了铺垫。

表1　绘本插图所呈现的行为过程

参与者角色		过程类型		《中国五兄弟》	《中国六兄弟》	《中国七兄弟》
主角	行为者	物质过程	及物过程	2	6	6
			非及物过程	13	16	17
配角	行为者	物质过程	及物过程	2	8	8
			非及物过程	2	9	11
	观看者	反应过程		6	2	6
总计				25	24	29

图3　图片中的行为过程示例

因此,从图片的概念再现角度来看,《中国五兄弟》呈现了对中国人的刻板印象;《中国六兄弟》利用剪纸这一传统中国艺术形式展示了更多的细节,更贴近中国文化;《中国七兄弟》从人物到环境,刻画了丰富的细节,人物形象真实、饱满。除了故事主角,配角群像也有所转变,《中国五兄弟》中观刑群众的形象残酷、麻木;《中国六兄弟》中则不再盲从随大流,站在了统治阶级的对立面;到《中国七兄弟》,群像的民众是受压迫者,而士兵是迫害者,处处都为故事的内核做铺垫。

4.2　人际意义:角色相互关系及读者亲密度

本节将焦点转向人际意义,同样通过分别分析文字和图片,来窥探绘本角色与角色、角色与读者之间的关系。

4.2.1　文字：从圆滑世故到平等正面

本小节将对三个绘本的人物对话进行分析。在《中国五兄弟》中,主角在与不同人物交流时,从所使用的语气类型和情态值(情态的高、中、低值)的区别来看,五兄弟圆滑世故,对不同的人有不同的姿态。在大哥与小男孩的四句对话中,三句使用祈使句或含情态的祈使性表达,处于支配地位。如小男孩请求大哥带他一起出海时,大哥道：

"Remember," said the First Chinese Brother, "you <u>must</u> obey me promptly. When I make a sign for you to come back, you <u>must</u> come at once."

"记住我的话,"大哥说。"你得随时听我的话,看到我朝你做回来的手势,你就必须马上回来。"(费方利 译)

大哥在面对小男孩时,多次使用高值情态,态度强硬,呈现了强势的形象。然而,兄弟们在请求回家告别母亲时,对法官使用尊称,并用疑问句来委婉地表达自己的要求(原句为"Your Honor, will you allow me to go and bid my mother good-bye?")。加上画面呈现的五兄弟在法官面前点头哈腰的图片,呈现了一个十分卑微的形象,与之前在小男孩面前趾高气扬的形象形成鲜明对比。

在《中国六兄弟》中,兄弟们之间共三次对话,无论是兄长对兄弟,还是兄弟对兄长,都是使用的祈使句,处于平等地位。另外,兄弟们请求回家告别父亲这一反复出现的情节中,对王的语气较之《中国五兄弟》更为强硬(原句为"I accept my fate, but before I die, please let me go home and see my father."),不再使用疑问句,也没有弯腰请求的图片。在绘本《中国七兄弟》中,向统治阶级请求这一情节消失了,兄弟们之间的多次对话也都使用祈使句或者陈述句。总的来说,相比《中国五兄弟》,《中国六兄弟》和《中国七兄弟》呈现了更为正面、平等的形象。

4.2.2　图片：从疏离到亲密

首先,如表2所示,《中国五兄弟》和《中国六兄弟》全部采用了提供类图像,故事人物与读者无目光接触,人物与读者之间没有任何互动,创作者仅仅是将故事人物和情节作为信息提供给观众。然而,在《中国七兄弟》中,出现了两次接触,一次是秦始皇第一次出现时,头戴冕冠,身着黄袍。此处,秦始皇得知有人一夜修好长城,担心自己的统治受到威胁,因此十分愤怒。此时的接触让读者感受到了秦始皇的威严庄重,更容易让读者理解主角的害怕情绪从何而来,增强对角色的共情。第二次则是在老四得知将被淹死时,感到十分害怕,目光担忧。这样的接触能使读者被带入其中,对主角产生心理认同感。

表 2　图片体现故事人物与读者关系的实现方式

		《中国五兄弟》	《中国六兄弟》	《中国七兄弟》
接　触	要　求	—	—	2(7%)
	提　供	23(100%)	24(100%)	27(93%)
社会距离	亲　密	—	—	1(3%)
	社　交	5(22%)	—	8(28%)
	疏　远	18(78%)	24(100%)	20(69%)
态度 (水平角度)	参　与	1(4%)	21(88%)	19(66%)
	疏　离	22(96%)	3(12%)	10(34%)

续　表

		《中国五兄弟》	《中国六兄弟》	《中国七兄弟》
态度 （垂直角度）	观众权力	—	—	—
	平　等	23(100%)	24(100%)	25(86%)
	人物权力	—	—	4(14%)

其次，在社会距离和态度方面，《中国五兄弟》虽然有 22% 的中景，但是人物基本都是侧对甚至背对观众。背面角度在儿童绘本中本就不常见，从图 4a 可见，该绘本在初次介绍五兄弟时使用背对角度，呈现出拒绝与读者交流的态度。《中国六兄弟》受制于剪纸的表现形式，都是用远景来呈现完整的画面，但是人物基本都是正对观众，如图 4b 所示。《中国七兄弟》则出现了近景特写，且中景描写最多，达到 28%，如图 4c，结合较多的正面角度，进一步拉近了角色与读者的距离。

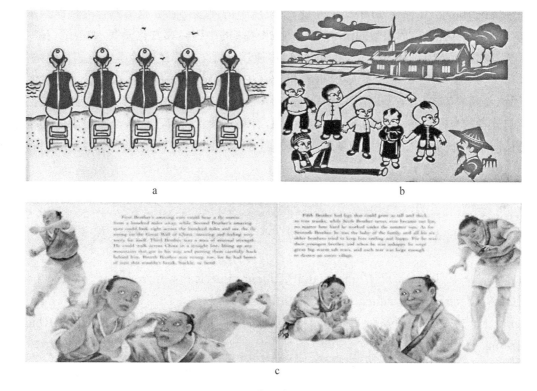

图 4　人物出场图片

除了聚焦系统，氛围系统也是人际意义的重要子系统。颜色色度、色调和自然度的合理使用都利于渲染自然贴切的情绪氛围（陈冬纯、陈芝敏，2019）。在颜色色度和色调方面，《中国五兄弟》中只有黑色和高饱和度的明黄色，用夸张的颜色突出中国人的肤色，是一种刻板印象。《中国六兄弟》由于是剪纸，因此只用了黑色和红色。红色是传统剪纸中最常见的颜色，中国传统文化中视红色为"最原始，最富有生命力、冲击力和视觉力的色彩"。此外，我国传统剪纸颜色表现形式比较单纯统一、简洁明快、简中求繁，很少有同类色、类似色、邻近色的配置（牟格格、郑阳，2013）。《中国七兄弟》中，色调更加自然，黄色选用的是更加贴近真实生活的肤色，自然贴切的情绪氛围呈现得较为到位。

在自然度方面，佩因特等（Painter et al.，2013）将图片分为"最简风格""类化风格"和"自然风格"。《中国五兄弟》和《中国六兄弟》都属于"最简风格",无论是被判刑、受刑还是释放,五兄弟都是同一个微笑的表情。这种风格为读者提供了疏远的阅读站位,图片中的人物是"具有象征意义的集体构建"(邱晴,2020)。《中国七兄弟》则是"类化风格",图片首次介绍主角七兄弟时,人物面部神态各异,细节描绘包括眉毛、眼眶、瞳孔、鼻梁、双唇都十分到位,依托故事情节的发展,人物神态各异、生动形象,或微笑,或愤怒。这样的刻画能够拉近读者和角色的距离,利于读者与故事中的人物共情。

综上,无论是聚焦系统的接触、社会距离和态度,还是氛围系统的颜色和自然度,读者和角色的距离呈现出从疏离到亲密的趋势。

5　结语

本文在社会符号学理论的指导下,对比分析了三个以中国"兄弟型"故事为题材的英文绘本,即《中国五兄弟》《中国六兄弟》以及《中国七兄弟》。对三个绘本的概念意义挖掘发现,在文字部分,故事情节相似度较高,但是在入狱原因、代替受刑情节以及故事结尾的处理上,从《中国五兄弟》到《中国七兄弟》,中国经典民间故事"兄弟型"故事团结互助、反抗压迫的内核得到了越来越合理且深刻的体现;从图片来说,随着时间的推移,后出版的绘本呈现了越来越多的中国经典文化元素,如剪纸、长城等,极大地丰富了读者的阅读体验。从人际意义的角度来说,通过分析文字描述的绘本主角和其他角色之间的对话可以得出,《中国五兄弟》中的主人公圆滑、世故;《中国六兄弟》中的主人公真诚、团结;而《中国七兄弟》在团结友爱的基础上,还呈现出不惧强权的形象。图片部分,从《中国五兄弟》到《中国七兄弟》,绘本角色与读者的交流变多,互动增加,参与感变强,有利于读者将自己代入绘本呈现的文化语境中,增强文化认同感。总的来说,通过多角度对比分析,随着时间的推移,"兄弟型"英文绘本改编作品中呈现的中国人物形象逐渐趋于正面。

参考文献

[1] Bishop, C. H. & Wiese, K. 1938. *The five Chinese brothers* [M]. New York: Coward-McCann.

[2] Cai, M. 1994. Images of Chinese and Chinese Americans mirrored in picture books [J]. *Children's Literature in Education*, 25(3): 169 – 191.

[3] Cheng, H. 1979. *Six Chinese Brothers: An Ancient Tale* [M]. New York: Holt, Rinehart and Winston.

[4] Halliday, M. A. K. & Matthiessen, C. M. I. M. 2014. *Halliday's Introduction to Functional Grammar* [M]. London: Routledge.

[5] Kress, G. & van Leeuwen, T. 2006. *Reading Images: The Grammar of Visual Design* [M]. London: Routledge.

[6] Lanes, S. G. 1976. A case for *The Five Chinese Brothers* [J]. *School Library Journal*, (24): 185 – 195.

[7] Lechner, J. V. 1991. The image of the child in Chinese folktales [J]. *Children's Literature Association Quarterly*, (1991), 174 – 180.

[8] Lwin, S. M. 2015. Using Folktales for Language Teaching [J]. *The English Teacher* (2): 74 – 78.

[9] Mahy, M. & J. and M. Tseng. 1990. *The Seven Chinese Brothers* [M]. New York: Schilastic Inc.

[10] Painter, C., Martin, J. R., & Unsworth, L. 2013. *Reading Visual Narratives: Image Analysis of Children's Picture Books*[M]. Sheffield: Equinox.

[11] Rosen, C. 1997. *"R. E. M.": Inside Out-The Stories Behind Every Song*[M]. New York: Thunder's Mouth Press.

[12] Schwarz, A. V. 1977. *The Five Chinese Brothers*: Time to retire[J]. *Interracial Books for Children Bulletin* (8): 3 - 7.

[13] Zhang, H. 2011. *Representations of Chinese Culture and History in Picture Books of the Westerville Public Library: Educational Quality And Accuracy Of Children Literature About China And Chinese Culture* [D]. Ohio: Otterbein University Masters Theses/Capstone Projects.

[14] Zhang, X. & Wang, Y. 2021. Windows and mirrors? Cultural authenticity of Chinese-themed children's books[OL], *Educational Studies*, DOI: 10.1080/03055698.2021.1940871.

[15] ［美］Bishop, C. H. & Wiese, K. 2018.中国五兄弟[M].费方利,译.杭州：浙江人民美术出版社.

[16] 陈冬纯,陈芝敏.2019.基于新视觉语法的英汉儿童绘本叙事结构比较研究[J].西安外国语大学学报(04)：36 - 41.

[17] 冯德正.2015.视觉语法的新发展：基于图画书的视觉叙事分析框架[J].外语教学(03)：23 - 27.

[18] 胡丽娜.2017.传统文化的图画书转化——基于民间故事、童谣类图画书创作的思考[J].中国出版(11)：13 - 17.

[19] 蒋好霜.2021.中国民间叙事中的报恩母题与性别实践[J].民族文学研究(05)：23 - 32.

[20] 李西秦.2005.剪纸艺术[M].西安：西安交通大学出版社.

[21] 李战子.2002.话语的人际意义研究[M].上海：上海外语教育出版社.

[22] 刘守华.2002.中国民间故事类型研究[M].武汉：华中师范大学出版社.

[23] 陆慧玲,李扬.2022.菲尔德《中国童话》对女性民间口头叙事的搜集与创编[J].文化遗产(03)：135 - 142.

[24] 吕志敏,张立新.2019.数字时代儿童绘本创作与出版的思考[J].出版广角(01)：55 - 57.

[25] 牟格格,郑阳.2013.浅析剪纸艺术中所蕴含的中国传统文化[J].艺术与设计(理论)(06)：146 - 148.

[26] 倪迅.2008.劳动人民的朴素智慧——浅谈民间传说《水推长城》的现实意义[J].法制与社会(27)：232.

[27] 邱晴.2020.图文互补与意义建构——儿童绘本的多模态话语研究[J].江西师范大学学报(哲学社会科学版)(03)：129 - 136.

[28] 天鹰.1981.中国民间故事初探[M].上海：上海文艺出版社.

[29] 王壮,于华颖,刘晓晔.2019.儿童图画书读者接受与文化传承——从童谣图画书的畅销和常销谈起[J].现代出版(03)：60 - 63.

[30] 魏怡.2015.民间故事的英译出版与中华传统美德的海外传播[J].新闻战线(06)：46 - 47.

[31] 夏平.2015.绘本插图的非绘画性视觉表现研究[J].编辑之友(02)：93 - 98.

[32] 尹可丽,赵星婷,张积家,李鹏.2020.听同伴讲民间故事增进多民族心理融合[J].民族教育研究(01)：60 - 70.

[33] 赵连赏.2019.秦始皇画像的着装问题[J].中国史研究(02)：198 - 203.

The Metamorphosis of Characters in English Picture Books of Chinese "Brothers" Folktales from the Perspective of Social Semiotics

Zenian Deng, Hailing Yu

Hunan University of Finance and Economics; Hunan University

Abstract: The "brotherhood" story is one of the classic Chinese folk tales. Since the early 20th century, the illustrated presentation of such stories in the English world has never stopped. Under the guidance of social semiotics theory, this study makes a comparative analysis of three English picture books with the theme of Chinese "brotherhood" stories, namely, *The Five Chinese Brothers* (1938), *Six Chinese Brothers: An Ancient Tale* (1979) and *The Seven Chinese Brothers* (1990), focusing on the changes of the characters presented therein. Through the exploration of the conceptual meaning of the three picture books, it was found that in the textual part, the plots have a high degree of similarity. However, in terms of the reasons for imprisonment, the punishment plot, and the handling of the ending of the story, the core of unity, mutual assistance, and resistance to oppression in the classic series has been reflected more profoundly from *The Five Chinese Brothers* to *The Seven Chinese Brothers*. As far as the picture part is concerned, as time goes by, the picture books published later show more and more Chinese traditional cultural elements, such as paper cuttings, the Great Wall, etc., which greatly enrich the reading experience of readers. From the perspective of interpersonal meaning, the dialogues between the protagonist and other characters described in the text indicate that the protagonists in *The Five Chinese Brothers* are more sophisticated, while the protagonists in *Six Chinese Brothers: An Ancient Tale* are sincere and united. On the basis of unity and friendship, *The Seven Chinese Brothers* also presents an image of fearlessness towards power. In the picture section, from the first book to the last one, the interaction between the characters in the picture book and the readers has increased, and the readers' sense of participation and immersion has increased, which is conducive to bringing cultural distance closer.

Key words: social semiotics; picture books; folk stories; brotherhood story

基于任务型教学法的 3D 教育游戏对大学生英语写作复杂度、准确度的影响探究①

陈毅萍② 张震宇③ 纪 露④

重庆大学 上海外国语大学

摘 要：本文探讨了中国 EFL 学生运用 3D 教育游戏进行英语写作学习的有效性。共 12 名非英语专业本科生参加实验,他们在 3D 教育游戏中完成相应的学习任务,之后作者对他们的前、后测的英语写作内容进行分析。在依照陈(Chen, 2020)的 T 单位框架中复杂度和准确性两个维度进行标注统计后,作者使用配对样本 t 检验与符号检验进行了数据分析。研究结果表明：① 3D 教育游戏对 EFL 学习者写作的复杂度有提升作用,主要体现在句法复杂度与句法多样性两个维度上；② 3D 教育游戏对 EFL 学习者写作的准确性也有提升作用,主要体现在无误分句与无误 T 单位两个维度上；③ 3D 教育游戏对 EFL 学习者写作的词汇多样性与正确动词形式两个维度并无显著影响。

关键词：3D 教育游戏；任务型教学法；英语写作；复杂度；精准度

1 引言

近年来,3D 技术在教育领域是一个高频话题,涵盖如医疗教育(Alhonkoski et al., 2021)、化学教育(Abdinejad et al., 2021)、生物教育(Hansen et al., 2020)、工程教育(Wang et al., 2018)等各领域。因具有真实的情境模拟、较高的沉浸感、激发创造力、共时协作等特点(Lan, 2015；Peterson, 2016；Sadler, 2012),3D 技术不仅得到了网络一代的支持,在中国的外语学习者、国外的汉语学习者乃至特殊教育的语言学习领域也越来越受欢迎(Wang, Grant & Grist, 2021)。

在语言教学领域中,3D 技术最常使用就是 3D 游戏,国外多为大型多人在线角色扮演游戏(MMOPRG),例如《魔兽世界》(Zheng, Newgarden & Young, 2012)、《第二人生》(Lan et al., 2018)和《模拟人生》(Pellas & Boumpa, 2016)。然而,目前学界中用于教学和科研的 3D 游戏大多是商业游戏,需要依赖游戏本身运行,其中的一些资源也并不是免费的。对于我国的学习者来说,使用国际上主流的 3D 语言学习软件还会遇到版权问题、地区限制以及计算机操作系统的要求(Liou, 2012),这让自

---

① 本研究获得 2020 重庆大学研究生教育教学改革研究重点项目(项目编号：cquyjg20202)、2021 重庆大学研究生重点课程(项目编号：20210609)及 2022 上海外国语大学语料库研究院研究生科研创新项目支持。

② 陈毅萍(1967—),女,重庆大学外国语学院教授,硕士生导师,重庆市重点研究基地重庆大学语言认知及语言运用基地研究员；研究方向：计算机辅助外语教学、教育技术、3D 教学；通信地址：重庆市重庆大学(重庆市沙坪坝区沙正街 174 号)；邮编：400044；电子邮箱：yipingchen@cqu.edu.cn。

③ 张震宇(1997—),男,上海外国语大学语料库研究院博士生；研究方向：语言数据科学与应用、3D 外语教学和人工智能；通信地址：上海市上海外国语大学(上海市松江区文翔路 1550 号语料库研究院)；邮编：201620；电子邮箱：0224101601@shisu.edu.cn。

④ 纪露(1988—),女,重庆大学外国语学院语言语音实验教学中心实验师；研究方向：计算机辅助外语教学和教育技术；通信地址：重庆市重庆大学(重庆市沙坪坝区沙正街 174 号)；邮编：400044；电子邮箱：jilu_flc@cqu.edu.cn。

制的 3D 游戏用于语言教学变得更加必要(张震宇、陈毅萍,2021)。

任务型教学法(Task-Based Learning,TBL)指语言教师围绕特定的交际活动,设计具体的、易于操作的任务;学生则通过表达、沟通、交涉、解释、询问等各种语言活动形式来完成任务,以达到学习和掌握语言的目的,其优势已经被以往研究证明。例如,激励学生更加独立(McDonough & Chaikitmongkol,2007)、提高学习效率(Shehadeh,2005)、实现教学大纲和教育项目的合理设计(Yule,Powers & Macdonald,1992)。

随着技术的发展,一些研究开始探索 3D 技术与 TBL 结合的可行性以及影响其有效性的因素(Chong & Reinders,2020)。使用 3D 技术的 TBL 在我国并不常见。因此,本研究拟以中国 EFL 学生为研究对象,探讨基于 TBL 的 3D 英语教育游戏对英语写作学习的有效性。

2　研究背景

2.1　多媒体学习生成理论

梅耶(Mayer,2001)的多媒体学习生成理论解释了 3D 情境是如何支持外语学习的。该理论由三种不同的认知理论构建:双通道假设、有限容量假设和主动加工假设。具体来说,双通道假设是指通过不同的处理通道对文本信息和图像信息进行处理(Baddeley,1992;Chandler & Sweller,1991),这一假设为包含这两类信息资源的 3D 虚拟情境的学习有效性提供了理论支持;有限容量假设表明,外语学习者在学习过程中不应被太多种类的信息淹没;主动加工假设认为,人类可以选择相关的数据,并将其组织成有意义的信息与自己的先验知识整合(Mayer,1999;Wittrock,1989)。因此,3D 情境可以通过增加学习者的兴趣和动机、培养他们的学习自主性、塑造积极的和体验式的学习者风格来支持外语学习(Hong,2010)。

2.2　3D 教育游戏的功能可见性

3D 教育游戏的功能可见性(affordances)主要体现在影响外语学习者的自主学习能力、学习动机和娱乐性三个方面。

自主学习理论(Self-Directed Learning,SDL)是个体主动诊断自己的学习需求、制定学习目标、确定学习所需的人力和物力资源、选择和实施合适的学习策略、评估学习结果的过程(Knowles,1975)。埃-吉拉尼和阿布扎德(El-Gilany & Abusaad,2013)的研究证实了 SDL 在正式和非正式学习环境中的有效性,验证了学生的 SDL 能力与其学业成绩呈正相关。托赫和基施纳(Toh & Kirschner,2020)认为 3D 教育游戏能为知识获取和通过"模拟同伴"提供协作空间。

第二语言习得动机是个人出于学习语言的愿望而努力的程度,并对此活动感到满意(Gardner,Lalonde & Moorcroft,1985)。对于语言学习者而言,技术手段的使用能提高他们的动机(Adolphs et al.,2018)。一些实证研究证明了 3D 虚拟情境对 EFL 学习者动机的积极影响。陈和肯特(Chen & Kent,2020)的研究表明,3D 学习情境可以最大限度地提高学习者的任务执行度和参与度,促进更真实的交流,建立信心并增强动力。施(Shih,2020)将 Google 街景纳入 3D 教育计划,学习者在虚拟环境中习得英语词汇,结果表明所有学习者都逐渐习得了目标词汇,同时动机也得到增强。兰等人(Lan et al.,2019)的研究结果表明,使用《第二人生》的实验组有更好的写作表现和写作动机。

当代学习者是"数字原住民",需要用新的教学方法来促进他们对学习的参与(Kiryakova et al.,2014),而 3D 技术用于教育目的能模拟真实语境,使学习更加有趣,提高学习者的动机和注意力,降低使用目标语言时的成本(Alfadil,2020)。同时,虚拟化身所代表的真实世界身份还能增强娱乐性,减少犯错误引起的焦虑(Huang et al.，2019)。

2.3　3D 游戏用于外语学习的实证研究

国外 3D 研究主要集中在使用《第二人生》进行语言学习。陈(Chen，2016)结合任务课程探索了 EFL 学习者的态度和语言实践效果。研究发现，3D 多模态资源可以提供视觉和语言支持，促进语言教与学的进程；陈(Chen，2020)使用《第二人生》探索了 EFL 学习者的口语表现。结果表明，EFL 学习者在句法复杂性和多样性以及所有测量级别的语言准确度方面的语法复杂性都有显著提高。

对于自主开发的 3D 游戏，王、佩特里娜和冯(Wang，Petrina & Feng，2017)开发了一个名为 Open Simulator 的 3D 沉浸式英语学习环境，增加了学习者语言学习的沉浸感和临场感。山崎(Yamazaki，2018)在日语作为外语课堂的背景下研究了基于 3D 虚拟世界的日语学习课程的实例化。该研究发现学习者在沉浸式的 3D 虚拟世界中习得了情境交流技巧、字符发音和词汇解释，也获得了说服性对话、听众意识和协作交流的沟通技巧。邓、陈和陈(Teng，Chen & Chen，2018)在其研究中提出了一种增强现实(Augmented Reality，AR)学习系统，结果表明 AR 版本使学生的学习效率高于普通系统。AR 系统还让学生在系统可用性、流程体验、使用感知等方面也有增强的感知。曾、刘和朱(Tseng，Liou & Chu，2020)的研究证实了 3D 词汇学习计划对年轻 EFL 学习者词汇习得的积极影响；张震宇和陈毅萍(2021)调查了 3D 虚拟环境下 EFL 学习者词汇习得的有效性。上述两个研究的结果都表明，3D 虚拟环境对词汇学习具有积极的促进作用。

综上所述，3D 技术对外语学习的有效性已经被以往的实证研究证明。但实证研究中使用的 3D 平台大多是《第二人生》，其中的学习环境必须依赖于运行的软件，存在难以访问和使用，以及知识产权等问题；而自主研发的 3D 平台的有限研究多集中在地理、工程、医学等学科，很少涉及英语学习。因此，开发一款独立的 3D 教育游戏对于当今中国外语学习者越来越重要。

2.4　任务型教学法下的英语写作研究

任务型教学法对英语写作研究有重要的指导意义，近年来任务写作中关于写作产出的研究渐渐受到学者关注。在二语习得领域，可用复杂度(complexity)、准确度(accuracy)和流利度(fluency)三个指标(简称 CAF 框架)来衡量 EFL 学习者的语言产出质量(Skehan & Foster，2007)。流利度可反映 EFL 学习者的写作速度和流畅度，常用指标包括语篇的总词数和每分钟产出词汇数；准确度用来反映学习者产出偏离标准的程度，常用指标为 T 单位[①]、词汇使用中出现的语法错误数量及比率；复杂度可反映写作的丰富性和多样性，主要指标包括句法复杂度、词汇复杂度和词汇多样性，其中句法复杂度通常关注 T 单位和分句的数量和长度。然而，目前实证研究中使用的指标较为单一，以 CAF 为框架考察组织方式对写作产出影响的研究较为匮乏，且研究结果差异较大(刘兵、尉潇，2019)。在此背景下，本研究将进一步考察任务型教学下使用 3D 教育游戏对 EFL 学习者写作产出的影响。

2.5　研究问题

本研究运用任务型教学法，使用自制的 3D 教育游戏来探究中国 EFL 学生英语写作学习的效果。旨在解决以下研究问题：

(1) 运用任务型教学法的 3D 教育游戏对 EFL 学习者的写作复杂度有何影响？具体体现在哪些维度？

---

① T 单位指一个主句加上所有附属于它的从句以及非从句成分，比如"I like the movie! We saw about Moby Dick, the white whale." (见 Hunt，1965：21)。

（2）运用任务型教学法的 3D 教育游戏对 EFL 学习者的写作准确性有何影响？具体体现在哪些维度？

3 研究方法

3.1 研究对象

本研究选取 12 名来自中国西南地区某 985 大学的非英语专业学生,年龄在 18～22 岁之间,所有参与者在被充分告知了本次研究的目的、匿名性和调查的保密性之后,决定自愿参加(5 男 7 女;n = 12)。参加本次研究的参与者均没有出国留学或生活经验,并通过了大学英语四级考试(CET‐4)。本次实验通过网络开展,研究者将游戏程序在线发送给学生,学生将完成后的任务清单和写作前后测结果提交给研究者。

3.2 研究工具及 3D 场景设计

本研究使用名为虚幻四(Unreal 4)的 3D 引擎开发了一款英语学习游戏。虚幻四隶属于史诗游戏(Epic Game)公司,与 Unity 3D 一起是市场上最受欢迎的主流游戏引擎之一。它在全球拥有超过 750 万开发人员,其设计理念是"所见即所得",具有用户友好的图形界面和完整的功能模块(周孝吉、郑玲,2018)。该引擎被广泛用于神经科学(Wiesing,Fink & Weidner,2020)、工程学(Zhang et al.,2018)、外语学习(Wang,Hung & Chen,2021)等领域。

如图 1 所示,为了方便学习者探索 3D 教育游戏,在 3D 教育游戏的界面设计上,本研究采用了第三人称视角,学习者只需移动鼠标操作即可完成任务,无须额外的可能干扰学习过程的计算机操作。当学习者探索 3D 场景时,学习内容会以文本框的形式呈现在屏幕的左下角。对话框的背景是透明的,不能被鼠标选中,所以学习者可以在屏幕上自由点击。

图 1　3D 教育游戏界面展示

3.3 学习任务设计

学习内容不仅包含目标学习词汇,还包含节庆习俗、文化轶事等非语言知识。例如,如果学生点击圣诞树,就会出现如下提示:"圣诞树是圣诞节的重要标志。为什么圣诞树上有一颗星星? 这颗星星不简单,它被称为伯利恒之星,被外国人视为寻找真理的指路星。"这种设计旨在让学习者对学习更加感兴趣,同时也增强了 3D 游戏情境的真实性。

3D 教育游戏中的每个物体包含 3～7 个目标词的学习内容以及英文释义或相关文化知识。游戏中出现的英语句子是多种多样的,包括一些常见的从句、语法变化、固定表达等,对英语学习者完成写作任务具有参考意义。学习者在使用 3D 教育游戏进行英语学习时,需要完成包括文化知识填空、主题写作等英语学习任务。

3.4　研究步骤

如图 2 所示,本次实验持续两周。实验开始时,参加实验的学生先完成一次主题写作测试(前测),写一篇介绍外国文化节日的文章。一周后的线上教学中,笔者先用 5 分钟给学生介绍 3D 教育游戏的基本操作,并在 10 分钟内解决学生的技术问题或其他问题;随后,学生被要求进行 45 分钟的 3D 探索学习,并完成英语学习任务。一周后,参加者再次进行 45 分钟的 3D 教育游戏学习以完成写作任务的后测。

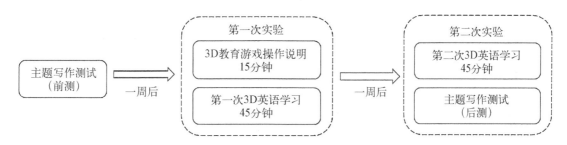

图 2　本研究中的 3D 教育游戏实验流程展示

3.5　数据分析

本研究使用 SPSS 23.0.0.0 进行数据分析。使用配对样本 t 检验来分析写作的复杂性和准确性。依照陈(Chen,2020)针对 3D 虚拟环境中的任务型英语教学法使用的 T 单位分析框架来衡量 EFL 学习者在前测和后测中写作的复杂性和准确性(表 1)。此外,本研究邀请了三位英语教师和一位语言学教授根据 T 单位分析框架,分析作文的复杂度和准确性。

表 1　T 单位框架下复杂度和准确度的评估标准

	项　　目	解　　释
复杂度	句法复杂度	分句与 T 单位的比率
	句法多样性	任务中使用的不同语法动词形式的总数
	词汇多样性(类符-形符比)	不同单词的数量除以每段 40 个单词的总单词数。所有片段的平均分数相加为总分数,除以片段总数(也称为平均片段词汇变异比)。
准确度	无误分句	不包含错误的分句的百分比
	无误 T 单位	包含正确语法的 T 单位除以全部 T 单位的百分比
	无误动词形式	准确使用动词形式的百分比除以使用动词形式的总数

4 结果与讨论

4.1 3D 教育游戏中 EFL 学生的写作复杂度

为了比较 EFL 学习者在使用 3D 教育游戏前后的写作表现(复杂度与准确度),本研究采用配对样本 t 检验。在进行配对样本 t 检验之前,需进行 K-S 检验,以验证前后检验数据的差异是否符合正态分布。如果是,则采用配对样本 t 检验,否则将采用 Wilcoxon 符号秩检验。

K-S 检验结果显示,句法复杂度($p = 0.200$)和句法多样性($p = 0.200$)差异呈正态分布,而词汇多样性不满足正态分布($p = 0.030$)。因此,句法复杂度和句法多样性的分析采用配对样本 t 检验,词汇多样性的分析采用 Wilcoxon 符号秩检验。

表 2 3D 教育游戏中 EFL 学习者总体写作复杂度差异

	M	SD	SE	T	df.	Sig.(two-tailed)
句法复杂度(前测)	1.314	0.218	0.063	-2.900	11	0.014
句法复杂度(后测)	1.468	0.316	0.091			
句法多样性(前测)	8.080	2.429	0.701	-2.399	11	0.035
句法多样性(后测)	9.170	1.642	0.474			

由表 2 可知,EFL 学习者写作的句法复杂度在测试前后存在显著差异($p = 0.014, p < 0.05$),且测试后的句法复杂度水平(M = 1.47, SD = 0.316)高于测试前水平(M = 1.31, SD = 0.22);同样,EFL 学习者写作的句法多样性在测试前后也存在显著差异($p = 0.035, p < 0.05$),且测试后的句法多样性水平(M = 9.17, SD = 1.64)高于测试前水平(M = 8.08, SD = 2.43)。

同时,在参加后测的 12 名学生中,有 9 名学生的写作句法复杂度和 7 名学生的句法多样性相较前测有所提高,即分别有 75%的学生在写作句法复杂度和多样性上有所进步,约 58%的学生有所进步(见表 3)。这些结果表明,通过本研究的 3D 教育游戏学习,外语学习者在句法水平上的写作复杂度和多样性得到了提高。

表 3 3D 教育游戏中 EFL 学习者个体写作复杂度指数

参与者	句 法 复 杂 度		句 法 多 样 性	
	分句与 T 单位的比率(前测)	分句与 T 单位的比率(后测)	动词不同语法形式的数量(前测)	动词不同语法形式的数量(后测)
A	1.17	1.40↑	8	7
B	1.11	1.14↑	6	8↑
C	1.22	1.23↑	4	7↑
D	1.71	2.00↑	5	9↑
E	1.27	1.67↑	11	11

参与者	句 法 复 杂 度		句 法 多 样 性	
	分句与 T 单位的 比率(前测)	分句与 T 单位的 比率(后测)	动词不同语法形式 的数量(前测)	动词不同语法形式 的数量(后测)
F	1.45	1.45	8	9↑
G	1.09	1.33↑	9	8
H	1.50	1.83↑	6	8↑
I	1.11	1.00	10	10
J	1.56	1.46	9	11↑
K	1.50	1.89↑	9	10↑
L	1.08	1.22↑	12	12

* 向上的箭头符号"↑"表示后测的数据比前测有所改善。

但 Wilcoxon 符号检验的结果表明词汇多样性的差异不具有统计学意义($Z = -0.949, p = 0.343$, $p > 0.05$),即本研究的 3D 教育游戏并不能帮助 EFL 学习者提高写作成绩中的词汇多样性。

4.2　3D 教育游戏中 EFL 学生的写作准确性

K-S 检验结果显示,无误从句($p = 0.200$)、无误 T 单位($p = 0.200$)和正确的动词形式($p = 0.200$)的差异呈正态分布。因此,研究采用配对样本 t 检验(95% 置信区间)分析以上三个指标。

表 4 总结了 EFL 学习者的写作在准确性上的差异。正确分句在测试前后存在差异($p = 0.001$, $p < 0.05$),且测试后的正确分句($M = 13.83, SD = 4.22$)多于测试前($M = 9.75, SD = 2.22$)。同时,测试前后正确 T 单位数存在显著差异($p = 0.005, p < 0.05$)且测试后正确 T 单位数($M = 8.75, SD = 2.86$)多于测试前($M = 6.75, SD = 2.45$)。此外,学生在写作前后测中正确使用的动词形式没有统计学差异($p = 0.054, p > 0.05$)。

表 4　3D 教育游戏中 EFL 学习者总体写作准确性差异

	M	SD	SE	T	df.	Sig. (two-tailed)
正确分句(前测)	9.750	2.221	0.641	−4.302	11	0.001
正确分句(后测)	13.830	4.218	1.218			
正确 T 单位(前测)	6.750	2.454	0.708	−3.464	11	0.005
正确 T 单位(后测)	8.750	2.864	0.827			
正确动词(前测)	19.920	5.775	1.667	−2.152	11	0.054
正确动词(后测)	23.250	6.757	1.951			

同时,后测有八名学生的正确从句和正确 T 单位有所提高,即约有 67% 的学生在正确从句和 T 单位的写作准确性维度上有进步(见表 5)。

表 5　3D 教育游戏中 EFL 学习者个体写作准确性指数

参与者	无　误　分　句		无　误　T　单　位	
	不包含错误的子句的百分比(前测)	不包含错误的子句的百分比(后测)	符合语法的 T 单位占总 T 单位的百分比(前测)	符合语法的 T 单位占总 T 单位的百分比(后测)
A	0.71	0.71	0.67	0.60
B	1.00	0.75	1.00	0.71
C	0.91	0.88	0.89	0.85
D	0.58	0.77↑	0.29	0.55↑
E	0.58	0.76↑	0.47	0.60↑
F	0.81	0.94↑	0.73	0.91↑
G	0.58	0.75↑	0.55	0.67↑
H	0.58	1.00↑	0.38	1.00↑
I	0.70	0.75↑	0.67	0.75↑
J	0.79	0.89↑	0.67	0.85↑
K	0.80	1.00↑	0.70	1.00↑
L	0.86	0.86	0.85	0.83

* 向上的箭头符号"↑"表示后测的数据比前测有所改善。

以上结果表明,在本研究的 3D 教育游戏中,EFL 学习者在分句和 T 单位水平上的准确性有所提高,但其动词的正确使用并没有提高。

4.3　讨论与分析

对于学习者写作的复杂度,数据分析结果显示 EFL 学习者在句法复杂度和多样性方面有所提高。同时,学习者使用 3D 教育游戏学习后,正确分句和 T 单位的数量有所增加。这些积极的结果与陈(Chen,2020)关于口语复杂性的研究是相似的。

以下原因或许可以解释 EFL 学习者在写作复杂度和准确度维度上的提升:

(1) 本研究中,任务型学习包括文化知识卡片和写作任务,学生不可避免地会阅读或查看与任务相关的词汇。图 3 提供了一个例子,当学习者点击圣诞树时,除了显示"Christmas tree"外,还显示以下内容:"There is no symbol more representative of Christmas than the twinkling lights, green branches and lovingly-decorated Christmas tree. During Christmas season, people hang evergreen and spruce branches over their doors and windows, as they were symbols of good luck. It was believed that these branches would keep away witches, ghosts, evil spirits, and even illness. Why is there a star on the Christmas tree? This star is not a simple one. It is called the Star of Bethlehem and is regarded as the guiding star for people to find the truth."这些文化知识帮助学生学习了不止一个单词。因此,从句和 T 单位的数量增加,这就解释了为什么 EFL 学习者的句法复杂度和多样性增加了。

图 3　"Christmas tree"这个词在 3D 环境中的可视化

（2）3D 游戏使 EFL 学习者的学习过程更轻松有趣，因为 3D 情境的沉浸式游戏环境中英语词汇的可视化展现可以使学生更容易理解和学习（Berns，Gonzalez-Pardo & Camacho，2013）。在本研究设计的 3D 教育游戏中，每个目标学习词汇都是可视化的。例如，"胡桃夹子"一词是一个直立的士兵玩偶，头戴礼帽，手持长矛（见图 4）。

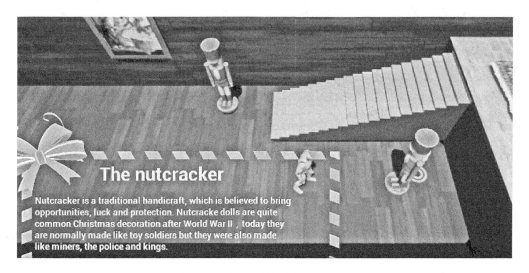

图 4　"胡桃夹子"一词在 3D 情境中的可视化展现

（3）实验要求学生在前测与后测中完成相同的写作任务，即重复性任务，结果也表明了重复性任务可以帮助学生在 3D 语言学习环境下取得更好的成绩，这与金等人（Kim et al.，2020）的研究结果相呼应。他们也指出，重复性任务可以促进外语学习者在写作中的句法复杂性。同样，因为学习者完成同样的两个写作任务意味着他们必须修改自己的写作，从动态系统理论的角度来看，重复性任务对英语写作中的词汇复杂性、句法复杂性和准确性有总体上积极的影响（雷鹏飞、徐锦芬，2018）。在修改频次的影响下，外语学习者对作文的修改涉及内容、结构、语法等方面，这会使作文质量有显著提高（周丹丹，2011）。此外，本研究中的 12 名学习者对这种重复的写作任务持积极态度，认为这有利于提高他们的写作技能。因此，在 3D 教育游戏中以重复任务的形式设置写作任务，可以提高外语学习者写作表现的复杂性和准确性。

（4）场景对象、情节文本、任务列表、目标词、文化知识等 3D 情境中的元素都为学生在写作后测试中提供了情境性的、有意义的参考。例如,实验组的一名学生在写作前测试中写道:"People would put Christmas trees in their houses and decorate these trees with colorful lights or some other things to make their houses look[looks] more comfotable[comfortable]."而在写作后的测试中,这位学生写道:"People would put Christmas trees in their houses and decorate these trees with colorful lights and stars which is regarded as the guiding star for people to find the truth. Besides, they would also hang baubles in the home to create a festival atmosphere."同时,3D 情境创建了一个真实的场景,并通过不同的物体给学生留下深刻印象,从而促进了他们的探索(Li, Cheng & Liu, 2013)。本研究的3D 教育游戏中,有沙发、桌子、钢琴、玩具等,与现实生活中的家居布置相近(见图 5)。在探索 3D 语境中的过程中,这种真实的情景会让学习者产生强烈的代入感,从而使他们对语言学习内容印象深刻。

图 5　3D 场景部分布局展示(琴房和客厅一角)

虽然本研究的 3D 教育游戏对 EFL 学习者的英语写作复杂度和准确性存在积极影响,但不可否认的是,除了积极的影响,本研究还发现了两个不太令人满意的结果,即词汇的多样性和正确的动词形式的数量没有显著差异。这些不理想的结果可能是由于本研究的 3D 教育游戏设计对于语法学习的教育目标考虑欠缺。正如李海峰、王炜(2015)所言,教育游戏离不开学习者、游戏和教育三者之间的辩证统一关系,即学习者是教育的主体,游戏是实现教育目的的途径和方法,是教育内容的载体。

5　结语

本研究使用自制的 3D 教育游戏帮助 EFL 学习者进行写作学习。结果表明,3D 教育游戏对学生的外语写作的复杂度和准确性方面具有积极影响,主要体现在复杂度中的句法复杂度和句法多样性、准确性中的无误分句和无误 T 单位四个维度上,但对于复杂度中的动词多样性和准确性中的正确动词性形态两个维度不构成统计学上的显著影响。

本研究只选取了中国西南地区的 EFL 学习者作为研究对象。未来的研究也可以考虑针对不同国家的外语学习者。除了探索 3D 教育游戏对英语写作的影响,还可以研究 3D 教育游戏对语言技能和语言能力的影响,例如听力、口语、阅读、翻译等。后续研究还可以通过增加实验次数、延长实验时间来检验 3D 教育游戏对外语学习者外语水平的长期影响。

期待研究者们能为外语学习者开发出包含更多不同学习内容和文化主题的 3D 教育游戏，丰富 3D 英语学习语境，深化 3D 研究。

参考文献

[1] Abdinejad, M., Talaie, B., Qorbani, H. S., & Dalili, S. 2021. Student perceptions using augmented reality and 3D visualization technologies in chemistry education[J]. *Journal of Science Education and Technology*, 30(1): 87 – 96.

[2] Adolphs, S., Clark, L., Dornyei, Z., Glover, T., Henry, A., Muir, C., Sánchez-Lozano, E & Valstar, M. 2018. Digital innovations in L2 motivation: Harnessing the power of the Ideal L2 Self[J]. *System*, 78: 173 – 185.

[3] Alfadil, M. 2020. Effectiveness of virtual reality game in foreign language vocabulary acquisition[J]. *Computers & Education*, 153: 1 – 13.

[4] Alhonkoski, M., Salminen, L., Pakarinen, A., & Veermans, M. 2021. 3D technology to support teaching and learning in health care education — A scoping review[J]. *International Journal of Educational Research*, 105: 1 – 16.

[5] Baddeley, A. D. 1992. Working memory[J]. *Science*, 225: 556 – 559.

[6] Berns, A., Gonzalez-Pardo, A., & Camacho, D. 2013. Game-like language learning in 3D virtual environments[J]. *Computers & Education*, 60(1): 210 – 220.

[7] Chandler, P. & Sweller, J. 1991. Cognitive load theory and the format of instruction[J]. *Cognition & Instruction*, 8: 293 – 240.

[8] Chen, J. C. 2016. The crossroads of English language learners, task-based instruction, and 3D multi-user virtual learning in Second Life[J]. *Computers & Education*, 102: 152 – 171.

[9] Chen, J. C. 2020. The effects of pre-task planning on EFL learners' oral performance in a 3D multi-user virtual environment[J]. *ReCALL*, 32(3): 232 – 249.

[10] Chen, J. C. & Kent, S. 2020. Task engagement, learner motivation and avatar identities of struggling English language learners in the 3D virtual world[J]. *System*, 88: 102168.

[11] Chong, S. W. & Reinders, H. 2020. Technology-mediated task-based language teaching: A qualitative research synthesis[J]. *Language Learning & Technology*, 24(3): 70 – 86.

[12] El-Gilany, A.-H. & Abusaad, F. E. S. 2013. Self-directed learning readiness and learning styles among Saudi undergraduate nursing students[J]. *Nurse Education Today*, 33(9): 1040 – 1044.

[13] Gardner, R. C., Lalonde, R. N., & Moorcroft, R. 1985. The role of attitudes and motivation in second language learning: Correlational and experimental considerations[J]. *Language Learning*, 35(2): 207 – 227.

[14] Hansen, A. K., Langdon, T. R., Mendrin, L. W., Peters, K., Ramos, J., & Lent, D. D. 2020. Exploring the potential of 3D-printing in biological education: A review of the literature[J]. *Integrative and Comparative Biology*, 60(4): 896 – 905.

[15] Hong, X. 2010. Review of effects of glosses on incidental vocabulary learning and reading comprehension[J]. *Chinese Journal of Applied Linguists*, 33: 56 – 73.

[16] Huang, Y. C., Backman, S. J., Backman, K. F., McGuire, F. A., & Moore, D. 2019. An

investigation of motivation and experience in virtual learning environments: a self-determination theory[J]. *Education and Information Technologies,* 24(1): 591 – 611.

[17] Hunt, K. 1965. *Grammatical Structures Written at Three Grade Levels.* (Report No. 3, Committee on Research). Champaign, IL: National Council of Teachers of English.

[18] Kim, Y., Kang, S., Yun, H., Kim, B., & Choi, B. 2020. The role of task repetition in a Korean as a foreign language classroom: Writing quality, attention to form, and learning of Korean grammar[J]. *Foreign Language Annals,* 53(4): 827 – 849.

[19] Kiryakova, G., Angelova, N., & Yordanova, L. 2014. Gamification in education. In Proceedings of 9th International Balkan Education and Science Conference [R]. Edirne: Trakya University.

[20] Knowles, M. S. 1975. *Self-Directed Learning: A Guide for Learners and Teachers* [M]. Chicago: Association Press, Follett.

[21] Lan, Y. J. 2015. Contextual EFL learning in a 3D virtual environment [J]. *Language Learning & Technology,* 19(2): 16 – 31.

[22] Lan, Y. J., Fang, W. C., Hsiao, I. Y. T., & Chen, N. S. 2018. Real body versus 3D avatar: the effects of different embodied learning types on EFL listening comprehension[J]. *Etr&D-Educational Technology Research and Development,* 66(3): 709 – 731.

[23] Lan, Y. J., Hsiao, I. Y. T., & Shih, M. F. 2018. Effective learning design of game-based 3D virtual language learning environments for special education students[J]. *Educational Technology & Society,* 21(3): 213 – 227.

[24] Lan, Y. J., Lyu, B.-N., & Chin, C. K. 2019. Does a 3D immersive experience enhance Mandarin writing by CSL students?[J]. *Language Learning & Technology,* 23(2): 125 – 144.

[25] Li, Z. Z., Cheng, Y. B., & Liu, C. C. 2013. A constructionism framework for designing game-like learning systems: Its effect on different learners[J]. *British Journal of Educational Technology,* 44(2): 208 – 224.

[26] Liou, H. C. 2012. The roles of Second Life in a college computer-assisted language learning (CALL) course in Taiwan, ROC [J]. *Computer Assisted Language Learning,* 25 (4): 365 – 382.

[27] Mayer, R. E. 1999. Reality by design: The rhetoric and technology of authenticity in education[J]. *Applied Cognitive Psychology,* 13(3): 290 – 292.

[28] Mayer, R. E. 2001. *Multimedia Learning*[M]. Cambridge: Cambridge University Press.

[29] McDonough, K. & Chaikitmongkol, W. 2007. Teachers' and learners' reactions to a task-based EFL course in Thailand[J]. *Tesol Quarterly,* 41(1): 107 – 132.

[30] Pellas, N. & Boumpa, A. 2016. Open Sim and Sloodle integration for preservice foreign language teachers' continuing professional development: A comparative analysis of learning effectiveness using the community of inquiry model[J]. *Journal of Educational Computing Research,* 54(3): 407 – 440.

[31] Peterson, M. 2016. The use of massively multiplayer online role-playing games in CALL: an analysis of research[J]. *Computer Assisted Language Learning,* 29(7): 1181 – 1194.

[32] Sadler, R. 2012a. Virtual worlds: An overview and pedagogical examination[J]. *Bellaterra Journal of Teaching & Learning Language & Literature,* 5(1): 1 – 22.

[33] Shehadeh, A. 2005. Task-based language learning and teaching: Theories and applications [J]. In *Teachers exploring tasks in English language teaching* (pp. 13 - 30)[M]. Palgrave Macmillan, London.

[34] Shih, Y. C. 2020. Vocabulary acquisition from a virtual street-view context[J]. *International Journal of Computer-Assisted Language Learning and Teaching,* 10(4): 14 - 32.

[35] Skehan, P. & Foster. P. 2007. Complexity, accuracy, fluency and lexis in task-based performance: A meta-analysis of the ealing research[J]. In Van D., P. et al. (eds). *Complexity, Accuracy, and Fluency in Second Language Use, Learning, and Teaching* (pp. 207 - 226) [M]. Brussels: University of Brussels Press.

[36] Teng, C. H., Chen, J. Y., & Chen, Z. H. 2018. Impact of augmented reality on programming language learning: Efficiency and perception[J]. *Journal of Educational Computing Research,* 56(2): 254 - 271.

[37] Toh, W. & Kirschner, D. 2020. Self-directed learning in video games, affordances and pedagogical implications for teaching and learning[J]. *Computers & Education,* 154: 103912.

[38] Tseng, W. T., Liou, H. J., & Chu, H. C. 2020. Vocabulary learning in virtual environments: Learner autonomy and collaboration[J]. *System,* 88: 1 - 17.

[39] Wang, C. C., Hung, J. C., & Chen, H. C. (2021). How prior knowledge affects visual attention of japanese mimicry and onomatopoeia and learning outcomes: Evidence from virtual reality eye tracking[J]. *Sustainability,* 13(19): 1 - 28.

[40] Wang, C., Yap, J. B. H., Li, H., Chua, J., Abdul-Razak, A. S., & Mohd-Rahim, F. A. 2018. Topographical survey engineering education retrofitted by computer-aided 3D-printing [J]. *Computer Applications in Engineering Education,* 26(6): 2116 - 2130.

[41] Wang, Y. F., Petrina, S., & Feng, F. 2017. VILLAGE-Virtual immersive language learning and gaming environment: Immersion and presence[J]. *British Journal of Educational Technology,* 48(2): 431 - 450.

[42] Wang, Y. J., Grant, S., & Grist, M. 2021. Enhancing the learning of multi-level undergraduate Chinese language with a 3D immersive experience-An exploratory study[J]. *Computer Assisted Language Learning,* 34(1): 114 - 132.

[43] Wiesing, M., Fink, G. R., & Weidner, R. 2020. Accuracy and precision of stimulus timing and reaction times with Unreal Engine and SteamVR[J]. *Plos One,* 15(4): 1 - 24.

[44] Wittrock, M. C. 1989. Generative Processes of Comprehension[J]. *Educational Psychologist,* 24(4): 345 - 376.

[45] Yamazaki, K. 2018. Computer-assisted learning of communication (CALC): A case study of Japanese learning in a 3D virtual world[J]. *ReCALL,* 30(2): 214 - 231.

[46] Yule, G., Powers, M., & Macdonald, D. 1992. The variable effects of some task-based learning procedures on L2 communicative effectiveness[J]. *Language Learning,* 42(2): 249 - 277.

[47] Zhang, X. T., Liu, J. H., Chen, Q., Song, H., Zhan, Q. Y., & Lu, J. 2018. A 3D virtual Weft-knitting Engineering learning system based on Unreal Engine 4[J]. *Computer Applications in Engineering Education,* 26(6): 2223 - 2236.

[48] Zheng, D. P., Newgarden, K., & Young, M. F. 2012. Multimodal analysis of language

learning in World of Warcraft play: Languaging as values-realizing[J]. *ReCall*, 24(3): 339 - 360.

[49] 雷鹏飞,徐锦芬.2018.任务重复对学术英语写作的影响:以动态系统理论为视角[J].外语界(5): 46 - 54.

[50] 刘兵,尉潇.2019.任务组织方式对在线英语写作任务准备和产出的影响[J].中国外语,16(6): 67 - 74.

[51] 李海峰,王炜.2015.基于人本主义理论的教育游戏设计研究——从 EGL 框架构建到"护林小熊" 3D 游戏开发概览[J].电化教育研究(2):58 - 64 + 70.

[52] 周丹丹.2011.频次作用对二语写作的影响[J].外语与外语教学(1):36 - 39 + 44.

[53] 周孝吉,郑玲.2018.虚幻 4 驾驶模拟器设计和驾驶员特性分析[J].重庆大学学报(9):30 - 38.

[54] 张震宇,陈毅萍.2021.3D 虚拟环境下 EFL 学习者词汇习得有效性的实证研究[J].教育语言学研究(2021 年):183 - 195.

The Influence of 3D Educational Games on the Complexity and Accuracy of College Students' English Writing: Based on Task-Based Learning

Yiping Chen, Zhenyu Zhang, Lu Ji

Chongqing University; Shanghai International Studies University

Abstract: This paper aims to explore the effectiveness of 3D education game on English writing learning for Chinese EFL students. A total of 12 non-English major undergraduates participated in this experiment. They were required to learn English with finishing the learning tasks in the 3D educational game, and then their English writings in the pre- and post-test were analyzed. In this study, the two dimensions of complexity and accuracy in the T-unit framework of Chen (2020) were adopted for statistics and paired sample T-test and symbol test will be used for data analysis. The results show that: ① 3D educational games of this study have improved the writing complexity of EFL learners, which is mainly reflected in the two dimensions of syntactic complexity and syntactic variety; ② 3D educational games could improve the accuracy of EFL learners' writing, which is mainly reflected in the two dimensions of error-free clause and error-free T-unit; ③ 3D educational games have no significant effect on EFL learners' lexical variety and correct verb form in their writings.

Key words: 3D educational games; English teaching; T-unit; computer-assisted language learning

语言复杂度对自动写作评阅分数的影响

——基于语料库的学术英语写作研究[①]

陈　静[②]　黄恺瑜[③]

中山大学

摘　要：近年来，自动写作评阅（Automated Writing Evaluation，AWE）因能提高写作教学和评阅效率、帮助学生解决写作过程中出现的语言问题而被广泛应用于写作教学。然而，现有自动写作评阅工具的评分机制如何受到写作文本语言复杂度的影响还尚未明晰。为探究自动写作评阅分数与语言复杂度之间的关系，本研究以批改网为例，运用三种语言复杂度自动分析器（TAALES、TAALED 和 TAASSC），提取了 341 篇中国大学生学术英语写作文本的语言复杂度数据（包括实词词频、实词范围、学术词汇、实词多义度、丰富度等 12 个词汇复杂度指标以及单位长度、句子复杂度、从属小句、并列结构、特定短语结构等 11 个句法复杂度指标），将其与批改网分数进行相关性统计分析，并探讨二者关系在不同学术写作体裁（探索性、说明性、分析性和议论性）文本间的差异。研究结果发现，批改网自动评阅分数受到部分语言复杂度指标的显著性影响，二者之间存在关联性，且在不同学术写作体裁文本中呈现出差异性。基于此，本研究为自动写作评阅反馈系统的进一步优化提供了实证参考，对学术英语写作教学和测试中有效使用自动写作评阅技术具有启示意义。

关键词：词汇复杂度；句法复杂度；自动写作评阅分数；学术英语写作；体裁

1　前言

随着我国大学英语教学新纲领《大学英语教学指南（2020 版）》的颁布和实施，对非英语专业大学生的英语写作能力要求提升到了一个新高度，其中包括对学术英语写作的技能要求。在实际大学英语写作教学实践中，大学英语教师因课堂教学课时少、任务繁重且评阅写作质量需投入较多时间和精力，难以及时给予学生反馈（何旭良，2013）。因此，自动写作评阅工具，如批改网、iWrite、Intellimetric 等作为有效的计算机辅助写作教学手段，因能显著提高写作评阅效率而被广泛引入大学英语课堂（唐锦兰、吴一安，2012）。自动写作评阅工具利用自然语言处理等技术，基于文章长度、词汇、句法、篇章等维度计算量化特征值并形成分数和反馈，能够帮助学生解决语言相关问题（白丽芳、王建，2018；Zhang，2020），为提高学生写作提供辅助参考，从而提高写作质量。

语言复杂度（linguistic complexity）即文本语言特征的复杂程度，是衡量二语写作质量的重要标准之一（Bulté & Housen，2014；王丽萍等，2020）。过往研究发现，高分二语写作往往包含更复杂的词汇

---

① 本文获外教社全国高校外语教学科研项目和中山大学本科教学质量工程项目资助。感谢《教育语言学研究》编辑部与匿名审稿专家的反馈意见。

② 陈静（1976—　），女，博士，中山大学外国语学院副教授；研究方向：系统功能语言学、外语教学与语言评估；通信地址：广东省广州市海珠区新港西路 135 号中山大学外国语学院；邮编：510275；电子邮箱：chenjing@mail.sysu.edu.cn。

③ 黄恺瑜（1999—　），女，中山大学外国语学院研究生；研究方向：应用语言学、计算机辅助语言学习；通信地址：广东省广州市海珠区新港西路 135 号中山大学外国语学院；邮编：510275；电子邮箱：huangky28@mail2.sysu.edu.cn。

(Kyle & Crossley，2016)、短语(Taguchi et al.，2013)和从句结构(Kyle & Crossley，2018)。因此,语言复杂度特征能在一定程度上预测不同体裁的二语写作质量(Zhang et al.，2022),也成为构建自动写作评阅工具的重要参数指标(王建、张藤耀,2020)。

自动写作评阅分数作为对学生写作文本最直接的评价,对学生使用和看待自动写作评阅工具造成影响(陈静等,2022),还未被充分研究。现有围绕语言特征和写作质量的自动写作评阅相关研究,不仅较少涉及学术写作,且大多围绕单一体裁进行(张国强、何芳,2022),尚未有研究探讨自动写作评阅分数与不同体裁写作语言复杂度之间的关系。由于自动写作评阅评分机制尚不明晰(Qian et al.，2021),自动写作评阅分数与学术英语写作的何种复杂度特征相关、其评分机制是否受体裁影响仍有待进一步探究。基于此,本研究将自建小型多类体裁学术英语写作文本语料库,聚焦其语言复杂度特征指标,将其与这些学术英语写作文本在自动写作评阅平台所获得的分数进行量化研究,来探究自动写作评阅分数与语言复杂度之间的关系,以期为优化自动写作评阅系统以及增强学术英语写作计算机辅助教学效果提供借鉴。

2　文献综述

本节将首先聚焦于语言复杂度与写作质量相互关系的现有研究,随后对国内外自动写作评阅研究现状进行简述,在此基础上提出本研究的目标和具体研究问题。

2.1　语言复杂度与二语写作质量

文本语言复杂度是指由"可以分析、研究或操纵的语言元素或因素"所展示出的文本语篇的语言复杂性水平(Mesmer et al.，2012：236)。在二语写作研究中,复杂度主要用于判断二语写作的熟练程度、发展和质量(Ortega，2003),主要包括观点复杂度(propositional complexity)、话语互动复杂度(discourse-interactional complexity)和语言复杂度(Bulté & Housen，2014)。其中,对语言复杂度的研究多集中在词汇复杂度(lexical complexity)和句法复杂度(syntactic complexity)两个维度,研究者主要利用自然语言处理工具(如 Coh-Metrix、LCA、TAALES、L2SCA、TAASSC 等)对文本进行语言量化特征提取,并计算复杂度指标对应数值,以探讨语言复杂度与写作水平间的关系(如 Guo et al.，2013；Kim & Crossley，2018)。

在词汇复杂度与英语作为二语写作质量的过往研究中,研究者发现写作者使用的词汇和多词短语搭配越复杂,写作质量越佳(Crossley，2020)。具体而言,高分英语写作倾向于使用频率更低、更熟悉及更有意义的词汇(Crossley & McNamara，2012),多义值更小的词汇(words with less polysemy values)(Guo et al.，2013),对比语料库文本中出现范围更小的词汇(Kyle & Crossley，2016)以及决策任务中需要反应时间更长的复杂词汇(Kim & Crossley，2018；Zhang et al.，2022)。反之,就词汇复杂度指标对二语写作质量的预测能力而言,金等(Kim et al.，2018)研究发现双词和三词搭配强度、实词特征、双词互信息值、双词和三词短语比例、词汇具体程度、词汇习得特征和实词词频七个因子可解释二语写作水平 24.6% 的差异,也即这些因子可显著预测英语二语学习者的写作水平。

现有对句法复杂度与英语作为二语写作质量相关性的研究主要围绕句子、从句及短语三个层面展开。随着二语写作水平的提高,写作者产出句子的长度变长,复杂名词短语和并列短语呈线性增长(Lu，2011)。逐层来看,在句子层面,整体句子和 T 单位复杂度指标对写作得分具有预测能力(Yang et al.，2015；徐晓燕等,2013；高霞,2021);在从句层面,写作质量与部分从属分句结构(如不定式和 that 动词补语)呈正相关(Crossley & McNamara，2014；Taguchi et al.，2013);在更微观的短语层面,高水平写作则包含更多复杂名词短语(Zhang et al.，2022；Casal & Lee，2019)、介词短语(Kyle，2016)以及其他从属短语结构(如定语形容词、介词宾语、直接宾语和名词性主语修饰语)(Taguchi et al.，2013；Kyle & Crossley，2018）。就以上这三类句法复杂度参数而言，研究发现微观短语复杂度指标相较于宏观句子复杂度更能预测写作质量的人工评阅分数，由此可推断写作质量的人工评阅分数更注重复杂短语结构的使用（Kyle & Crossley，2018；张晓鹏、李雯雯，2022）。

　　国内学者关于语言复杂度与写作质量的研究多集中在句法复杂度维度，聚焦不同水平学习者（高霞，2021）或关注单一写作体裁，如大学生议论文（徐晓燕等，2013）和说明文（张晓鹏、李雯雯，2022）。国内外围绕不同写作体裁进行语言复杂度与写作质量的关联研究也为数不多，仅金、克罗斯利（Kim & Crossley，2018）和张晓鹏等（Zhang et al.，2022）分别对比探讨了托福写作考试中的两类任务，以及写作比赛中的议论文和申请信两类体裁，考察其中的语言复杂度和衔接对自动写作评阅系统和人工评阅的写作质量评分有何预测效果。

　　此外，虽然学术英语写作在我国大学英语教育中的重要性逐渐提升，同时作为有效提高写作反馈效率的自动写作评阅技术也已在大学英语教学中较为广泛地使用，然而，现有研究较少关注学术写作测评中自动写作评阅工具的评分机制是否与学术写作语言特征有关、在不同体裁下是否有区别。学术语言特征体现为复杂的词句使用（Snow & Uccelli，2009），但自动写作评阅工具的评分机制在何种程度上反映了学术写作的语言结构特征尚存疑问，因而有必要对学术英语写作的语言复杂度特征与写作质量的自动写作评阅分数的关系进行深入探究，这将有利于我们进一步明确学术英语写作教学和评估的重点，并有效促进自动写作评阅系统在学术英语写作反馈方面的优化和完善。

2.2　自动写作评阅

　　自动写作评阅是指通过计算机技术对写作文本进行智能评价反馈和评分（Shermis & Burstein，2003），可为写作教学提供及时的反馈，并减轻教师作文评阅的负担（Weigle，2013；张荔等，2016）。国内外语言教师和研究者较多使用的自动写作评阅系统有 PEG（Project essay grader）、Intellimetric、E-rater、批改网、iWrite、WeWrite 等。这些自动写作评阅系统从语言、篇章、内容等维度对写作文本进行综合评分，并据此给出多维度的形成性或终结性反馈信息（Zhang，2021）。自动写作评阅系统的研究与应用总体上呈现出从单一和多元分数评定向人机交互评改的转变（王勃然等，2015）。

　　自动写作评阅研究主要围绕使用者和评阅系统两个角度进行探究。与使用者相关的多为质化研究，关注语言学习者的使用情况与投入，探究自动写作评阅系统对学生的不同影响。张喆（Zhang，2020）发现学生对自动反馈的投入能够促进使用不同的修改策略完善语言；陈静等（2022）对四名大学生进行个案研究，调查学习者的批改网使用情况及看法，指出自动写作评阅系统能够辅助学术写作教学，促进学生的反思和修改；张亚和赵永刚（2020）通过对比自动写作评阅系统反馈和教师人工反馈对学生议论文写作的影响，发现前者在词汇和句法维度的反馈有效性最高。已有研究综合表明，自动写作评阅系统能够就词汇、句法等语言表层特征进行反馈，推动学生自行修改完善写作中的语言问题，但针对体裁、篇章结构等深层的语言特征指标以及不同写作体裁与自动评阅分数间的具体关系尚未明晰，需要对评阅系统进行相关量化研究来提供实证性佐证。

　　针对评阅系统的自动写作评阅研究主要从量化特征判断其信度及效度，探究自动写作评阅分数与量化语言特征间的关联。王建和张藤耀（2020）基于 386 篇中国英语学习者的非限时议论文写作文本，探究了语言量化指标与自动写作评阅系统生成的机评分数之间的关系，发现词汇及句法复杂度维度的共 23 项指标与分数显著相关；张国强和何芳（2022）以中国学习者语料库（CLEC）的 864 篇大学英语六级考试中的三种任务写作文本为研究语料，从词汇、句法、连贯及失误四个维度构建不同任务写作类型的自动写作评分模型，并分析分数与量化语言指标之间的关系，结果显示与句法错误、语篇意义连贯性等文本特征相比，自动评分系统较人工评分更注重高级词汇、长度、复杂句及句式变化。上述研究表明自动写作评阅分数与词汇复杂度和句法复杂度指标确实具有显著的相关性，但前期研究较多涉及单一或对比多种写作体裁或任务类型,并未考察自动写作评分系统在不同体裁写作间的差异。为此,本研究利用词汇复杂度分析器、词汇多样性分析器和句法复杂度分析器,对中国大学生产出的不同类别体裁的学术英语写作文本进行词汇及句法复杂度量化特征提取,与自动写作评阅系统产生的自动评分关联进行统计量化研究,以发现自动写作评阅分数与学术写作语言复杂度之间的关系,主要回答以下两个问题:

(1) 学术英语写作文本的语言复杂度与自动写作评阅分数是否显著相关?

(2) 不同体裁学术英语写作文本语言复杂度与自动写作评阅分数的相关性是否有差异?

3　研究方法

基于一个自建的小型多体裁学术英语写作文本语料库,本研究使用词汇和句法复杂度分析器对其进行特征指标数值提取,采用统计学的量化研究方法,探讨不同体裁的学术英语写作文本的语言复杂度与自动写作评阅分数之间的交互关系。

3.1　学术英语写作语料库

本研究的语料为341篇来自国内某综合型大学英语辅修专业学生的学术英语写作习作,涵盖探索性文章、说明性文章、分析性文章和议论性文章四种常见的学术写作体裁。写作任务由学生自定题目,对四种体裁进行学术英语写作练习,字数不限,作文内容涉及文、理、工、医、农不同学科领域。为排除文本中学生个人信息及引注信息对语言复杂度以及自动写作评分的影响,所有文本均通过人工清洗,去除写作文本中的个人信息(如学生学号、姓名等)以及引用信息(含括号的文内引文标注及习作末处出现的文献列表),最终建立总字数为262 863单词的小型语料库,写作文本的平均长度约为770.86单词,标准差为292.42(详见表1)。

表 1　学术英语写作语料库基本情况

体　裁	篇　数	最长词数	最短词数	平均词数	标准差
探索性文章	85	1 720	254	775.72	283.32
说明性文章	87	1 887	255	737.92	273.49
分析性文章	84	1 618	377	735.48	230.71
议论性文章	85	2 209	230	834.68	360.77
汇　　总	341	2 209	230	770.86	292.42

3.2　自动写作评阅工具与分数

本研究使用批改网(http://www.pigai.org/)为学术英语写作语料生成自动写作评阅分数。批改网为国内较为常用的自动写作评阅工具,能够从词汇、句子、篇章结构及内容相关方面进行评分,具有较高的信度(何旭良,2013)。学术英语写作语料按照四种不同的体裁分别编号后,一一导入批改网进行在线评阅获得自动评分。由于部分学术英语习作的文本长度超过1 200单词,因此选择批改网的评分设置为"论文"模式,默认平台自带选项不作任何改动,满分为100分。表2为学术英语写作文本批改网得分的描述性统计。

表 2　学术英语写作文本批改网得分统计

体　裁	最 高 分	最 低 分	平 均 分	标 准 差
探索性文章	93.50	83.00	88.85	2.39
说明性文章	94.00	81.00	88.47	2.65
分析性文章	94.00	71.50	88.26	3.13
议论性文章	94.00	82.00	89.20	2.45
汇　总	94.00	71.50	88.69	2.69

3.3　语言复杂度分析工具与指标

　　本研究考察的学术英语写作文本语言复杂度指标包括词汇复杂度和句法复杂度两个方面（详见表 3），表 4 为四种不同体裁学术英语写作文本的语言复杂度描述性统计。

表 3　语言复杂度量化特征

语言复杂度	特 征 维 度	具体指标及其说明
词汇复杂度 (Lexical Complexity)	实词词频 (Content Word Frequency)	文中含有 BNC 书面语分库的实词平均频率（Mean frequency score of content words in the BNC written corpus）（BNC_Written_Freq_CW） 文中含有 BNC 口语分库的实词平均频率（Mean frequency score of content words in the BNC spoken corpus）（BNC_Spoken_Freq_CW）
	实词范围 (Content Word Range)	文中含有 BNC 书面语分库的实词平均范围（Mean range of content words in the BNC written corpus）（BNC_Written_Range_CW） 文中含有 BNC 口语分库的实词平均范围（Mean range of content words in the BNC spoken corpus）（BNC_Spoken_Range_CW）
	词汇心理属性 (Psycholinguistic Word Information)	基于 MRC 心理语言学语料库的实词具体性均数（Mean unigram concreteness score of content words from the MRC psycholinguistics database）（MRC_Concreteness_CW） 基于 MRC 心理语言学语料库的实词熟悉度均数（Mean unigram familiarity score of content words from the MRC psycholinguistics database）（MRC_Familiarity_CW） 基于 MRC 心理语言学语料库的实词意象性均数（Mean unigram imageability score of content words from the MRC psycholinguistics database）（MRC_Imageability_CW） 基于 MRC 心理语言学语料库的实词意义性均数（Mean unigram meaningfulness score of content words from the MRC psycholinguistics database）（MRC_Meaningfulness_CW）
	学术词汇 (Academic Language)	标准化后的学术词汇比率（Normed count of proportion of AWL words in text）（All_AWL_Normed）
	实词多义度 (Content Word Polysemy)	实词意义均数（Average number of senses for content words）（content_poly）

语言复杂度	特 征 维 度	具体指标及其说明
词汇复杂度 (Lexical Complexity)	词汇密度 (Lexical Density)	实词比率(Number of content words tokens divided by number of total number of tokens)(lexical_density_tokens)
	词汇丰富度 (Lexical Richness)	平均 50 词窗口的移动类符/形符比[Moving average type token ratio(50-word window)](mattr50_aw)
句法复杂度 (Syntactic Complexity)	单位长度 (Length of Production Unit)	句子平均长度(Mean length of sentence)(MLS) T 单位平均长度(Mean length of T-unit)(MLT) 小句平均长度(Mean length of clause)(MLC)
	句子复杂度 (Sentence Complexity)	每个句子中的小句数量(Clauses per sentence)(C/S)
	从属小句 (Subordination)	每个 T 单位中的小句数量(Clauses per T-unit)(C/T) 每个 T 单位中的从属小句数量(Dependent clauses per T-unit)(DC/T) 每个 T 单位中的复杂 T 单位数量(Complex T-unit ratio)(CT/T)
	并列结构使用 (Coordination)	每个 T 单位中的并列短语数量(Coordinate phrases per T-unit)(CP/T) 每个句子中的 T 单位数量(T-units per sentence)(T/S)
	特定短语结构 (Particular Structures)	每个 T 单位中的复杂性名词短语数量(Complex nominals per T-unit)(CN/T) 每个 T 单位中的动词短语数量(Verb phrases per T-unit)(VP/T)

　　词汇复杂度包括由词汇复杂度分析器 TAALES 和 TAALED 分别提取学术英语写作文本的词汇复杂性和词汇多样性指标(Kyle et al.,2018；Kyle et al.,2021)。本研究以英国国家语料库(BNC)书面语和口语分库、英国医学研究理事会(MRC)心理语言学语料库以及学术词表作为基准,共选取实词词频、实词范围、实词多义度、学术词汇、词汇心理属性、词汇密度和词汇丰富度七个维度共 12 个指标(详见表 3)。过往研究表明,当词汇出现的频率越低、词汇范围越小,词汇越复杂(Kyle & Crossley,2015)。而词汇心理属性,如具体性、熟悉度、意象性和意义性,与词汇水平和写作分数呈负相关,即词汇的具体性、熟悉度、意象性和意义性数值越小,词汇越复杂(Kyle & Crossley,2015；Guo et al.,2013)。学术词汇亦是词汇复杂度的重要衡量指标之一,语言能力越强的写作者会在文本中使用越多的学术词汇(Morris & Cobb,2004)。词汇多义度通过计算单个词汇所含意义的数量得出,与文本的词汇歧义程度有关,词汇平均意义越少,用词歧义越少,意义越准确(Guo et al.,2013)。词汇密度和词汇丰富度是词汇多样性的重要指标,能够反映二语学习者的词汇掌握情况,本研究选择 MATTR - 50 作为词汇丰富度的衡量指标,因其不受文本长度影响,测量效果稳定(Zenker & Kyle,2021)。

　　句法复杂度则使用 TAASSC 软件(Kyle,2016)内的二语句法复杂度 L2SCA 工具(Lu,2011)进行特征指标提取。本研究主要用其测量句法复杂度的单位长度、句子复杂性、从属小句、并列结构及特定短语结构五个维度共 11 项指标[①](详见表 3)。句法复杂度是一个多维概念,过往研究发现这五个维度的句法复杂度指标与二语写作者的写作能力发展及写作质量有着不同程度的相关关系(Ortega,2003；Lu,2011；Yang et al.,2015),我们以其表征学术英语写作语料的句法复杂度,据此探究中国大学生产出的学术英语写作文本的语言复杂度与自动写作评分之间的关系。

---

① Lu(2011)选用 14 个句法复杂度指标,本文参考 Qian et al.(2021),为避免对以 T 单位和小句为单位相关指标的重复测量,未包含三个以小句为单位的指标(即每个小句中的并列短语数量 CP/C、每个小句中的复杂名词性短语数量 CN/C、每个小句中的从属小句数量 DC/C)。

表 4　学术英语写作文本语言复杂度描述性统计

语言复杂度	探索性文章 (N = 85)				说明性文章 (N = 87)				分析性文章 (N = 84)				议论性文章 (N = 85)			
	平均值	标准差	最小值	最大值	平均值	标准差	最小值	最大值	平均值	标准差	最小值	最大值	平均值	标准差	最小值	最大值
BNC_Written_Freq_CW	0.38	0.09	0.20	0.74	0.38	0.08	0.21	0.63	0.38	0.07	0.19	0.54	0.42	0.07	0.29	0.67
BNC_Spoken_Freq_CW	0.46	0.14	0.17	0.97	0.48	0.15	0.23	0.87	0.47	0.12	0.19	0.73	0.53	0.12	0.28	0.94
BNC_Written_Range_CW	49.60	4.28	39.86	59.91	50.23	4.32	37.37	60.55	50.73	4.53	40.11	60.48	51.76	4.01	40.81	61.27
BNC_Spoken_Range_CW	35.24	5.16	23.33	50.75	36.30	5.15	25.80	47.50	36.25	5.04	24.33	49.45	38.03	4.33	27.21	50.15
MRC_Concreteness_CW	374.32	19.61	333.05	442.14	373.15	21.85	331.70	456.01	375.57	22.76	327.00	444.91	373.14	19.38	336.36	432.89
MRC_Familiarity_CW	563.77	8.47	536.80	587.97	565.38	7.45	542.03	579.04	565.11	7.69	544.45	584.36	565.88	7.36	540.73	579.45
MRC_Imageability_CW	401.03	16.24	364.55	457.75	400.17	18.07	367.07	461.42	403.41	18.03	366.59	452.64	400.12	16.89	370.18	445.76
MRC_Meaningfulness_CW	430.47	13.19	398.31	459.07	428.77	15.57	389.63	461.33	430.60	13.29	395.40	475.20	426.05	14.23	397.50	466.62
All_AWL_Normed	0.10	0.03	0.03	0.18	0.09	0.03	0.04	0.20	0.09	0.03	0.02	0.20	0.08	0.03	0.03	0.21
content_poly	7.43	0.57	6.18	9.36	7.58	0.65	6.18	9.87	7.70	0.64	6.38	9.54	7.75	0.62	6.36	9.85
lexical_density_tokens	0.53	0.04	0.42	0.63	0.53	0.04	0.46	0.64	0.53	0.03	0.46	0.65	0.52	0.04	0.43	0.63

语言复杂度	探索性文章 (N = 85)				说明性文章 (N = 87)				分析性文章 (N = 84)				议论性文章 (N = 85)			
	平均值	标准差	最小值	最大值	平均值	标准差	最小值	最大值	平均值	标准差	最小值	最大值	平均值	标准差	最小值	最大值
mattr50_aw	0.76	0.03	0.68	0.83	0.77	0.03	0.68	0.85	0.76	0.03	0.64	0.84	0.76	0.03	0.67	0.83
MLS	23.91	4.13	16.03	39.78	23.59	4.19	15.22	33.80	23.76	5.76	13.17	56.25	23.84	6.12	15.61	68.69
MLT	21.33	3.33	14.68	34.36	21.21	3.45	14.48	29.46	20.93	3.54	12.29	29.90	20.67	4.11	14.22	49.95
MLC	12.87	2.24	8.05	18.85	13.06	2.42	8.68	21.11	12.98	2.17	8.69	18.15	12.19	1.47	9.01	15.20
C/S	1.89	0.34	1.28	2.67	1.84	0.35	1.16	3.00	1.85	0.42	1.25	4.50	1.96	0.43	1.34	4.75
VP/T	2.30	0.38	1.44	3.24	2.33	0.40	1.56	3.38	2.27	0.34	1.54	3.17	2.38	0.42	1.71	4.73
C/T	1.68	0.28	1.14	2.52	1.65	0.29	1.13	2.56	1.63	0.25	1.15	2.38	1.70	0.28	1.31	3.45
DC/T	0.65	0.24	0.14	1.30	0.63	0.26	0.19	1.44	0.61	0.23	0.15	1.24	0.67	0.21	0.31	1.73
T/S	1.12	0.09	0.96	1.36	1.11	0.11	0.91	1.53	1.13	0.17	1.00	2.33	1.15	0.11	1.00	1.50
CT/T	0.46	0.13	0.14	0.75	0.45	0.14	0.15	0.89	0.44	0.13	0.15	0.76	0.47	0.10	0.22	0.70
CP/T	0.65	0.26	0.18	1.41	0.68	0.24	0.29	1.37	0.65	0.26	0.28	1.66	0.58	0.21	0.17	1.41
CN/T	3.16	0.69	1.95	5.33	3.01	0.69	1.46	5.00	3.02	0.75	1.51	4.76	2.91	0.85	1.61	8.00

3.4　数据分析

本研究聚焦于探究不同体裁学术英语写作文本的语言复杂度与自动写作评阅分数之间的统计学关系。

为回答第一个研究问题"学术英语写作文本的语言复杂度指标与自动写作评阅分数是否显著相关",我们将批改网分数导出到 Excel 文档中,对应编号文本分别匹配词汇复杂度和句法复杂度指标数值。在获得全部量化指标后,使用 SPSS26 进行相关性统计,以批改网分数作为因变量,语言复杂度量化特征作为预测变量,考查语言复杂度量化特征与批改网分数的相关性。随后我们剔除与批改网自动评阅分数未达到统计学上显著相关的语言复杂度指标,保留满足 p 值小于 0.05、与批改网自动评分呈统计学上显著相关的语言复杂度指标,再进行逐步多元线性回归分析,以建立基于语言复杂度指标的批改网自动评分的多元线性回归方程,探讨各项显著相关的语言复杂度指标在何种程度上影响批改网评分机制。

为回答第二个研究问题"不同体裁学术英语写作文本语言复杂度指标与自动写作评阅分数的相关性是否有差异",我们将批改网自动评阅分数和写作文本的语言复杂度量化指标按照不同体裁分别导出到 Excel 文档中,再使用 SPSS26 进行相关性统计分析,选择不同体裁的相关分析结果中 p 值小于 0.05 的语言复杂度指标进行比较讨论。

4　结果与讨论

本节将根据两个研究问题,分别呈现学术英语写作文本的语言复杂度与自动写作评阅分数之间的统计学关系,以及不同体裁学术英语写作文本中二者的相关性情况。

4.1　语言复杂度与自动写作评阅分数的相关性

341 篇学术英语写作文本的语言(词汇、句法)复杂度与其在批改网获得的自动评阅分数间的相关性如表 5 所示。皮尔逊相关性分析显示,23 项语言复杂度特征指标中有 11 项与批改网自动评阅分数显著相关($p<0.05$),然而这 11 项语言复杂度指标与自动写作评阅分数的相关性较弱,绝对值范围从 0.118 到 0.285 不等。

表 5　语言复杂度与自动写作评阅分数的相关性

词汇复杂度量化指标	相关系数	Sig.（双侧）	句法复杂度量化指标	相关系数	Sig.（双侧）
BNC_Written_Freq_CW	−0.107	0.049	MLS	0.240**	0.000
BNC_Spoken_Freq_CW	−0.109	0.044	MLT	0.220**	0.000
BNC_Written_Range_CW	−0.190**	0.000	MLC	0.179**	0.001
BNC_Spoken_Range_CW	−0.211**	0.000	C/S	0.118*	0.030
MRC_Concreteness_CW	0.038	0.486	VP/T	0.091	0.094
MRC_Familiarity_CW	−0.102	0.059	C/T	0.059	0.273
MRC_Imageability_CW	0.070	0.198	DC/T	0.092	0.091

词汇复杂度 量化指标	相关系数	Sig. (双侧)	句法复杂度 量化指标	相关系数	Sig. (双侧)
MRC_Meaningfulness_CW	0.002	0.975	T/S	0.148**	0.006
All_AWL_Normed	0.085	0.116	CT/T	0.146**	0.007
content_poly	−0.285**	0.000	CP/T	0.263**	0.000
lexical_density_tokens	−0.008	0.885	CN/T	0.191**	0.000
mattr50_aw	−0.056	0.299			

* 表示在 0.05 水平(双侧)上显著相关；** 表示在 0.01 水平(双侧)上显著相关。

与批改网自动写作评阅分数显著相关的 11 项语言复杂度指标中仅有三项属于词汇复杂度指标，分别为文中含有 BNC 书面语子库的实词平均范围(BNC_Written_Range_CW)、文中含有 BNC 口语子库的实词平均范围(BNC_Spoken_Range_CW)和实词多义度(content_poly)，且均呈负相关关系，其中负相关程度最显著的是实词多义度。该结果表明实词的意义越有限(即词汇越复杂)、用词越严谨且出现歧义的情况越少，写作质量的评分越高(Guo et al., 2013)。另外两项呈负相关关系的指标为词汇范围，这说明词汇在对比语料库中出现的范围越小，越可能为抽象概念或专业术语等非常用词，词汇越复杂，写作评分越高(Kyle & Crossley, 2016)。

其余八项显著相关的为句法复杂度指标，分别为句子平均长度(MLS)、T 单位平均长度(MLT)、小句平均长度(MLC)、单句中小句数量(C/S)、单句中 T 单位数量(T/S)、单个 T 单位中复杂 T 单位数量(CT/T)、单个 T 单位中并列短语数量(CP/T)和单个 T 单位中复杂性名词短语数量(CN/T)，均与自动写作评阅分数呈正相关，其中相关性最高的为单个 T 单位中并列短语数量，表明并列结构使用越多，自动评阅分数越高。此外，句子单位长度越长、句子中的小句数量越多、T 单位中的复杂 T 单位数量越多，也即写作文本中的句子更复杂，自动评阅系统相应会生成更高的分数(Casal & Lee, 2019)。单句中 T 单位数量、单个 T 单位中并列短语和单个 T 单位中复杂性名词短语数量与自动评阅分数显著正相关。该结果说明自动评阅分数较高的学生在进行学术写作时会使用较多的并列结构和复杂短语，可作为写作质量评估的重要参照(Qian et al., 2021；高霞，2021；张国强、何芳，2022)。综合来看，与自动写作评阅分数存在显著相关关系的 11 项语言复杂度项指标中，72.7% 为句法复杂度指标。这一结果可能是由于学术英语写作在一定程度上需要使用更为复杂的句法结构来准确地阐述学术概念和学术观点(Snow & Uccelli, 2009)，因而该写作要求也体现在自动写作评阅评分机制中。

为进一步探究语言复杂度对自动写作评阅分数的预测能力，我们根据相关性分析结果剔除与自动写作评阅分数不显著相关的 12 项指标，并将上述 11 项显著相关的语言复杂度指标作为预测变量，自动写作评阅分数作为因变量，进行逐步多元线性回归分析。回归分析共得到六个自动评阅分数模型(见表 6)，由各模型的递增变量及对应的决定系数 R^2 变化量可见，对分数贡献最大的预测变量依次为实词多义度、句子平均长度和单句中的 T 单位数量，分别能解释 8.1%、3.5%、2.2% 的差异，表明这三个语言复杂度指标是重要的自动评阅系统评分依据；单个 T 单位中复杂 T 单位数量和小句平均长度对自动写作评阅分数的解释能力较小，分别仅为 1.1% 和 1.6%。其中模型 6 的决定系数最大，为批改网自动写作评阅分数预测的最佳模型，能解释 16.3% 的差异($R^2 = 0.163$，$F = 16.383$，$p < 0.05$)。

表 6　自动写作评阅分数多元线性回归模型汇总表

模型	R	R^2	调整 R^2	R^2 变化量	标准估算的误差	F	Sig.
1	0.285^a	0.081	0.079	0.081	2.577 6	30.011	0.000^a
2	0.341^b	0.116	0.111	0.035	2.531 7	22.258	0.000^b
3	0.357^c	0.127	0.120	0.011	2.519 6	16.396	0.000^c
4	0.379^d	0.143	0.133	0.016	2.500 1	14.063	0.000^d
5	0.375^e	0.141	0.133	-0.002	2.500 3	18.398	0.000^e
6	0.404^f	0.163	0.153	0.022	2.471 0	16.383	0.000^f

a. 预测变量：（常量），content_poly
b. 预测变量：（常量），content_poly，MLS
c. 预测变量：（常量），content_poly，MLS，CT/T
d. 预测变量：（常量），content_poly，MLS，CT/T，MLC
e. 预测变量：（常量），content_poly，CT/T，MLC
f. 预测变量：（常量），content_poly，CT/T，MLC，T/S

　　表 7 以自动写作评阅分数为因变量的模型系数显示，共有四项语言复杂度指标进入模型 6，包括一项词汇复杂度指标（content_poly）和三项句法复杂度指标（CT/T、MLC、T/S），都达到了统计学上的显著意义（$|t|>2$，$p<0.05$）。其中，实词多义度、单个 T 单位中的复杂 T 单位数量和小句平均长度对自动写作评阅分数的影响较大，Beta 值分别为 -0.222、0.255 和 0.226。根据模型系数表中的非标准化系数可得该模型方程如下：

$$自动写作评阅分数 = 86.126 - 0.946 \times content\_poly + 5.352 \times CT/T$$
$$+ 0.285 \times MLC + 3.269 \times T/S$$

表 7　自动写作评阅分数回归模型系数表

模型 6	未标准化系数		标准化系数	t	Sig.	共线性统计	
	B	标准错误	Beta			容　差	VIF
（常量）	86.126	2.743		31.402	0.000		
content_poly	-0.946	0.225	-0.222	-4.214	0.000	0.899	1.112
CT/T	5.352	1.175	0.255	4.555	0.000	0.792	1.263
MLC	0.285	0.074	0.226	3.849	0.000	0.725	1.380
T/S	3.269	1.088	0.150	3.004	0.003	0.998	1.002

　　多元回归分析结果显示，11 项与自动写作评阅显著相关的语言复杂度指标中仅四项进入自动评阅评分模型，预测能力为 16.3%，具体包括一项词汇复杂度指标——实词多义度和三项计算单位长度、从属结构和并列结构的句法复杂度指标——小句平均长度、单个 T 单位中的复杂 T 单位数量以及单句中的 T 单位数量。实词多义度是衡量语义网络的指标，测量文本实词（名词、动词、形容词和副词）的平均

语义数量,反映词汇的语义关系(Kyle & Crossley,2016)。实词多义度越低,词汇发展水平越高,二语写作质量越高(Crossley et al.,2010;Kyle et al.,2018),因此实词多义度是评判文章质量的重要因素之一(Guo et al.,2013)。该指标进入回归方程,表明批改网的自动评阅系统参考实词多义度来确定文章质量。单个 T 单位中的复杂 T 单位数量为复杂 T 单位在 T 单位总数中的占比,用来测量句子的从属结构(Lu,2011),回归结果表明该指标对分数的预测能力最大,因此是批改网自动评阅系统评分的主要依据。小句平均长度指小句包含的平均词汇数量,该指标用来测量小句的单位长度(Lu,2011)。在不同话题下,小句平均长度是重要的写作质量预测指标,高分写作的小句长度相较于低分写作更长(Yang et al.,2015;Casal & Lee,2019)。该回归模型反映批改网的自动评阅分数模型同样以这一指标作为质量参照。单句中 T 单位数量为 T 单位数量除以句子数量,用于计算小句层面的并列结构(Lu,2011;Casal & Lee,2019),能够在一定程度上预测写作分数(Yang et al.,2015)。综上所述,实词多义度、单个 T 单位中的复杂 T 单位数量、小句平均长度和单句中的 T 单位数量对批改网的自动评分具有显著影响,特别是 T 单位和复杂 T 单位对评分有着积极正向的影响,因此教师在使用批改网帮助学生进行学术写作练习时,可就其质量评估的依据进行介绍说明,引导学生对习作进行相关方面的修改,以发挥自动写作评阅系统在学术写作教学中的促学作用。

本研究聚焦批改网自动写作评阅分数与语言复杂度的关系,其研究发现对学术英语写作教学和测试中有效使用自动评阅系统具有参考意义。首先,研究语料来源于学术写作课程的习作,学生在教师指导下掌握体裁的结构和语言特征,自由选取写作话题完成相应体裁的写作任务,因此学生能够在兴趣驱动下产出长度较长的文本,并在写作过程中拥有充足的时间对文章的语言、结构、内容等进行构思和修改,以达到学术写作对句法复杂度的要求。因此该研究语料具有学术英语写作代表性,研究结果对于学术英语写作语言复杂度与自动评阅分数的关系具有参考性。其次,本研究所选择的词汇复杂度指标和分析工具出自凯尔等人(Kyle et al.,2018),能够分析常见的词汇密度、词汇复杂度和词汇多样性以外的词汇测量指标,因而相较于其他研究,能从词汇心理特征、词频、词汇范围、学术词汇等更多元的词汇复杂度指标对自动写作评阅系统的评分机制进行考察,更利于解释和分析评分机制的词汇维度,便于教师指导学生有效使用自动写作评阅系统。然而,过往研究发现自动评阅分数可能会受不同任务类型(如张国强、何芳,2022)或体裁导致的语言复杂度差异影响。为此,本研究将进一步探讨体裁对于语言复杂度与自动评阅分数关系的影响。

4.2 体裁对语言复杂度与自动写作评阅分数关系的影响

过往研究发现,体裁有可能对自动写作评阅系统产生影响(王建、张藤耀,2020)。为此,本研究按不同体裁对词汇、句法复杂度与自动评阅分数相关性进行分析,结果如下所示(见表8、表9)。

表 8 词汇复杂度与不同体裁学术写作文本的自动评阅分数相关性检验

量化特征	指 标	相 关 系 数			
		探索性文章	说明性文章	分析性文章	议论性文章
实词词频	BNC_Written_Freq_CW	− 0.138	− 0.052	− 0.319**	− 0.013
	BNC_Spoken_Freq_CW	− 0.099	− 0.111	− 0.308**	0.004
实词范围	BNC_Written_Range_CW	− 0.302**	− 0.001	− 0.357**	− 0.136
	BNC_Spoken_Range_CW	− 0.282**	− 0.067	− 0.385**	− 0.169

量化特征	指　　标	相　关　系　数			
		探索性文章	说明性文章	分析性文章	议论性文章
词汇心理属性	MRC_Concreteness_CW	0.168	0.031	0.025	− 0.041
	MRC_Familiarity_CW	− 0.122	− 0.085	− 0.230*	0.050
	MRC_Imageability_CW	0.177	0.111	0.044	− 0.008
	MRC_Meaningfulness_CW	0.026	0.099	− 0.056	− 0.015
学术词汇	All_AWL_Normed	− 0.002	0.071	0.166	0.124
实词多义度	content_poly	− 0.279**	− 0.204	− 0.415**	− 0.265*
词汇密度	lexical_density_tokens	0.006	− 0.047	0.117	− 0.063
词汇丰富度	mattr50_aw	− 0.118	− 0.239*	0.057	0.066

*　表示在 0.05 水平(双侧)上显著相关;**　表示在 0.01 水平(双侧)上显著相关。

表 9　句法复杂度与不同体裁学术写作文本的自动评阅分数相关性检验

量化特征	指　　标	相　关　系　数			
		探索性文章	说明性文章	分析性文章	议论性文章
单位长度	MLS	0.267*	0.399**	0.282**	0.066
	MLT	0.166	0.282**	0.387**	0.056
	MLC	0.099	0.290**	0.255*	0.122
句子复杂性	C/S	0.155	0.124	0.127	0.018
从属小句	C/T	0.053	− 0.011	0.161	− 0.022
	CT/T	0.151	0.088	0.193	0.098
	DC/T	0.097	0.002	0.191	0.020
并列结构	T/S	0.239*	0.270*	0.042	0.124
	CP/T	0.215*	0.264*	0.451**	0.144
特定短语结构	VP/T	0.014	0.066	0.202	0.035
	CN/T	0.175	0.265*	0.319**	0.031

*　表示在 0.05 水平(双侧)上显著相关;**　表示在 0.01 水平(双侧)上显著相关。

　　结果显示,12 项词汇复杂度指标中,未发现与四种学术体裁写作文本的自动评阅分数同时呈现出显著相关性的指标。部分指标与两种或三种体裁文本的自动评阅分数呈显著的负相关性,如两个实词范围指标——文中含有 BNC 书面语子库的实词平均范围以及文中含有 BNC 口语子库的实词平均范围——在探索性文章和分析性文章呈相似的显著性负相关,实词多义度在探索性、分析性和论证性文章呈相似的显著性负相关。另有一些指标与自动评阅分数仅在一种体裁内呈现出负相关关系,如实词词频(BNC_Written_Freq_CW,BNC_Spoken_Freq_CW)和熟悉度(MRC_Familiarity_CW)与分析性文章呈负相关,词汇丰富度(mattr50_aw)与说明性文章存在负相关关系,熟悉度分数(MRC_Familiarity_CW)与分析性文章存负相关。

与词汇特征相比,句法复杂度与自动写作评阅分数在不同体裁中的相关显著性差异较大,其中在议论性文章这一体裁中,所选句法复杂度特征均未与自动写作评阅分数呈显著相关性。一些句法特征在其中几类学术英语写作体裁中的相关显著性较为一致,如句子平均长度和单个 T 单位中并列短语数量在探索性、说明性和分析性文章中呈现较为一致的正相关关系,T 单位平均长度、小句平均长度和单个 T 单位中的复杂性名词短语数量在说明性和分析性文章中均呈显著性正相关,单句中 T 单位数量与自动写作评阅分数在探索性和说明性文章中具有正相关关系。

据体裁划分的相关矩阵数据(见表 8、表 9)显示,词汇复杂度和句法复杂度均无单一指标能够同时与四种写作体裁自动评阅分数呈显著性相关关系。各类体裁的自动写作评阅分数显示与其语言复杂度指标呈相关性,但与不同体裁相关的语言复杂度指标类别差异较大。由此可见,语言复杂度量化指标在不同体裁间的一致性较差,表明不同体裁基于语言复杂度的评分模型可能存在较大差异。而现有研究表明,批改网的机器反馈内容在不同体裁的写作练习中无显著差异,无法为学术写作体裁练习提供有效的反馈提示,因此难以发挥促学作用(陈静等,2022)。体裁是自动写作评阅系统优化的重要方向(Burstein et al.,2016),但国内常用的自动写作评阅系统尚未能针对体裁等深层语义特征给予足够反馈(何旭良,2013),采用的单一评分模型未能有效用于不同体裁习作的评分。此外,由于自动写作评阅系统的开发商未公布其评分机制以及所涉及的指标权重(Qian et al.,2021),单凭自动写作评阅的分数和反馈,学习者较难获得有针对性的反馈并据此修改,不利于发挥自动写作评阅工具对(学术)写作的支持作用。

因此,在提供自动写作评阅反馈补充课堂教学之余,教师应意识到自动写作评阅系统在体裁写作反馈方面的局限性,及时提供针对性反馈,并选用真实写作文本设计学术写作体裁的教学素材,在课堂内针对学术写作体裁的语言和结构特征进行教学,增强学生的体裁意识。与此同时,自动写作评阅系统的开发者应基于不同体裁的语言特征,研发适用于多种体裁写作情境的自动评阅评分模型,以便为学生的学术写作学习提供具有体裁针对性的反馈信息和写作提示,以评促学,提高学生的学术写作质量。

5　结语

本研究以 341 篇中国大学生的学术英语写作为样本,借助语言复杂度分析工具统计了四种(探索性、说明性、分析性、议论性)学术体裁文本在词汇与句法复杂度方面的量化特征,探究了各项语言复杂度指标与自动写作评阅分数之间的关系,并在此基础上构建了评分模型。结果显示,学术英语写作文本的实词范围和实词多义度与自动写作评阅分数呈显著负相关,单位长度、句子复杂度、从属结构、并列结构和复杂性名词短语与自动评阅分数呈正相关,因而自动写作评阅分数能在一定程度上反映用词严谨、句法复杂而紧凑的学术语言特征(Snow & Uccelli,2009)。由实词多义度、单个 T 单位中的复杂 T 单位数量、平均小句长度和单句中的 T 单位数量四项指标构成的自动评阅评分模型预测能力为16.3%。其中,语言复杂度与自动写作评阅分数的相关关系在探索性、说明性、分析性及议论性文章这四类学术体裁间存在较大差异。

本研究结果可为自动写作评阅系统在学术英语写作教学和测试中的有效使用提供参考,同时为自动写作评阅反馈系统的进一步优化提供实证支持。首先,写作教学过程中使用自动写作评阅技术应明确其评分机制及指标权重。鉴于过往研究发现自动写作评阅分数受语言复杂度相关特征影响最为显著(张国强、何芳,2022),本研究聚焦语言复杂度量化指标与自动评阅分数的关系,发现自动评阅分数与学术英语写作的实词范围、实词多义度、单位长度、句子复杂度、从属结构、并列结构、复杂性名词短语等的使用显著相关,也即发现了自动写作评阅的写作评判标准对语言复杂度的要求,为学术英语写作的教学主体提供自动评阅系统分数的权重解释。由于自动写作评阅分数在学术英语写作课堂中与学生的修改行为密切相关,并影响他们在写作过程中的投入(陈静等,2022;陈静等,2021),在使用自动写作评阅工具辅助写作教学时,教师应对其评分机制进行说明介绍,以发挥自动写作评阅分数对学习者学术写作学习的反拨效应和自动写作评阅反馈对学生修改习作的促进作用,引导学生依照分数对相关语言复杂度特征进行针对性修改,优化语言学术化特征。其次,在目前阶段,自动写作评阅系统的使用应与教师、同伴反馈相结合。以本研究所选用的批改网为例,自动反馈内容和维度较为有限,虽能在语言复杂度方面给予一定的反馈和指导,但未能就学术英语写作体裁、内容、论证效果等提供针对性反馈。因此,在利用自动写作评阅工具进行写作教学的同时,需重视教师反馈、同伴反馈等多元反馈方式对于机器反馈的有力补充,为学生提供包括语言复杂度、体裁结构、内容特点、论证效果等多维度的反馈内容,以更好支架学生的学术英语写作学习。再次,自动写作评阅系统开发商应针对不同写作体裁(包括学术体裁)对系统进行进一步优化和改进。本研究发现自动写作评阅分数与语言复杂度的关系受体裁影响,但目前不少自动写作评阅系统的评分机制却忽略了体裁对于语言复杂度的影响,未能针对不同体裁进行差异化反馈和评分。因此平台开发商应根据不同写作体裁研发制定评分和反馈机制,以更有效地帮助教师进行学术英语写作体裁教学,提高学生的体裁意识和写作质量。

在研究局限方面,本研究选取的写作样本有限,仅关注了批改网这一自动写作评阅工具的分数和语言复杂度之间的关系。未来研究有待选用更大规模样本,对不同体裁生成相应的分数模型,并可使用其他自动写作评阅工具进行自动写作评阅评分机制的体裁差异研究,以完善对自动写作评分机制的研究,发挥自动写作评阅技术在学术英语写作体裁教学中的支架作用。

参考文献

[1] Bulté, B. & Housen, A. 2014. Conceptualizing and measuring short-term changes in L2 writing complexity[J]. *Journal of Second Language Writing*, 26: 42 – 65.

[2] Burstein, J., Elliot, N., & H. Molloy. 2016. Informing Automated Writing Evaluation Using the Lens of Genre: Two Studies[J]. *CALICO Journal*, 33(1): 117 – 141.

[3] Casal, J. E. & Lee, J. J. 2019. Syntactic complexity and writing quality in assessed first-year L2 writing[J]. *Journal of Second Language Writing*, 44: 51 – 62.

[4] Crossley, S. A. 2020. Linguistic features in writing quality and development: An overview [J]. *Journal of Writing Research*, 11(3): 415 – 443.

[5] Crossley, S. A. & McNamara, D. S. 2012. Predicting second language writing proficiency: The roles of cohesion and linguistic sophistication[J]. *Journal of Research in Reading*, 35(2): 115 – 135.

[6] Crossley, S. A. & McNamara, D. S. 2014. Does writing development equal writing quality? A computational investigation of syntactic complexity in L2 learners[J]. *Journal of Second Language Writing*, 26: 66 – 79.

[7] Crossley, S. A., Salsbury, T., & McNamara, D. S. 2010. The development of polysemy and frequency use in English second language speakers[J]. *Language Learning*, 60(3): 573 – 605.

[8] Guo, L., Crossley, S. A. & McNamara, D. S. 2013. Predicting human judgments of essay

quality in both integrated and independent second language writing samples: A comparison study[J]. *Assessing Writing*, 18(3): 218 - 238.

[9] Kim, M. & Crossley, S. A. 2018. Modeling second language writing quality: A structural equation investigation of lexical, syntactic, and cohesive features in source-based and independent writing[J]. *Assessing Writing*, 37: 39 - 56.

[10] Kim, M., Crossley, S. A., & Kyle, K. 2018. Lexical sophistication as a multidimensional phenomenon: Relations to second language lexical proficiency, development, and writing quality[J]. *The Modern Language Journal*, 102(1): 120 - 141.

[11] Kyle, K. & Crossley, S. A. 2015. Automatically assessing lexical sophistication: Indices, tools, findings, and application[J]. *TESOL Quarterly*, 49(4): 757 - 786.

[12] Kyle, K. & Crossley, S. A. 2016. The relationship between lexical sophistication and independent and source-based writing[J]. *Journal of Second Language Writing*, 34: 12 - 24.

[13] Kyle, K. & Crossley, S. A. 2018. Measuring syntactic complexity in L2 writing using fine-grained clausal and phrasal indices[J]. *The Modern Language Journal*, 102(2): 333 - 349.

[14] Kyle, K., Crossley, S. A., & Berger, C. 2018. The tool for the automatic analysis of lexical sophistication (TAALES): version 2.0[J]. *Behavior Research Methods*, 50(3): 1030 - 1046.

[15] Kyle, K., Crossley, S. A., & Jarvis, S. 2021. Assessing the validity of lexical diversity indices using direct judgements[J]. *Language Assessment Quarterly*, 18(2): 154 - 170.

[16] Kyle, K. 2016. Measuring syntactic development in L2 writing: Fine grained indices of syntactic complexity and usage-based indices of syntactic sophistication[D]. Atlanta: Georgia State University.

[17] Lu, X. 2011. A corpus-based evaluation of syntactic complexity measures as indices of college-level ESL writers' language development[J]. *TESOL Quarterly*, 45(1): 36 - 62.

[18] Mesmer, H. A., Cunningham, J. W., & Hiebert, E. H. 2012. Toward a theoretical model of text complexity for the early grades: Learning from the past, anticipating the future[J]. *Reading Research Quarterly*, 47(3): 235 - 258.

[19] Morris, L. & Cobb, T. 2004. Vocabulary profiles as predictors of the academic performance of Teaching English as a Second Language trainees[J]. *System*, 32(1): 75 - 87.

[20] Ortega, L. 2003. Syntactic complexity measures and their relationship to L2 proficiency: A research synthesis of college-level L2 writing[J]. *Applied Linguistics*, 24(4): 492 - 518.

[21] Qian, L., Yang, Y. & Zhao, Y. 2021. Syntactic complexity revisited: Sensitivity of China's AES-generated scores to syntactic measures, effects of discourse-mode and topic[J]. *Reading and Writing*, 34(3): 681 - 704.

[22] Shermis, M. D. & Burstein, J. C. 2003. *Automated essay scoring: A cross-disciplinary perspective*[M]. New York: Routledge.

[23] Snow, C. E. & Uccelli, P. 2009. The challenge of academic language[A]. In D. R. Olson and N. Torrance (Eds.), The Cambridge handbook of literacy [C] (pp. 112 - 133). Cambridge: Cambridge University Press.

[24] Taguchi, N., Crawford, W., & Wetzel, D. Z. 2013. What linguistic features are indicative of writing quality? A case of argumentative essays in a college composition program[J]. *TESOL Quarterly*, 47(2): 420 - 430.

[25] Weigle, S. C. 2013. English as a second language writing and automated essay evaluation[A]. In M. D. Shermis & J. Burstein (Eds.), *Handbook of automated essay evaluation: Current applications and new directions*[C](pp. 58 - 76). New York: Routledge.

[26] Yang, W., Lu, X. & Weigle, S. C. 2015. Different topics, different discourse: Relationships among writing topic, measures of syntactic complexity, and judgments of writing quality[J]. *Journal of Second Language Writing*, 28: 53 - 67.

[27] Zenker, F. & Kyle, K. 2021. Investigating minimum text lengths for lexical diversity indices [J]. *Assessing Writing*, 47: 100505.

[28] Zhang, S. 2021. Review of automated writing evaluation systems[J]. *Journal of China Computer-Assisted Language Learning*, 1(1): 170 - 176.

[29] Zhang, X., Lu, X., & Li, W. 2022. Beyond differences: Assessing effects of shared linguistic features on L2 writing quality of two genres[J]. *Applied Linguistics*, 43(1): 168 - 195.

[30] Zhang, Z. V. 2020. Engaging with automated writing evaluation (AWE) feedback on L2 writing: Student perceptions and revisions[J]. *Assessing Writing*, *43*, 100439.

[31] 白丽芳,王建.2018.人工和机器评分差异比较及成因分析[J].外语测试与教学(3)：44 - 54.

[32] 陈静,胡竞丹,翁方凌.2022.自动写作评阅在学术英语写作智慧课堂中的应用：一项关于学习者的个案研究[A].载赖良涛、严明、江妍(编).教育语言学研究(2022 年).上海：上海交通大学出版社,219 - 233.

[33] 陈静,陈吉颖,郭凯.2021.混合式学术英语写作课堂中的学习投入研究[J].外语界(1)：28 - 36.

[34] 高霞.2021.不同水平学习者英语作文句法复杂度研究[J].外语教学与研究(2)：224 - 237 + 319.

[35] 何旭良.2013.句酷批改网英语作文评分的信度和效度研究[J].现代教育技术(5)：64 - 67.

[36] 教育部高等学校大学外语教学指导委员会.2020.大学英语教学指南[M].北京：高等教育出版社.

[37] 唐锦兰,吴一安.2012.写作自动评价系统在大学英语教学中的应用研究[J].外语与外语教学(4)：53 - 59.

[38] 王勃然,金檀,赵雯.2015.自动写作评价研究与实践五十年——从单一、合作到交互[J].外语研究(5)：50 - 56.

[39] 王丽萍,吴红云,Jun Lawrence ZHANG.2020.外语写作中任务复杂度对语言复杂度的影响[J].现代外语(4)：503 - 515.

[40] 王建,张藤耀.2020.二语写作文本量化指标与机评分数的关系研究[J].外语测试与教学(3)：12 - 20.

[41] 徐晓燕,等.2013.中国英语专业学生英语议论文句法复杂性研究[J].外语教学与研究(2)：264 - 275 + 20.

[42] 张国强,何芳.2022.英语作文自动评分系统的信度和效度研究——基于不同类型写作任务文本量化特征分析[J].外语测试与教学(1)：44 - 56.

[43] 张荔,Mark Warschauer,盛越.2016.自动写作评阅反馈系统研究述评与展望[J].当代外语研究(6)：54 - 61 + 109.

[44] 张晓鹏,李雯雯.2022.句法复杂度对中国大学生英语说明文写作质量的预测效应[J].现代外语(3)：331 - 343.

[45] 张亚,赵永刚.2020.新读写理论视角下 AEE 系统反馈对英语写作的有效性研究[J].外语界(4)：88 - 96.

How Linguistic Complexity Influences Automated Writing Evaluation (AWE) Scores: A Corpus-Based Study of Academic English Writing

Jing Chen, Kaiyu Huang
Sun Yat-sen University

Abstract: In recent years, Automated Writing Evaluation (AWE) has been widely used in writing instruction to improve writing teaching and marking efficiency and to help students solve language problems that arise during the writing process. However, it is not yet clear how the scoring mechanism of automatic writing rubrics is affected by the linguistic complexity of written texts. To investigate the relationship between AWE scores and linguistic complexity, this study deployed three automatic linguistic complexity analyzers (TAALES, TAALED, and TAASSC) to extract linguistic complexity data from 341 academic English writing texts (covering exploratory, expository, analytical and argumentative genres) produced by Chinese university students, including 12 lexical complexity indicators and 11 syntactic complexity indicators. The correlation between the 23 linguistic complexity indicators of these 341 academic English writing texts and their AWE scores obtained from the AWE tool *Pigai* was statistically analyzed as a whole and in different academic writing genres respectively. The results demonstrate that AWE scores were significantly influenced by some linguistic complexity indicators as a whole, and differentiated correlations appeared across these four academic writing genres. Based upon the findings, this study provides an empirical evidence for further optimization of AWE systems and has implications for more effective use of AWE in teaching and testing academic English writing.

Keywords: lexical complexity, syntactic complexity, AWE scores, academic English writing, genre

大学英语教师的技术整合水平及自我效能[①]

江　妍[②]　隆晓菊[③]

上海交通大学　北京市第一七一中学

摘　要： 本研究关注大学英语教师将信息技术融入外语教学的能力与信念，利用问卷调查和统计分析比较了线上教学实践前后的大学英语任课教师的教学行为及其信念，并进行焦点小组访谈，收集质性数据作为辅助。研究结果表明，一开始教师们缺乏自信，经过培训与一学期的线上教学实践，教师们对于自己将技术与外语教学融合的能力与信念均有提升，但是完全线上教学也存在一些问题。本研究还发现教师将技术与外语教学融合的能力与教师能够实现有效融合的信念之间存在强正相关关系。研究结果能够对信息技术融入外语教学的实践与改革带来一些启发。

关键词： 线上教学；TPACK 结构；自我效能

1　引言

信息技术与外语教学的不断融合是当前外语教师职业发展面临的新机遇和挑战。米什拉和科勒（Mishra & Koehler，2006）提出的整合技术的学科教学知识（Technological Pedagogical Content Knowledge，TPACK）为外语教师融合技术与教学提供了新视角。在融合技术与外语教学的过程中，社会认知理论认为教师的心理取向，如自我效能（self-efficacy，SE）直接影响其融合的质量与效果（Kim et al.，2013）。

本研究通过比较大学英语教师在线上教学实践前后的教学行为与信念，分析其 TPACK 结构以及其技术整合外语教学的信念变化。本文具体研究以下三个问题：

（1）线上教学前后教师的 TPACK 结构有何变化？

（2）线上教学前后教师整合技术与英语教学的 SE 有何变化？

（3）教师 TPACK 素养及其 SE 的关系是什么？

2　研究背景

TPACK 是指学科内容知识（所要教的一门特定学科的知识）、技术知识（计算机、互联网、数字视频等）、教学知识（教学和学习过程中涉及的实践、过程、策略、程序和方法）的交互和连接，以及它们三者之间相互整合所发生的转化。

如图 1 所示，TPACK 框架包含学科内容知识（Content Knowledge，CK）、教学法知识（Pedagogical Knowledge，PK）、技术知识（Technology Knowledge，TK）三个核心要素；学科教学法知识（Pedagogical Content Knowledge，PCK）、整合技术的学科内容知识（Technology Content Knowledge，TCK）、整合技术

① 本文受上海市浦江人才计划资助（项目编号：2020PJC069）。

② 江妍（1987—　），女，上海交通大学外国语学院讲师，博士；研究方向：教育技术、外语教学；通信地址：上海市闵行区东川路 800 号上海交通大学外国语学院；邮编：200240；电子邮箱：jiangy18@sjtu.edu.cn。

③ 隆晓菊（1985—　），女，北京市第一七一中学英语教师；通信地址：北京市东城区和平里街 8 号 171 中学；邮编：100013；电子邮箱：longxj04@126.com。

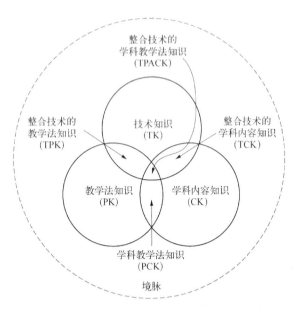

图1　TPACK 框架及其知识要素

的教学法知识(Technology Pedagogical Knowledge, TPK)、整合技术的学科教学法知识(Technological Pedagogical Content Knowledge,TPACK)四个复合要素,以及境脉因素(Context)。

班杜拉(Bandura,1997)将自我效能定义为人们对自己实现特别领域行动目标所需能力的信念。个体的自我效能感在其完成目标、任务和挑战时扮演着主要角色。高自我效能的人就是那些认为自己能表现出色的人,往往更容易完成任务,而不是避开任务。因此,技术整合自我效能感可以说是技术与教学融合的内在驱动力。

近年来国际国内学者对教师的 TPACK 素养关注较多,但主要调查对象是职前教师,即师范生(Wang, Ertmer & Newby,2004;王辞晓、吴峰,2018;赵磊磊、李玥泓、谢鉴知,2018);对在职教师的研究聚焦于高中及以下的基础教育阶段(黄冬明、高丽娜、王海燕,2013;王琦,2014;于开莲、赵南、张慧,2019;赵国宏、苗莲娜,2019)。对于高校教师的研究较少,且研究视角是基于 TPACK 框架的教学设计与应用个例研究,例如李明喜(2018)的研究。

技术整合自我效能方面,教师的技术整合自我效能与课堂实践使用技术完成教学任务呈现正相关关系(Graham et al.,2012)。教师对于技术的态度显著影响他们自己报告的 TPACK 水平,教师自身使用计算机技术通过影响其对技术的态度而影响他们自己报告的 TPACK 水平(Krauskopf & Forssell,2017)。

另外,现存研究中关注培训等干预前后教师 TPACK 水平变化的比较少,且基本以职前教师为对象,对在职大学教师的研究非常有限。

3　方法与过程

本研究以某双一流大学的本科生公共英语课程任课教师为研究对象,使用了问卷调查及焦点小组访谈方法收集数据。

3.1　问卷设计

本研究借鉴国内外相关工具,如施密特等(Schmidt et al.,2009)针对职前教师的 TPACK 量表、阿尔尚博和克里彭(Archambault & Cripen,2009)的 TPACK 量表、尼德豪泽和佩克尔曼(Niederhauser & Perkmen,2008)的技术整合内部因素量表和王琦(2014)的 TPACK 与技术整合自我效能量表,结合研究对象的状况和大学英语学科内容,设计了包含四个维度、12 个题项的 TPACK 问卷,以及五个维度、16 个题项的技术整合 SE 量表。

本研究使用的 TPACK 的五级量表问卷(1 = 非常低/非常不认同,5 = 非常高/非常认同)包括一个总体评价(总的来说,我将技术与外语教学融合的能力是_____),三项技术知识(TK:1. 知道如何解决自己的技术问题;2. 能容易地学习新技术;3. 知道很多不同的技术),两项技术学科知识(TCK:4. 能用各种技术向学生准确传递教学内容;5. 知道哪些技术能帮助理解和使用英语),三项技术教学知识(TPK:6. 能选择技术改进一堂课的教学方法;7. 能思辨地使用技术于英语课堂;8. 能针对不同的教学活动调整技术的使用),三项技术教学学科知识(TPCK:9. 能恰当地结合教学内容、技术和教学方法;

10. 能在教学中选择技术改进教什么和如何教;11. 能教导其他人合理结合教学内容、技术与学习方法)。

本研究使用的技术整合 SE 五级量表(1 = 非常弱/非常不认同,5 = 非常强/非常认同)包括一项总体评价(总体来说,我对自己能够实现技术与外语教学融合的信念_____),三项教学自我效能(1. 我自信能用恰当的技术教英语;2. 能定期整合适当的技术于教学;3. 能有效使用技术教学),三项指导学生自我效能(4. 我自信能解决使用技术时遇到的困难;5. 能充分理解技术,促进学生学习;6. 能为学生使用技术学习英语提供个别辅导),两项技术选择自我效能(7. 我自信能根据教学大纲标准选择合适的技术教学;8. 能根据教学内容选择合适的技术教学),四项自我评价结果预期(9. 教学中使用技术能提高作为教师的效率;10. 能提高教师的成就感;11. 能调动学生的积极性;12. 能使学生更满意),三项社会结果期望(13. 教学中使用技术能提高我在工作中的地位;14. 能提高同事对我教学能力的认可;15. 如果在课堂中有效地使用教学技术,同事将认可我的能力)。

3.2 焦点小组访谈

三位教师参与了焦点访谈,教师 1(女,教龄 5 年),教师 2(男,教龄 15~20 年),教师 3(女,教龄 20 年),访谈时分别教授大学英语五级、二级及三级课程。访谈内容主要围绕教师对于在线教学的情绪、期望、准备及效果,在实际教学过程中得心应手的活动、有挑战的活动、与期望是否一致;针对在线教学所做的调整及效果等。访谈形式为 Zoom 会议,时间 1 小时 30 分。

3.3 数据收集与分析方法

本研究的问卷发放、焦点小组访谈的实施步骤,以及数据分析方法具体如下:

(1) 在在线教学开始之前与结束后分别发布了前测、后测两项问卷,收集教师的 TPACK 素养及其整合技术自我效能。后测问卷包含前测问卷题目,并增加教师参加技术培训、课堂教学活动方面的情况调查。

(2) 在后测完成之后,邀请三位教师参加焦点小组访谈,收集的质性数据用来解释、补充问卷分析的结果。

(3) 使用量性分析方法来验证三个假设。为验证第一个、第二个假设,使用 SPSS 软件进行 t 检验,分析教师的 TPACK 结构及其技术整合教学自我效能的前测及后测均值是否存在显著差异;为验证第三个假设,使用 SPSS 进行相关性运算,分析教师的 TPACK 结构与其整合信息技术的自我效能之间是否存在相关性。焦点小组访谈的数据辅助解释、补充问卷分析的结果。

4 数据分析和结果

前测回收有效问卷 32 份,其中男性 5 名(15.6%),女性 27 名(84.4%),教书年限 10 年以上的约占 81%,15 年以上的约为 70%。94% 以上获得硕士及以上学位,50% 的教师具有博士学位。参加后测的教师情况如下:总人数 32 人,男教师 7 名(22%),女教师 25 名(78%)。教书年限 10 年以上的占 88%,15 年以上的占 69%。所有人员均具有硕士及以上学位,获博士学位的人数占 53.1%。两次问卷的调查结果基本能够代表教学团队的整体情况。

4.1 TPACK 问卷数据分析结果

使用 SPSS 进行量表信度检验显示数据可靠性良好,前测问卷的克隆巴赫 Alpha 系数为 0.974,后测问卷的克隆巴赫 Alpha 系数为 0.952。

调查问卷结果(表 1)显示,在前测中,即在线教学实践之前,教师对自己将技术与外语教学融合的能力总体评价为 3.09(1 = 非常低,5 = 非常高),在技术知识、技术学科知识、技术教学知识、技术教学学科知识四个维度,11 个题项的自我打分在 2.84 至 3.34 之间(1 = 非常不认同,5 = 非常认同)。按维度划分①,教师们认同度从高到低的能力为技术教学知识(M = 3.33)＞技术学科知识(M = 3.22)＞技术教学学科知识(M = 3.13)＞技术知识(M = 2.98),其中教师自我评价较低的题项为:1. 知道如何解决自己的技术问题(M = 2.91);3. 知道很多不同的技术(M = 2.84);和 11. 能教导其他人合理结合教学内容、技术与学习方法(M = 2.91)。

表 1 PACK 量表问卷调查结果

		前 测		后 测	
		平均值	标准差	平均值	标准差
总 体	将技术与外语教学融合的能力	3.09	0.856	3.66	0.745
TK 技术知识	1. 知道如何解决自己的技术问题	2.91	0.928	3.44	0.840
	2. 能容易地学习新技术	3.19	0.965	3.56	0.878
	3. 知道很多不同的技术	2.84	0.954	2.88	0.833
TCK 技术学科知识	4. 能用各种技术向学生准确传递教学内容	3.19	0.931	3.53	0.803
	5. 知道哪些技术能帮助理解和使用英语	3.25	0.842	3.41	0.837
TPK 技术教学知识	6. 能选择技术改进一堂课的教学方法	3.34	0.971	3.50	0.718
	7. 能思辨地使用技术于英语课堂	3.31	0.965	3.41	0.837
	8. 能针对不同的教学活动调整技术的使用	3.34	0.937	3.53	0.803
TPACK 技术教学学科知识	9. 能恰当结合教学内容、技术和教学方法	3.22	0.906	3.75	0.718
	10. 能在教学中选择技术改进教什么和如何教	3.25	0.916	3.72	0.772
	11. 能教导其他人合理结合教学内容、技术与学习方法	2.91	0.995	3.19	0.859

在后测中,即经过一学期的在线教学实践,教师们对自己将技术与外语教学融合的能力总体评价上升到 3.66(1 = 非常低,5 = 非常高),四个维度、11 个题项打分均有提升,具体如下:技术知识($M_前$ = 2.98,$M_后$ = 3.29)、技术学科知识($M_前$ = 3.22,$M_后$ = 3.47)、技术教学知识($M_前$ = 3.33,$M_后$ = 3.48)、技术教学学科知识($M_前$ = 3.13,$M_后$ = 3.55)。但是,教师对题项"知道很多不同的技术"打分依然较低($M_前$ = 2.84,$M_后$ = 2.88)。

4.2 SE 问卷数据分析结果

使用 SPSS 进行量表信度检验显示 SE 问卷数据可靠性良好,前测问卷的克隆巴赫 Alpha 系数为 0.957,后测问卷的克隆巴赫 Alpha 系数为 0.951。

调查问卷(表 2)结果显示,经过一学期的在线教学实践,教师们对自己能够实现技术与外语教学融合的信念更强($M_前$ = 3.41,$M_后$ = 3.84)(1 = 非常弱,5 = 非常强),在教学自我效能($M_前$ = 3.23,$M_后$ = 3.82)、指导学生自我效能($M_前$ = 2.94,$M_后$ = 3.30)、技术选择自我效能($M_前$ = 3.28,$M_后$ = 3.66)、社会结

---

① 计算方法为该维度各题项的平均值。

果期望($M_{前} = 3.12, M_{后} = 3.25$)四个维度打分均有提升。但是,在自我评价结果预期维度的打分略微下降($M_{前} = 3.67, M_{后} = 3.65$)。其中前测中得分较低的题项为:4. 我自信能解决使用技术时遇到的困难($M_{前} = 2.81, M_{后} = 3.19$);6. 我自信能为学生使用技术学习英语提供个别辅导($M_{前} = 2.94, M_{后} = 3.31$),两个题项在后测中平均值皆上升。15 个题项中 12 项在后测均值上升,除了自我评价维度的 10. 教学中使用技术能提高教师的成就感均值降低($M_{前} = 3.66, M_{后} = 3.63$)和 11. 教学中使用技术能调动学生积极性均值降低($M_{前} = 3.66, M_{后} = 3.56$);结果预期维度的 12. 教学中使用技术能使学生更满意($M_{前} = 3.56, M_{后} = 3.56$)保持不变。

表 2　SE 量表问卷调查结果

		前　测		后　测	
		平均值	标准差	平均值	标准差
总　体	我对自己能够实现技术与外语教学融合的信念	3.41	1.07	3.84	0.72
教　学	1. 能用恰当的技术教英语	3.25	0.84	3.81	0.82
	2. 能定期整合适当的技术于教学	3.19	0.93	3.78	0.83
	3. 能有效使用技术教学	3.25	0.88	3.81	0.82
指导学生	4. 能解决使用技术时遇到的困难	2.81	1.00	3.19	0.95
	5. 能充分理解技术,促进学生学习	3.06	0.98	3.41	0.98
	6. 能为学生使用技术学习英语提供个别辅导	2.94	0.98	3.31	0.97
技术选择	7. 能根据教学大纲标准选择合适的技术教学	3.28	1.02	3.63	0.87
	8. 能根据教学内容选择合适的技术教学	3.28	1.02	3.69	0.93
自我评价	9. 教学中使用技术能提高作为教师的效率	3.78	0.71	3.84	0.77
	10. 教学中使用技术能提高教师的成就感	3.66	0.75	3.63	0.83
结果预期	11. 教学中使用技术能调动学生积极性	3.66	0.87	3.56	0.80
	12. 教学中使用技术能使学生更满意	3.56	0.88	3.56	0.80
社会结果期望	13. 教学中使用技术能提高我在工作中的地位	3.00	1.02	3.09	0.96
	14. 教学中使用技术能提高同事对我教学能力的认可	3.09	1.06	3.22	0.94
	15. 如果在课堂中有效地使用教学技术,同事将认可我的能力	3.28	0.96	3.44	0.98

4.3　t 检验及相关性分析结果

对于教师们自我 TPACK 及 SE 总体评价的独立样本 t 检验结果(表 3)显示,教师们经过一个学期的在线教学实践之后,认为自己将技术与外语教学融合的能力得到了显著提升,$t(62) = -2.803, p = 0.007$。虽然教师对自己能够实现技术与外语教学融合的信念增强,但增长程度没有达到统计学显著程度,$t(54.34) = -1.912, p = 0.061$。

表 3　PACK 及 SE 总体评价独立样本 t 检验结果

| | | 莱文方差等同性检验 | | 平均值等同性 t 检验 | | | | | | |
		F	显著性	t	自由度	显著性（双尾）	平均值差值	标准误差差值	差值 95% 置信区间 下限	差值 95% 置信区间 上限
能力	假定等方差	0.013	0.910	-2.803	62.000	0.007	-0.563	0.201	-0.964	-0.161
	不假定等方差			-2.803	60.846	0.007	-0.563	0.201	-0.964	-0.161
信念	假定等方差	6.557	0.013	-1.912	62.000	0.060	-0.438	0.229	-0.895	0.020
	不假定等方差			-1.912	54.340	0.061	-0.438	0.229	-0.896	0.021

　　针对具体题项的 t 检验结果显示，教师们在三个题项得分显著提高，包括：技术知识维度的 1. 知道如何解决自己的技术问题，$t(62) = -2.4, p = 0.019$；技术教学学科知识维度的 9. 我能恰当结合教学内容、技术和教学方法，$t(62) = -2.598, p = 0.012$，以及 10. 我能在教学中选择技术改进教什么和如何教，$t(62) = -2.214, p = 0.031$。自我效能方面，教师们在教学自我效能维度的三个题项得分均显著提高，包括：1. 自信能用恰当的技术教英语 $t(62) = -2.706, p = 0.009$；2. 自信能定期整合适当的技术于教学 $t(62) = -2.69, p = 0.009$；3. 自信能有效使用技术教学 $t(62) = -2.645, p = 0.01$。

　　另外，本研究对教师将技术与外语教学融合的能力与教师对自己能够实现技术与外语教学融合的信念两个变量进行了相关性分析（见表 4）。前测数据分析结果表明，教师的 TPACK 素养与技术整合自我效能间的皮尔逊相关系数为 0.8（$p < 0.001$），后测数据分析结果表明，两个变量间的皮尔逊相关系数为 0.795（$p < 0.001$）。

表 4　PACK 素养与技术整合自我效能的相关性分析结果

| | 前测 | | | 后测 | |
	TPACK	SE		TPACK	SE
TPACK	1		TPACK	1	
SE	0.800**	1	SE	0.795**	1

** 表示相关性在 0.01 级别（双尾），相关性显著。

5　讨论与总结

　　以上结果表明，教师们在开始在线教学之前，对于自己的技术知识缺乏自信，这与访谈中收集的数据一致，例如教师 3 表示"得知要开展线上教学时，我是比较焦虑的，焦虑主要来自技术方面，对于即将使用的 Canvas 学习管理平台、Zoom 在线会议软件从未接触过"，教师 2 也表示"特别是在培训中了解到一些老师早就使用过这些技术，让我更加紧张"，教师 1 虽然认为自己能够较快掌握线上教学平台技术操作，但担心"操作不顺畅是否影响上课效果"。

　　经过一系列的培训与练习，教师在正式上课前已经掌握了相关技术，在线上教学途中结合教学内容，开展创新活动。例如教师 3 分享她利用线上教学同学之间互不干扰的特点，开展了朗读及复述活动,该活动侧重英语发音、节奏与语调,在学生练习之后单独发言,教师及时给予反馈。由于线上教学同学处于一个低焦虑的环境与状态,更容易开口练习,另外,教师的示范讲解能够更清晰地传递给每一位学生。结合问卷调查结果以及焦点小组访谈数据,可见教师们经过一学期线上教学,对于自己将技术与外语教学融合的能力与信念均有提升。

但是,完全线上教学也对教师造成一些困扰,例如花费了大量时间学习新的功能,但是并不一定能运用到教学中,或者是实际效果不太满意。另外,不能直接观察学生令教师不容易获得反馈,难以持续推进教学过程中的师生、生生互动。教师们亲身体会到了技术可以辅助但并不能完全代替面对面的交流,这些经验或许让教师们对于整合技术与外语教学自我评价结果的预期打分略微下降,例如教学中使用技术能调动学生积极性以及教学中使用技术能提高教师的成就感。

最后,本研究发现教师将技术与外语教学融合的能力与教师对自己能够实现技术与外语教学融合的信念之间存在强正相关关系。这与格雷厄姆等(Graham et al.,2012)的结果一致。因此,教师增强自我效能信念有助于提高其自身将技术与外语教学融合的能力。

本文结合了问卷调查及焦点访谈小组方式进行数据收集与分析,对于研究问题的回答与阐释尚不够完善。未来研究可以增加课堂观察或者课堂话语分析。

参考文献

[1] Abbitt, J. T. 2011. An investigation of the relationship between self-efficacy beliefs about technology integration and technological pedagogical content knowledge (TPACK) among pre-service teachers[J]. *Journal of Digital Learning in Teacher Education*, 27(4), 134 - 143.

[2] Bandura, A. 1997. *Self-Efficacy: The Exercise of Control*[M]. New York: W. H. Freeman and Company.

[3] Graham, C. R., Borup, J., & Smith, N. B. 2012. Using TPACK as a framework to understand teacher candidates' technology integration decisions[J]. *Journal of Computer Assisted Learning*, 28(6), 530 - 546.

[4] Kim, C. M., Kim, M. K., Lee, C., Spector, J. M., & DeMeester, K. (2013). Teacher beliefs and technology integration[J]. *Teaching and Teacher Education*, 29, 76 - 85.

[5] Krauskopf, K., & Forssell, K. 2017. When knowing is believing: A multi-trait analysis of self-reported TPCK[J]. *Journal of Computer Assisted Learning* (34): 482 - 491.

[6] Mishra, P., & Koehler, M. J. 2006. TPACK: A framework for teacher knowledge[J]. *Teachers College Record*. 108(6), 1017 - 1054.

[7] Niederhauser, D. & Perkmen, S. 2008. Validation of the intrapersonal technology integration scale: Assessing the influence of intrapersonal factors that influence technology integration [J]. *Computers in the Schools*, 25(1), 98 - 111.

[8] Schmidt, D., Baran, E., Thompson, A., Mishra, P., Koehler, M. & Shin, T. S. 2009. Technological Pedagogical Content Knowledge (TPACK): The development and validation of an assessment instrument for pre-service teachers[J]. *Journal of Research on Technology in Education*, 42(2), 123 - 149.

[9] Wang, L., Ertmer, P. A., & Newby, T. J. 2004. Increasing preservice teachers' self-efficacy beliefs for technology integration[J]. *Journal of Research on Technology in Education*, 36(3), 231 - 250.

[10] 李明喜.2018.基于 TPACK 的大学英语学习云空间构建及教学应用研究[J].中国电化教育(5):

53 - 60.

[11] 于开莲,赵南,张慧.2019.幼儿园教师整合技术的领域教学知识(TPACK)调查研究[J].电化教育研究(3)：118 - 123.

[12] 王辞晓,吴峰.2018.职前教师 TPACK 水平的绩效分析与改进路径[J].现代远距离教育(2)：62 - 71.

[13] 王琦.2014.外语教师 TPACK 结构及其技术整合自我效能研究[J].外语电化教学(7)：14 - 20.

[14] 赵国宏,苗莲娜.2019.基于 TPACK 的小学教师信息技术应用能力发展研究[J].延边大学学报(社会科学版),52(5)：110 - 116.

[15] 赵磊磊,李玥泓,谢鉴知.2018.地方高校信息技术师范生 TPACK：影响因素及建构策略[J].现代远距离教育(3)：29 - 36.

The Effects of Online Teaching Experience on College English Teachers' TPACK Structure and Self-Efficacy

Yan Jiang, Xiaojv Long

Shanghai Jiao Tong University; Beijing 171 Middle School

Abstract: This paper examines College English instructors' ability of and belief about integrating information technology into foreign language teaching. It surveyed the instructors' TPACK structure and self-efficacy levels before and after teaching online for a semester, and conducted a focus group discussion of teachers' reflections. The results show that the instructors lacked confidence at the outset, but after training and teaching online for a semester, their TPACK ability and self-efficacy levels both improved, while a few concerns remained. This research also finds that teachers' TPACK ability has a strong positive correlation with their self-efficacy level. The findings have implications for future practice of integrating information technology into language teaching.

Key words: online teaching; TPACK structure; self-efficacy

合法化语码理论下英语专业
本科生的语类素养建构[①]

旷 战[②] 罗 欣[③]

湖南科技大学

提 要：合法化语码理论是一个用于研究和塑造社会教育实践的多维概念框架,而语类素养是衡量英语专业学生英语学科素养的一项重要参数。英语专业教师如何在课堂上帮助学生掌握英语学科语类知识,实现累积式知识建构和语类素养提升,合法化语码理论提供了新的研究路径。文章从合法化语码理论的知识结构、知者语码、语义性等概念出发,探讨了课堂场域实践中教师如何灵活运用各种社会符号资源和教学方法,不断实现对学生个体意库中知识语码、知者语码以及语义码的语境重构,引导学生更全面地理解、掌握和运用各学科语类知识特殊表意方式和语码模态组织规律,从而有助于推动合法化语码理论的内涵提升与外延发展,促进英语专业学生语类素养建构在知识层与知者层(精神层)的和谐统一。

关键词：合法化语码理论;英语专业本科生;语类素养建构

1 引言

进入 21 世纪以来,高等教育阶段的外语教育不断面临新的机遇和挑战。一方面,国家战略转变与社会经济发展对外语人才的培养提出了全新的定位与要求;另一方面,伴随着新兴科学技术的变革,外语教育的内容、模式、方法以及教育理念也发生了重大变化(蒋洪新等,2020)。2020 年教育部研制的《普通高等学校英语类专业教学指南》(2020)从培养目标、培养要求、课程体系、教学计划、教学要求等维度为高素质、复合型英语人才的培养提供了有力指引,体现出从以能力为引导到以价值观为引导的转变。理解、识别、分析、产出语类的能力以及语类意识是衡量英语专业学生学科素养的一项重要指标(杨信彰,2015)。语类素养建构需要广大英语专业教师在课堂教学和社会实践中借助不同语境激发学生主观能动性,培养其合作意识,从而实现不同语类知识的累积式建构(马玉蕾,2017)。

英语专业的特色和优势凸显在教育理念、教材体系、教学方法、课程体系、教学评价等方面。长期以来,英语专业教育主要倾向于基本知识与技能的掌握,却忽视了学生综合素质提高和整体发展(文旭等,2020)。梅顿(Maton,2014;2020)创建的合法化语码理论(Legitimation Code Theory)吸收了社会学、语言学、教育学等学科领域的最新成果,强调知识/知者语码、语义码对社会场域实践的重塑与分析。令人遗憾的是,对于语类素养建构本质以及英语专业教师如何基于合法化语码理论在课堂教学中进行适当有效的干预,从而更好地提升英语专业学生的语类素养等问题,尚未进行过系统的探讨。鉴于此,本文尝试在合法化语码理论的框架下,探讨英语专业学生语类素养的合法化语码建构,尝试从知

---

① 本文为湖南省教育规划课题(XJK19BGD024)阶段性成果。

② 旷战(1973—),男,湖南湘潭人,博士,湖南科技大学外国语学院副教授,硕士研究生导师;研究方向：外语教学、系统功能语言学、语篇分析等;通信地址：湖南省湘潭市雨湖区桃源路 2 号湖南科技大学大学外国语学院;邮编：411201;电子邮箱：kuangzhanalf@126.com。

③ 罗欣(1998—),女,湖南双峰人,湖南科技大学外国语学院在读研究生;研究方向：外语教学研究。

识、语码、语篇语义等维度以及语类资源的张力与选择功能层面观察、分析、解读、建构学生语类素养,以期推动语类素养建构知识层与精神层的和谐统一以及合法化语码理论的内涵提升与外延发展。

2 语类与语类素养建构本质

语类(genre)一词最早源于柏拉图、亚里士多德等人对诗歌类型的研究。此后,学者们从不同研究视角如"语境观、互文观、对话主义以及语言系统选择的构型描写"等对其展开探讨,对语类的定义与理解也不相同,如"图示、原型、框架、社会结构、言语活动"等(Mayes,2003:19)。20 世纪 80 年代以来,伴随着语言学逐渐从语法到语篇研究的后现代转向,哲学家、语言学家、修辞学家、语言教育学家、社会语言学家、人类/人种语言学家等纷纷开始聚焦代表整体语篇及其社会文化功能的语类研究(张德禄,2010)。

总体上,西方语言学界主要从系统功能语言学、应用语言学、新修辞学等三个领域对语类展开研究(Martin & Rose,2008)。在系统功能语言学内部对语类解读的差异主要体现在韩礼德、韩茹凯、马丁等人的观点上。韩礼德和韩茹凯(Halliday & Hasan,1989)认为语类是特殊的修辞策略,是概括性的语篇结构,是语域功能变体中的语式次类。语类和语域同属语境层,语境决定语类结构,而语类结构在语篇中的不同组合模式体现出语域构型的赋值变体。马丁等人(Martin & Rose,2008:6)认为语类是特定语境下用以实施社会实践的复现意义构型;语类/文化语境和语域/情景语境是语境的两个不同的交际层,前者是抽象的变体和复杂突显的内容层,后者为元冗余表达层;语类是反映元功能语域的模式化模式,语域示例化的形式是语篇并反映意识形态(Martin,2016)。两者语类模式的主要区分如表 1 所示(旷战,2017)。

表 1 韩礼德/韩茹凯和马丁关于语类的研究模式

维 度 范 畴	韩礼德/韩茹凯	马 丁
研究角度	从下至上	从上至下
定义解读	修辞方式、语篇类型	社会实践中复现的意义构型
核心概念	语境构型、语类结构潜势	图示结构、宏观/基本语类
和语域的关系	平行和归属关系	体现和元冗余关系
描写方式	整体的、静态的、线性的	拓扑的、动态的、分型的
交际目的	语式、语场、情景语境	语类、文化语境

相比之下,马丁的语类观点源于教学实践,较为合理、完整且适用性强(白芳、赖良涛,2021)。通过将课程设计、教学方法、教学内容、评价体系等范畴和课堂语言教学有机融合,不断建构、促进与提升英语专业学生的语类素养,其目的在于开发学生目标语的语义潜势(掌握相关语言知识及其运用技能),让学生能在理解语类/语篇整体意义的基础上,根据具体的社会文化语境,从社会符号资源中做出合适的选择来进行有效输出。系统功能语言学视语言为多功能的社会符号系统,语篇是语境作用的产物和意义潜势的具体体现,因此需要借助语境化的语篇或语言和语境的互动来教授语言和学习语言(赖良涛,2019)。

英语学科语类素养与其自身工具性、人文性等特点密切相关。具体而言,语类素养建构不仅需要教师借助多模态符号资源引导学生掌握不同语类的书写、读音、词汇、语法、小句、段落、语篇、修辞、语体等合法化语码知识/技能,还要掌握这些资源在特定社会文化语境下传递的真值意义与意图以及所揭示的态度、情感、目的、立场、价值观念、身份地位、意识形态等(王振华,2012),更要研究这些资源对语类素养建构的影响,从而不断帮助学生从合法化语码知识学习、跨学科技能掌握向辩证思维、积极情感、健康人格建构的内涵发展。

3　合法化语码理论

伯恩斯坦(Bernstein)的教育社会学和韩礼德的系统功能语言学两种理论之间一直在开展富有成效的对话,它们关注共同的话题是"作为语言现象和作为社会现象的话语",从 20 世纪 60—80 年代语码取向和语言/语义变异的对话,到 90 年代教育话语和语类识读的对话,到 2000 年初知识结构和语场的对话,到 2000 年中期合法化语码理论专门性维度与个体化/亲和、评价、语场的对话,再到 2010 年代至今合法化语码理论的语义性维度与语场、语式、评价、识读、个体化、技术性、图像学、语法隐喻等范畴的对话(Maton & Doran,2017)。

梅顿继承和发展了伯恩斯坦的知识结构理论和语码理论、布迪厄(Bourdieu)的文化再生产理论以及马丁的语篇语义学思想等,创建了合法化语码理论,以探索和塑造课堂学术语篇中有关课程和教学方法的知识建构实践。人类具有的不同类型的知识主要通过水平和垂直两种不同类型的话语来表达,前者指日常或常识性知识,后者的习得指借助系统的教育所取得的语境重构知识。基于不同场域的知识建构方式,知识结构分为水平知识结构(如人文社会科学知识)和等级知识结构(如自然科学知识)两大类;其中水平知识结构根据语法强弱程度又分为强语法和弱语法,前者要求学习者通过学习提升自我理论水平,后者则要求掌握相关术语以增加专业知识(Bernstein,1996/1999;Maton,2000;朱永生、严世清,2011)。

知识是一种结构化的和正在结构化的结构。在社会文化实践活动中,实践活动行为(如知识累积建构)涉及实践主体和实践客体。其中,实践活动行为与实践客体或焦点之间的关系是认知关系,实践活动行为与实践主体或行为者之间的关系是社会关系。社会文化实践活动中,认知关系和社会关系(如分类和构序)的相对强度是在强弱之间的独立变异,进而拓扑形成精英、知识、知者、相对等一系列不同模态的专门型语码。知识语码主要与场域相关,知者语码大多与惯习(habitus)和资本相关。知识建构实践只有满足了不同场域中的知者语码和知识语码要求,才被认为是合法有效的(Maton,2014:29-30;赖良涛,2015)。

合法化语码理论将社会场域实践视为一系列语义结构。基于语义引力(semantic gravity)和语义密度(semantic density)两个维度,其语义组织形式被概念化地表征为强弱/高低两级连续统之间的语义码。知识建构过程中,语义引力体现出语义对语境的依赖或关联程度,语义选择或生产越依赖语境,语义引力就越强;反之则越弱。语义密度体现了语义的压缩程度,社会符号涵盖的意义越丰富,语义密度就越高;反之则越低。两个维度呈现出的强弱和高低变化与知识累积建构之间有着密切联系(Maton,2013;罗载兵,2017)。随着时间展开,二者的动态变化呈现出各类不同的语义框架和语义幅度(语义波),如图 1 所示。

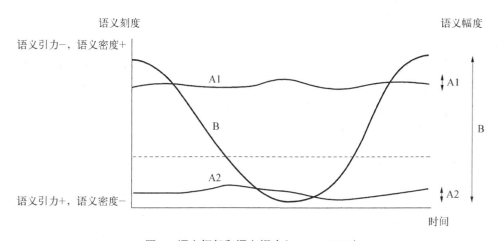

图 1　语义框架和语义幅度(Maton,2013)

4 基于合法化语码理论的语类素养建构分析

合法化语码理论是开展教育社会学研究以及其他跨学科社会文化实践活动的工具包，该适用性框架可以阐释教育实践以及其他领域产生的一系列实践问题。这显然为社会文化语境下语类素养的合法化建构以及不同语码模态多维组织原则的辨析提供了新的路径，为语类素养建构行为的社会性、动态性、可变性分析提供了可能性、指导性、解释性（武建国、陈琪，2022）。知识的累积建构（包括语类知识）与实践的客体和主体以及语义性紧密相关，因此，下面我们主要从知识结构、知者语码和语义性三个维度来探讨教师如何在课堂教学的场域实践中，采取自上而下的有效介入来实现英语专业学生语类素养的有效建构。

4.1 语类素养建构的知识结构维度分析

语类能力是英语专业学生英语能力的重要组成部分，通过累积学习英语语类文化知识是塑造、提升学生英语学科素养的有效路径（杨信彰，2015）。宏观上，语类素养的知识建构依赖于教学指南制定、教材编写、教学大纲设计、课程设计以及教育者的语类意识等要素，如 2020 年版《普通高等学校本科英语专业教学指南》在培养目标、培养规格（素质要求、知识要求、能力要求）、课程体系（公共基础类课程、专业核心课程、专业方向课程、实践教学环节）、教学计划、教学要求、教学评价等方面对学生知识结构培养有明确的要求。

微观上，它需要专业教师根据学生学习的特点与需求，基于合法化语码知识结构组织原则，在课堂教学中充分运用各种社会符号资源的互动融合以及课后实践教学，不断对学生原有的语类知识结构进行语境重构。整个课堂上的知识累积建构过程以语类能力为导向，明确语类知识整合性、连接性、层次性的系统和深度学习，不断强化语言能力、思维品质、文化意识等核心素养的重构、内化、迁移以及融合，不断激发学生的学习潜能，提升学生的学科素养。具体而言，教师借助参与式、启发式、阐释式、讨论式以及多模态知识建构、肢体语言等多种教学方法的灵活使用，通过师生之间解构、共构、独构等教学环节的互动，不断优化学生的学习方式，让学生掌握不同类型语篇的语类目的、宏观语类、基本语类、语类图示结构、语类结构潜势、基本语类成分、语域构型以及词汇语法、语篇语义、语域（语场、语式、语旨）、修辞结构等语类术语知识和理论知识，将通用英语知识、专门用途英语知识、跨文化交际知识有效地整合到不同专业方向（如师范和商务）、不同课程的垂直知识、水平知识、强语法知识、弱语法知识中去，建构语类知识结构培育的多元立体课程模式。与此同时，在技能层面不断提升学生运用技巧策略学习语类知识和文化的能力，从而引导学生更全面地理解、掌握和运用语类知识特殊表意方式和知识结构规律（刘承宇、单菲菲，2017）。

个体意库（repertoire）指个体能调动的各类社会符号资源潜势与策略，个体意库中知识编码的建构是学习者生命线中的一部分，是一个动态发展的终身过程，它与学习者的教育背景、生活环境、社会阅历等社会文化语境紧密相关（Bernstein，1996：158；Matthiessen，2007：785）。在英语专业教师课堂上有效的多模态辅助和干预下，学生不断经历个体意库中语类知识结构"日常化→概括化→抽象化→隐喻化"的重新识解与重新范畴化，其个体意库中的语类知识结构也在不断拓展和丰富，其语类素养也在专业知识的累积重构中得以提升。

4.2 语类素养建构的知者语码维度分析

知者语码关注知识建构实践中实践行为主体的自身特征（Maton，2014：29）。而英语语类素养的建构与语言的工具性、人文性等特点密切相关，它涵盖语言能力、思维品格、文化品格等要素，这些要素之间相互渗透、融合互通、协同发展（束定芳，2017）。借助知识本位与知者本位、概念意义和人际意义、语义潜势单模态和社会符号多模态以及语言、思维、文化等多种范畴的有机整合,英语语类素养的知者语码建构可以通过教师在课堂上对学生在知识和技能、过程和方法、态度情感、价值观等方面的教育培养过程中实现。

　　下面,我们以英语专业核心课程"高级英语读写1"中《马克·吐温——美国的一面明镜》这篇文章为例进行阐释。在课堂分析环节中(整个环节还包括课堂驱动准备、课后评价反思等),教师基于整个语篇图示结构,即"马克·吐温的总体介绍、马克·吐温的生活和写作经历、马克·吐温的个人悲剧"三个基本语类,通过组织调控话语和设计主题内容话语,并借助模态链、问题链、活动链等过程层层递进、环环相扣。与此同时,通过探讨整个语篇中的叙事特点以及各种修辞格的作用和功能,逐层建构、丰富英语专业学生个体意库中关于英语语言、文学、文化等专门性水平知识结构体系,如文章的语言风格、修辞手法、人物传记、儿童文学以及西进运动、淘金热、美国内战等常识性知识。而通过分析、解构、阐释整个语篇中语气、情态、人称、评价等人际资源是如何实现跨系统、跨层级、跨级阶的彼此耦合、相互串联,强调马克·吐温对待磨难与挫折的积极态度,形成教师课堂话语中积极态度意义综合体。

　　学生个体意库中知识语码的建构和知者语码的培养息息相关,紧密相连。随着课堂话语发生的不断推进,这种反复前景化的积极态度意义比重在整个课堂话语中持续上升,它在强化、彰显作者对马克·吐温"充满进取精神、爱国热情、乐观向上、浪漫情怀以及幽默感"等积极态度意义渲染的同时,也在不断挤占原有语篇中马克·吐温"愤世嫉俗、尖酸刻薄、郁郁寡欢"的消极意义空间。在还原一个真实马克·吐温的同时,教师将正确、积极的人生观、价值观、世界观以及良好的道德品质,隐性地融于学生专业知识的累积建构、学习技能的培养以及跨文化交际能力的提升之中,从而形成了一条扩散到整个课堂活动中的知者语码积极评价衔接链,凸显了英语学科课堂思政育人的润物无声,整个过程如图2所示。

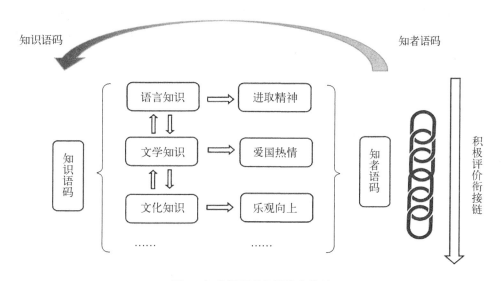

图2　知者语码积极评价衔接链

　　英语专业学生语类素养的提升是其知识累积过程中的必经之路与必然结果。合法化理论视域下的语类素养建构研究既强调知识建构中实践客体(认知/知识关系)的步骤和技能,也关注实践主体(社会关系)的自身特征以及人作为认知主体在经验识解和建构过程中的主观能动性,将社会本体论(元理论)、解释框架(理论)、具体研究(实体论)有机地融合在一起,显然为语类素养的培育和建构提供了一个更为全面、系统的描写场景和阐释视角。

4.3　语类素养建构的语义性维度分析

　　意义构建本质上是语篇行为,语篇则是对语境的符号识别,是社会实践互动的语言形式,是意义在时空维度上的持续推进(Halliday，1978)。合法化语码理论的语义维度将社会实践构建为语义框架，其组织原则被概念化为各种语义编码，它包含语义引力/密度呈现出的强弱变化(Maton，2014)。语义性维度为语类素养的建构提供了一种从词汇语法、语篇语义到语境层面分析话语意义的表征方式。它有利于学习者了解专业知识累积建构过程中不同语码的深层组织原则和规律，掌握如何灵活运用合法化语码以实现成功的跨文化交际。

在社会场域实践中，探讨语义引力/密度两个参数的动态变化可以描绘出社会实践符号随着时间展开而展开的语义框架，如课程设计、课堂话语、学生作文等。通常情况下，语义引力增强，语义密度就会减弱；语义引力减弱，语义密度就会增强。但是这两个维度之间并非必然呈现出这种逆向的变化趋势，二者在不同语境中也可呈现独立的变化，这需要基于具体语境进行具体分析(罗载兵，2017)。事实上，不同教育层次、不同学科以及相同学科的不同方向所要求的表意方式各有不同，呈现出的语义引力/密度两个参数的强弱程度也不同。如果教师不能引导学习者掌握这些特定层次、特定学科以及特定方向所蕴含和要求的表意方式和语码组织范式，那学生就有可能无法掌握该学科内容(赖良涛，2019)。

就普通高校英语专业而言，其语言学方向的课程包括英语语音学、词汇学、句法学、语义学、语用学等；文学方向的课程包括英/美国文学史、英语小说选读、英语散文选读、英语戏剧选读、英语诗歌选读等；翻译方向包括文学翻译、商务翻译、旅游翻译、科技翻译、典籍翻译等。因此，专业教师应该熟练掌握这些不同课程类别和课程体系的知识表意方式、特定的组织原则及其语码表征模态，通过语篇语义的动态变化将不同的专业知识融合在一起。课堂教学场域实践中，不同类型课程语篇的语义轮廓不仅涉及语义向下转移，还涉及语义向上转移，如图 3 所示(参照 Maton，2020)。这些语义波的分形可以显示不同课程语篇上下文依赖性和知识随时间变化的复杂性，蕴含着对抽象存在与具体场景的演绎归纳。它为不同课程语篇语义的动态描写，即从情境化和更简单的理解到更完整、更多样和更深层次的意义描写提供了可能，它有助于学生结合其个体意库中的知识结构，理解不同学科抽象术语或概念的意义表征以及知识结构规律，并从具体的语篇中归纳抽象的主题意义或程式化意义。

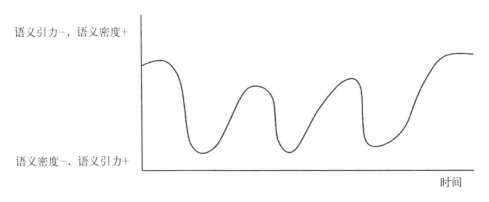

图 3　知识累积建构中的语义波动态变化

总之，对学生语类素养建构过程中动态化的语篇语义结构进行静态描述，对于揭示语言的表意功能在教育教学中的规律，掌握社会场域实践下不同学科的知识累积建构规律至关重要。此外，基于语义框架的整体教学，可以搭建一门课程或课程体系统领，而课程中各语篇主题彼此关联呼应，各教学单元逻辑连贯清晰，从而使课堂语篇教学能够基于一个完整的主题设置单元目标，逐步引导学生学习、归纳、总结、运用"语篇→单元→课程→课程体系"的各层级主题意义的表征方式和语码，建构各类课程知识结构体系，从而有助于教师从整体和部分、宏观和微观上规划课堂中教与学的设计以及各类测评活动，把握各层次主题意义的建构，聚焦英语学科立德树人的本质，促进英语专业学生语类素养各要素的合法化融合发展。

5　结语

　　本文介绍了研究背景,探讨了语类和语类素养建构本质,在合法化语码理论关于知识结构、语码理论以及语篇语义观点的基础上,尝试从语篇语义层面以及合法化语码(包括知识语码和知者语码)资源的张力与选择功能层面观察、分析、解读语类素养建构过程中,学习者个体意库中知识结构、知者语码模态、表意方式重构等问题。研究从词汇语法、语篇语义、语境出发,将知识本位与知者本位、概念意义和人际意义、单模态和多模态以及语言、思维、文化等范畴有机融合,有助于揭示不同课程的知识表意方式和语码模态组织特点,为英语学科知识的教育、教学提供了合法化依据,为英语专业本科学生语类素养体系的累积构建提供了一个更为新颖、全面、系统的解读视角,拓展了英语语类素养研究的系统功能路径,推动了合法化语码理论的内涵发展和外延应用。今后的研究中,广大教师应思考如何整合课堂上的水平话语和垂直话语,如何实现语境知识重构,如何将教授内容、教学设计、目标内容、学习水平、语义波等要素紧密联系,促进学习者从语言技能掌握向文化内涵提升。

参考文献

[1] Bernstein, B. 1999. Vertical and horizontal discourse: An essay [J]. *British Journal of Sociology of Education*, 20 (2): 157 – 173.

[2] Bernstein, B. 1996. *Pedagogy, symbolic control and identity: Theory, research, critique.* [M]. London: Taylor & Francis.

[3] Halliday, M. A. K. & Hasan, R. 1989. *Language, context, and text: Aspects of language in a social-semiotic perspective*[M]. Victoria: Deakin University Press.

[4] Halliday, M. A. K. 1978. *Language as social semiotic: The social interpretation language and meaning*[M]. London: Edward Arnold.

[5] Martin, J. R. 2016. Meaning matters: A short history of systemic functional linguistics[J]. *Word*, 62 (1): 35 – 58.

[6] Martin, J. R. & Rose, D. 2008. *Genre relations: Mapping culture*[M]. London: Equinox.

[7] Maton, K. & Howard, S. K. 2020. Autonomy: The next phase of dialogue between systemic functional linguistics and legitimation code theory[J]. *Journal of World Languages*, 6(1 – 2): 92 – 112.

[8] Maton, K. 2000. Languages of legitimation: The structuring significance for intellectual fields of strategic knowledge claims[J]. *British Journal of Sociology of Education*, 21(2): 147 – 167.

[9] Maton, K. 2013. Making semantic waves: A key to cumulative knowledge-building [J]. *Linguistics and Education*, 24(1): 8 – 22.

[10] Maton, K. 2014. *Knowledge and Knowers: Towards a Realist Sociology of Education* [M]. London: Routledge.

[11] Maton, K. & Doran, Y. J. 2017. SFL and code theory[A]. In T. Bartlett, & G. O'Grady (Eds). *The Routledge Systemic Functional Linguistic Handbook* [C]. 605 – 608. London: Routledge.

[12] Matthiessen, C. M. I. M. 2007. Lexicogrammar in systemic functional linguistics: descriptive and theoretical developments in the "IFG" tradition since the 1970s[A]. In R. Hasan, C. M. I. M. Matthiessen & J. Webster (eds.), *Continuing discourse on language: A functional perspective*[C]. 765 – 858. London: Equinox.

[13] Mayes, P. 2003. *Language, social structure, and culture: A genre analysis of cooking classes in Japan and America* [M]. Amsterdam/Philadelphia: John Benjamins.

[14] 白芳,赖良涛.2021.功能语言学语类理论评述[J].江西师范大学学报(哲学社会科学版)(2)：140 - 144.

[15] 蒋洪新,杨安,宁琦.2020.新时代外语教育的战略思考[J].外语教学与研究(1)：12 - 16.

[16] 教育部高等学校教学指导委员会外国语言文学类专业教学指导委员会、英语专业教学指导分委员会.2020.普通高等学校本科外国语言文学类专业教学指南(上)——英语类专业教学指南[M].上海：上海外语教育出版社.

[17] 旷战.2017.个体意库、身份建构与情感绑定——基于精神科医患会话的个案研究[D].重庆：西南大学.

[18] 赖良涛.2015.教育语言学：一个社会符号的模式[M].北京：外语教学与研究出版社.

[19] 赖良涛.2019.教育语言学的系统功能视角[J].语言学研究(2)：7 - 16.

[20] 刘承宇,单菲菲.2017.大学英语课程的跨文化交际能力共核与差异——基于合法化语码理论的《大学英语教学指南》解读[J].外语界(04)：79 - 87.

[21] 罗载兵.2017.语义波的分形谐振研究[D].西南大学.

[22] 马玉蕾.2017.语类教学法本土化与外语教师发展[J].北京科技大学学报(社会科学版)(1)：9 - 17.

[23] 束定芳.2017.关于英语学科核心素养的几点思考[J].山东外语教学(2)：35 - 41.

[24] 王振华.2012.詹姆斯·R·马丁的司法语言研究及其启示[J].当代外语研究(1)：19 - 24 + 63.

[25] 文旭,文卫平,胡强,陈新仁.2020.外语教育的新理念与新路径[J].外语教学与研究(1)：17 - 24.

[26] 武建国,陈琪.2022.合法化语码理论：诠释与瞻望[J].现代外语(04)：575 - 585.

[27] 杨信彰.2015.英语专业学生的语类意识与外语能力[J].外语与外语教学(1)：25 - 28.

[28] 张德禄.2010.马丁的语类研究[J].当代外语研究(10)：29 - 34 + 63.

[29] 朱永生,严世清.2011.系统功能语言学再思考[M].上海：上海外语教育出版社.

The Construction of Genre Competence for Undergraduate of English Majors from Legitimation Code Theory

Zhan Kuang, Xin Luo

Hunan University of Science and Technology

Abstract: Legitimation Code Theory(LCT) is a multi-dimensional concept framework for researching and shaping social education practice, and genre competence is an important parameter to measure the English Competence for undergraduates of English majors. To the questions that how English major teachers help students master English genre knowledge of English discipline in class, achieve cumulative knowledge construction and Genre Competence improvement, LCT provides a new research path. The paper begins from the concepts such as knowledge structure, knower code and semantic code of LCT, then discusses how teachers flexibly use various social semiotic resources and teaching methods in classroom field practice, and constantly realize the context reconstruction of knowledge code, knower code and semantic code in students' repertoire, guide students to understand, master and apply the special ideographic mode and organization rules for code mode in genre knowledge of various disciplines more comprehensively. Thus, it is helpful to improve the connotation promotion and extension development of LCT, promote the genre competence of undergraduates of English majors between the knowledge level and the spiritual (knower) level in harmony and unity.

Key words: Legitimation Code Theory (LCT); undergraduate of English majors; construction of genre competence

戏剧艺术和英语教学的融合

——英语戏剧教学范式及课堂应用研究述评①

吴　倩②　冯芃芃③

中山大学

摘　要：在新文科建设和美育教育均倡导学科交叉融合的背景下，英语戏剧教学法将戏剧艺术与语言教学相结合，用戏剧相关的教学策略和方法为英语课堂注入新的活力。本文总结出"表演驱动""角色驱动"以及"剧情驱动"三种英语戏剧教学范式，并对相关应用案例进行分析。表演驱动范式以全身反应法为指导，强调通过手势、动作、表情等表演训练辅助语言表达和语言习得，"艺术家教育计划"模式是这一范式的典型应用；角色驱动范式以任务教学法为指导，强调运用角色构建和场景设定引导学生完成有意义的交际任务，"故事线"模式是这一范式的典型应用；剧情驱动范式以内容语言整合学习教学法为基础，强调通过研读和演绎经典剧作达成内容知识和语言知识的协同发展，"排练室训练法"是这一范式的典型应用。戏剧元素在三种范式中由局部走向了整体，戏剧艺术与语言教学的交叉融合也不断深化。文章从方法论基础、目标导向、核心要素、师生角色、适用学生群体等多个维度阐明了三种范式的区别和联系，旨在为一线的英语教育和美育教育从业者提供戏剧艺术和语言学习相融合路径之参考。

关键词：英语教学；戏剧教学法；美育

1　引言

2020 年 10 月，中共中央办公厅、国务院办公厅印发《关于全面加强和改进新时代学校美育工作的意见》，明确指出"把美育纳入各级各类学校人才培养全过程，贯穿学校教育各学段"，一方面要"梳理学科融合理念"并"有机整合相关学科的美育内容"，另一方面学校美育课程要"以艺术课程为主体"（教育部，2020）。该意见明确了艺术教育是美育的核心组成部分。而戏剧这一古老而伟大的艺术表现形式和手段，则是赋能艺术教育和美育实践的关键一环（王晓雯，2021）。

在倡导建设"新文科"的时代背景下，学科交叉融合被认为是文科创新转型发展过程中一个至关重要的突破点（何莲珍，2021），也是开展以美育为主题的跨学科教育教学的重要路径。跨学科融合能为考查和评估外语教学实践提供多种视角，也能为分析和解决外语教学中存在的问题提供多种方案（戴炜栋等，2020）。戏剧教学法（drama-based pedagogy）是一系列与戏剧相关的教学策略和方法（Lee et al.，2015）。而英语戏剧教学法指的是把这些方法和策略融入外语教学中去（张武保，1994），立足于文学和艺术学两大学科门类的交点，是外国语言文学和戏剧与影视学这两大一级学科的有机结合。目前，我国英语教学中仍然存在学生应试能力较强但语言运用能力较弱、课堂由教师主导而学生主动性

---

①　本文受中山大学 2022 年教学质量与教学改革工程项目"基于五个融合的新文科艺术人才培养计划"资助。

②　吴倩（1995—　　），女，中山大学外国语学院博士生；研究方向：应用语言学、英语教学；通信地址：广东省广州市海珠区新港西路 135 号中山大学外国语学院；邮编：510275；电子邮箱：wuqian35@mail2.sysu.edu.cn。

③　冯芃芃（1973—　　），女，博士，中山大学艺术学院副教授，本文通讯作者。研究方向：戏剧影视与创意教育、电影理论与创作、外语课程设计；通信地址：广东省广州市海珠区新港西路 135 号中山大学艺术学院；邮编：510275；电子邮箱：flsfpp@mail.sysu.edu.cn。

较弱、课程内容枯燥导致学习动机低下、学生内在驱动力不足且投入程度较低等问题(蔡基刚,2014;任庆梅,2018;张虹等,2021),融入戏剧教学策略和方法或许能帮助英语教学走出这些困境(Bendazzoli & Pérez-Luzardo,2022;Cecco & Masiero,2019;Puchta et al.,2012)。一方面,戏剧的创作、排练和演出为学习者们提供了自然的交流环境,促使学习者运用语言与他人进行自发且富于意义的互动;另一方面,戏剧还可以激发学习者对于口语表达、阅读理解及文本创作的兴趣,全方位促进他们的语言素养发展(Belliveau & Kim,2013)。

有国内学者较早关注到了戏剧教育在英语课堂中的应用潜能(张武保,1994),但戏剧教学法在国内外语课堂中的应用目前都十分有限(Belliveau & Kim,2013)。国外研究者对于戏剧教学法的关注由来已久,20世纪末就有学者发表了相关专著,探讨戏剧在语言教育中的实践(如 Wagner,1998)。近十年间,也有国外学者通过撰写综述对戏剧教学法和二语学习间的关系进行了回顾(Belliveau & Kim,2013)。然而,现有讨论均集中于戏剧教学法对语言学习的作用和效果上,未能对英语戏剧教学法的教学方法、教学活动及教学设计进行细致的考查和系统的梳理,难以获知不同的戏剧元素究竟以何种方式融入语言课堂,以何种路径对语言学习产生了影响,因而无法为英语戏剧教学法在课堂中获得更为广泛的应用提供指引(Lee et al.,2015)。

鉴于此,本文拟对英语戏剧教学法进行更为系统的探究,回顾相关文献从而提炼英语戏剧教学的主要范式,综述相关研究成果并讨论现有的英语戏剧教学实践,旨在为一线英语教师的课堂教学提供戏剧表演进课堂的参考和启示。

2　主要范式

早在20世纪70年代,就有学者在二语课堂中尝试加入戏剧元素,开始探索将戏剧艺术和语言学习相结合的路径(Stinson & Winston,2011)。半个世纪以来,越来越多的英语戏剧教学实践得以开展,丰富多样的戏剧策略和方法得以应用,形成了多种教学范式。笔者梳理并研读了英语戏剧教学法的相关文献,通过横向对比来明确不同教学方法突出的核心戏剧要素和语言教学重点,最终归纳总结出三种具有代表性的英语戏剧教学范式,即"表演驱动""角色驱动"和"剧情驱动"[①]。这三种范式分别由不同的戏剧要素驱动,建立在不同的方法论基础之上,最后导向不同的语言教学目标(见表1)。

表1　英语戏剧教学范式

教学范式	方法论基础	范　式　目　标	典　型　案　例
表演驱动	全身反应法	借助表演相关的面部、肢体、声音等训练的辅助提升学生的口语表达能力	"艺术家教育计划"(Greenfader et al.,2015)
角色驱动	任务教学法	通过设定角色和情景为学生营造交际环境,提升学习者的语言交际能力	"故事线"(Ahlquist,2015)
剧情驱动	内容语言整合教学	通过让学生自主探索经典剧幕的戏剧呈现形式,加深其对文本的理解	"排练室训练法"(Lee et al.,2019)

2.1　"表演驱动"范式

"表演驱动"范式建立在全身反应法(Total Physical Response)的方法论基础上。阿什尔(Asher,

[①]　除"角色驱动"范式的教学法方法论基础参考 Ahlquist(2015)以外,"表演驱动"和"剧情驱动"范式的方法论基础由笔者基于教学模式及教学法理论归纳得出。

1969)关于"全身反应法"的实证研究发现,相较于仅仅是收到外语口头指令或观察他人执行该指令,如果儿童听到指令后自己也参与实施指令行为,往往表现出更加优秀的外语理解水平,也能够更好地理解相对复杂的外语指令。换言之,充分调动外语学习者的视觉、听觉、触觉乃至动觉,可以对语言知识的吸收起到不可忽视的推动作用(Asher,1966)。这一教学方法强调语言习得与身体行动的紧密联系(Richards,1984)。

戏剧是表演者运用肢体和语言为观众创造画面的过程,通过行为、图像和符号这三重表征来表现人类经验(Wagner,1998)。因此,表演作为戏剧呈现的主要形式,往往需要戏剧演员全方位地调动所有感官,通过控制他们的躯干、肢体、脸部表情以及声音来传达人物情绪,表现情节动作,完成戏剧演出(霍恩、姜若瑜,2016)。戏剧表演艺术教育中针对面部表情、声音控制和肢体动作的训练活动可以有效地帮助学员放松和激活感官及身体,最终达到提高舞台表现力、提升戏剧感染力的效果。

该范式突出强调把表情、动作、声音等戏剧表演练习方法融入英语口语教学,用非口语的互动行为来辅助英语口语的输出过程,以期提升学习者的英语口语表达能力,最后根据学生的口语表达水平对教学成效进行评估。

2.2 "角色驱动"范式

"角色驱动"范式的构建基于任务教学法(Ahlquist,2015)。任务教学法是脱胎于交际语言教学流派的一种语言教学方法,20 世纪 80 年代以来在语言教育学界备受推崇(岳守国,2002)。任务教学法把任务看作语言课堂教学的核心元素和基本串联要素,主张任务应当源于现实生活的真实交际需求,为学生提供交际具体情境,注重学习者进行意义协商的过程而非形式,最终导向明确的交际目的和结果(覃修桂、齐振海,2004)。而角色则是交际任务所赋予学习者的特定身份和立场,是教师在进行任务设计时必须考虑的主要元素之一,对学生的互动行为产生影响(Robinson,2011)。

从戏剧艺术的角度来看,角色是戏剧的基石。不论戏份多少,角色都是表达戏剧作家作品内涵的传声筒和揭示戏剧主旨并推动情节发展的推手(肖俏,2015)。角色是戏剧构建真实情境的内在动力,同时又是戏剧情境的组成部分。一方面,为使人物关系成立、情节合理可信,戏剧必须为人物创造丰富且真实的故事背景,并尽可能使其贴近生活;另一方面,角色也是戏剧情境的一部分,丰满的人物角色是建立一个完整且立体的戏剧世界的前提条件(Wagner,1998)。

基于此,由角色驱动的英语戏剧教学范式强调塑造角色,围绕角色构建故事情境从而为学习者营造尽可能真实的交际环境,赋予语言输入和输出活动以动机、目的和意义,促进信息传递和意义交流,以期培养学生的英语交际和应用能力(岳守国,2002)。该范式依据学习者能否运用外语解决问题并完成交际任务来检验教学成效。

2.3 "剧情驱动"范式

"剧情驱动"范式吸纳了内容语言整合教学(Content and Language Integrated Learning, CLIL)的教学理念。内容语言整合教学是一种同时具有内容学习和语言学习双重教学目标的教育方法(Coyle et al.,2010)。内容语言整合教学理念认为,以内容为依托的学习目标是知识构建的内驱力,内容目标促使学习者进行交流,并在交流的过程中达成语言学习的目标,内容是促进语言学习的途径(Coyle et al.,2010)。内容知识和语言知识的建构是相辅相成的,正是通过学习那些信息量更大、抽象性更高、含义更复杂的内容,学生才能够发展更高阶的语言技能(Cenoz et al.,2014)。

而剧情正是戏剧表演在舞台上呈现的基本内容,通常也是最富有戏剧性的要素之一。此外,剧情是戏剧中信息含量最高、内容最为复杂的要素之一,因为其中蕴含了错综复杂的人物关系、丰富多元的文化要素、跌宕起伏的矛盾冲突以及剧作者试图传达的主旨思想。鉴于此,戏剧教育的重点是帮助学生解读剧情内容,并通过剧情理解人物发展脉络和关键情节设置。

在剧情驱动的英语戏剧教学范式中,学生以剧情为主线自主探索人物和情节的演绎呈现,从而获取对经典英语剧目文本内容和语言的深刻理解。该范式主要关注学习者是否能够深入理解经典剧本中的关键人物及关键情节,并最终以何种形式呈现在关键剧幕的表演中。

3　代表性案例

在不同教学方法论的指导下,由"表演""角色"以及"剧情"驱动的三种英语戏剧教学范式与不同的戏剧要素相结合,从而以不同形式在英语课堂中实现英语教学与戏剧艺术的融合。

3.1　"艺术家教育计划"——表演驱动

作为"表演驱动"英语戏剧教学范式的典型案例,"艺术家教育计划"(Teaching Artist Project, TAP)侧重在英语课堂中加入戏剧表演的基础练习,帮助学生用发声、表情、手势和动作来辅助语言进行表达,旨在提升学习者的英语口语水平(Greenfader et al., 2015)。

这一案例主要体现了"表演驱动"教学范式的三个核心维度——"声音训练""面部控制"以及"肢体表达"(见图 1)。

在"声音训练"模块,教师首先会给学生介绍和讲解人体的发声部位,并通过完成基础的发声练习来帮助学生找到正确的发声方式。然后教师会带领学生开展即兴的声音模拟游戏,让学生尝试用声音模仿并重现一些自然现象、动物或环境。此外,教师还会为学习者提供练习语音语调的机会,引导学生在清晰发声的前提下通过控制音量大小、音调高低和节奏快慢来表达不同的人物和情感。在"面部控

图 1　表演驱动范式的核心要素

制"模块,学生在不使用四肢躯体且不发出声音的前提下,尝试着通过充分调动眼睛、眉毛、鼻子、嘴唇、面颊等面部部位去表达诸如快乐、愤怒、无聊等情绪,通过这些即兴表演练习,学生认识到控制面部表情在情绪表达中所起到的重要作用。"肢体表达"模块的教学围绕姿势(gesture)和体势(posture)两个核心概念开展,教师会引导学生练习挥手、伸展等姿势以及坐姿、跪姿、躺姿等体势,帮助学生放松、熟悉并激活自己的肢体。充分热身以后,教师会让学生用姿势和体势重现日常活动,比如打棒球、潜水、游泳等,指引学生完成一系列连贯的、程序性更强的肢体行动(Greenfader et al., 2015)。表演训练的教学成果最后会集中呈现在童谣演绎上。老师选取人物情节都较为简单的经典童谣故事,引导学生共同探讨用面部表情和肢体动作配合口语来展现人物以及情节,最后让学生分小组进行汇报表演(Greenfader et al., 2015)。

整个表演训练与语言教学同步进行。教师在表演练习前教授相关词汇,并在演示过程中不断重复这些词汇以达到巩固效果。另外,游戏和练习催生出的师生互动和生生互动也为学习者创造了丰富的口语表达机会(Greenfader & Brouillette, 2013)。

实证研究表明这种英语戏剧教学模式对低学龄儿童的语言水平影响最大。首先,表情、姿态、动作等非语言符号的加入能有效缓解低龄学生因为语言表达能力有限所产生的焦虑和紧张情绪,使得他们能运用多种交流模态构建有意义的互动和对话,因而更乐于运用外语进行表达。其次,亲身施行肢体动作能帮助学习者将抽象的语言符号具象化,有助于语言知识的吸收、内化和巩固(Greenfader & Brouillette, 2013)。

3.2　"故事线"——角色驱动

"故事线"这一英语戏剧教学范式主要由角色及角色所身处的情境所驱动。角色是这一范式的主

要驱动要素,学习者首先需要思考和回答"你是谁"这一核心问题,学习者所创建的角色构成了虚拟世界的基础,贯穿于语言学习活动(Ahlquist,2015),以期为英语学习者模拟真实的交际情景,培养语言运用和交际能力(Ahlquist,2013)。

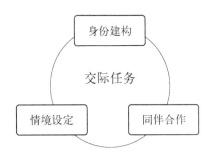

图 2　角色驱动范式的核心要素

这一案例充分体现了"角色驱动"教学范式的三个核心维度——"身份建构""情境设定"以及"同伴合作"(见图 2)。

"故事线"教学活动首先围绕角色的"身份建构"开展。学习者以四人小组为单位参与课堂活动,每个小组构成一个家庭,每个组员都被赋予一个家庭角色。学生需要构思角色的外貌特征、性格特质、兴趣爱好以及职业身份,通过添加具体的细节使得人物设定变得更加立体丰满。角色身份的建构不仅停留在想象层面上,教师还会让学生按照自己的人物设定用彩纸、画笔、布料等制作人物肖像拼贴画,从视觉上将人物形象具象化。此外,学生还需要用英语演讲为自己的角色进行自我介绍,在语言层面上进一步巩固角色身份。这些活动从多个层面建构角色身份,增强学生对于角色的代入感。在确立角色身份的同时,人物角色的生活图景以"情境设定"的方式被逐步描绘,教师提前预设好的剧情主线为语言交际任务提供了具体目标及情境。例如,剧情设定为虚拟家庭所生活的街区有一块废弃的荒地,它占用了土地资源却未物尽其用,由学习者组成的家庭需要写一封信向地方议会反映该问题并提出重建方案。角色所面临的具体困境引出了用英语撰写问题反馈信这一语言交际任务,促使学习者依据角色身份和人物关系充实书信内容,同时结合语言知识去完成这一写作任务。除了角色和情境以外,"故事线"还强调"同伴合作"的力量,将学习者用虚拟家庭的纽带联结在一起,他们以家庭为单位合作探讨并完成各项交际任务,对任务成果享有共同的责任,同辈学习者所起到的支架作用能有效减轻独立完成交际任务带来的压力(Ahlquist,2013,2015)。

语言教学在"故事线"模式中贯穿全过程,戏剧化的人物和情境设定服务于目标语言词汇知识、语法知识及交际功能的教学(Ahlquist,2013)。例如,构建角色身份的活动有利于培养学生用英语进行自我介绍的技能,并能帮助他们积累与描述外貌特征、性格特质、兴趣爱好以及职业身份相关的英语词汇、句型以及时态。对于教学评价来说,要检验这一教学模式是否有效,主要是评判学生是否能运用外语解决问题并完成交际任务,并分析其完成质量。

"角色驱动"的英语戏剧教学范式适用于中级以上学习者,通过营造真实交际情景,英语学习者主动塑造角色身份,进入真实交际任务,故事情境的设置帮助串联交际任务,在同伴合作中提高学习成效,最终提升学习者在不同语境下运用语言资源进行互动交流的能力(Ahlquist,2013)。

3.3　"排练室训练法"——剧情驱动

"排练室训练法"主张将专业的剧场排练方法进行改编,应用到真实的课堂教学实践中去,是"剧情驱动"戏剧英语教学范式的典型案例(Lee et al.,2019)。该范式以经典英语剧目的文本内容为导向,鼓励学生以剧情为主线对剧中的主要人物和关键情节进行深入探究,最后以演绎剧幕的形式呈现出他们对这部戏剧内容的深刻解读(Lee et al.,2019)。

"剧情驱动"教学范式包含了三个核心维度——"人物解读""情节理解"以及"意义共建"(见图 3)。

"人物解读"鼓励学生通过解读和演绎剧本来达成对剧中人物品质、性格和行为的深刻理解。学生需要依据文本明确人物心理活动

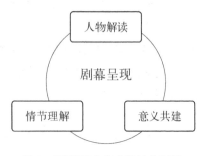

图 3　剧情驱动范式的核心要素

的关键转折点,梳理人物性格的发展脉络,并通过即兴表演去探索不同的解读方式。学生可以尝试用不同的语音语调、面部表情以及肢体动作来表现人物在各个剧情阶段所呈现出来的主要性格特征,将文本上的人物具象化。还可以由不同学生来演绎同一个人物在不同时期的心理活动,在文本中定位最能体现人物心理的词句,共同探讨这些台词所反映的人物思想。"情节理解"聚焦剧目主题和关键情节,引导学生提炼剧情的关键节点,梳理剧情主线,探讨场幕间的联系,讨论剧幕在整体剧情结构中的位置和作用。最后,剧情驱动范式强调"意义共建"。每个学习者都能依照剧本进行独立的自主探索,基于自己的背景知识和生活经验构建经典剧本的意义。与此同时,这些学习者共同构成一个剧团,每个团员都是戏剧演绎者、反馈者和指导者,观看、参与、评估其他团员的排练表演,每个人都需要贡献出自己的视角,通过汇总和整合多方视角来达成对于经典剧作的深入解读。在排练结束后,学习者需要选取经典剧作的一个关键剧幕进行演绎(Lee et al., 2019)。

语言学习主要以剧作精读的形式在"排练室训练法"教学模式中得以体现。该模式遵循"细读、重读、排演"的教学流程(Lee et al., 2019:76),鼓励学生充分挖掘剧本内容,通过抓取文本细节、分析修辞手法来加深学习者对于人物和情节的理解,最后通过舞台演绎来帮助学习者进一步内化对文本的深刻认识。"排练室训练法"适用于教授语言和内容都较为复杂的英语经典文学作品。晦涩的文字表达和抽象的艺术思想在戏剧排练和即兴表演的过程中不断以具象化的方式复现,为学生带来新的启发,帮助他们熟悉文学语言、理解文本内容。

4　对比分析

"表演驱动""角色驱动"以及"剧情驱动"这三种英语戏剧教学范式在教学实践和教育理念层面上均各有侧重,各个维度也呈现出不同的变化趋势。其中,戏剧元素由局部走向整体,英语教学由语言走向内容,戏剧艺术与英语教学的关系也逐步走向融合(见表2)。

表 2　英语戏剧教学范式特征变化趋势

教 学 范 式	范 式 导 向	二 者 关 系	核 心 要 素	师 生 角 色
表演驱动	结构导向	相对独立	(1) 声音训练 (2) 面部控制 (3) 肢体表达	主导者-跟随者
角色驱动	交际导向	相辅相成	(1) 身份建构 (2) 情境设定 (3) 同伴合作	策划者-执行者
剧情驱动	内容导向	融为一体	(1) 人物解读 (2) 情节理解 (3) 意义共建	引导者-创造者

4.1　实践层面的变化

在教学实践层面上,不同的英语戏剧教学范式分别适用于不同英语教学情境。

"表演驱动"范式更适用于外语水平较低的学习者,因为这种教学范式提倡用非语言行为辅助语言输出,对语言技能要求较低。此外,面部表情、肢体动作等表演训练多以游戏形式开展,更能激发学生的兴趣和专注力,有助于课堂管理。教师在该范式中扮演着主导者的角色,为学生提供语言表达和肢体动作的示范,带领他们完成课堂活动;而学生则是教师的跟随者,遵从老师的指令、回答老师的提问、模仿老师的语言和动作。

"角色驱动"范式则适用于外语水平中等的学习者,因为他们已经初步具备了听、说、读、写的语言基础技能,更需要学习在不同的交际情景中如何应用这些技能。该范式要求教师以策划者的身份结合语言教学目标为交际任务设计角色、情节和背景,而学生则需要在给定的交际情景中执行相应的交际任务。

"剧情驱动"范式适用于外语水平较高的学习者,例如英语专业学生,用以教授语言和内容都更为复杂的文本。该范式给予学生更多的自主性,教师不会提供标准模板或正确答案,而是让学生自主探讨经典剧作的演绎方法,合作构建和创造对于经典文本的多重解读。

4.2　理念层面的变化

首先,三种范式分别在英语教学中加入了不同的戏剧元素。"表演驱动"范式侧重面部表情与肢体动作的基本训练,主要由碎片化的戏剧表演练习构成;"角色驱动"范式强调身份构建和场景设定,主要由片段式的语言交际任务串联;"剧情驱动"范式突出人物变化以及情节发展,最终产出连贯完整且内容充实的戏剧舞台。戏剧元素在这一过程中由局部走向了整体。

其次,三种范式的语言教学视角也有所发展。"表演驱动"范式采用结构视角,基于全身反应法的教学理念,把语言看作传达意义的符号系统,强调用手势、动作、表情等非语言符号辅助语言符号的信息传递(何伟、王连柱,2020),将语言交流(verbal communication)与动觉交流(kinaesthetic communication)相融合,帮助学习者用有限的语言知识完成意义建构,有助于他们理解和记忆目标语言、激发认知和情感投入(Rothwell,2011)。"角色驱动"范式采用交际视角,基于任务教学法的教学理念,将语言看作交际工具和资源,用角色构建来帮助学生明确交际动机,用场景设定来营造真实的交际情境,引导学生完成富有意义的交际任务以习得目标语言(Piazzoli,2011)。"剧情驱动"范式采用内容视角,语言教学的重点由目标较为单一的语言教学走向了内容和语言协同发展的整合教学。基于内容语言整合学习的教学理念,这一范式将剧情内容及写就剧情的目标语言视作双重焦点,强调复杂文本的戏剧演绎有助于内容和语言理解,旨在整合内容知识和语言知识的发展。

相应地,戏剧驱动元素和语言教学视角的改变带来了二者关系的转变。在"表演驱动"范式中二者相对独立,教师会分别进行语言词汇和表演技巧的教学,再通过表演实践来巩固词汇学习。在"角色驱动"范式中二者相辅相成,戏剧角色以及情节主线为语言交际创造了真实情景,学习者完成交际任务的同时又为戏剧故事框架充实了必要细节。在"剧情驱动"范式中二者融为一体,剧情演绎与文本解读齐头并进、互相交融,舞台表演刺激学习者对文本语言和内容的深度探索,对文本的深刻解读又反过来优化演出效果。二者关系的变化体现了戏剧艺术与语言教学的交叉融合在三种教学范式中不断深化的过程。

4.3　教学启示

本文提炼的三种英语戏剧教学范式能为我国的英语教学实践带来启发,推进戏剧艺术与英语教学更深度地相融合。这些教学范式及其典型案例为一线教师设计课堂活动提供了参考,他们可以根据学生的年龄层次、学生的语言水平以及教学内容的难易程度有选择性地引入适用的戏剧元素,并运用相应的戏剧教学方法和策略来辅助英语课堂教学。目前,国内相关教学实践仍然十分有限,可能是因为戏剧活动周期较长、往往会占用较多的课堂时间,教师可以在翻转课堂中进行英语戏剧教学的尝试,让学生在课后观看戏剧训练的相关视频或阅读剧本,在课上展开小组讨论、戏剧排练以及汇报演出,以提升课上时间的利用率(Bredow et al.,2021)。

5　结语

　　在这个提倡全人教育的时代,语言教学的目标已经不仅仅局限于语言技能的训练,教育的根本目标指向培养全面发展的、具备多元化智能的人(戴炜栋等,2020;文旭等,2020)。学校美育作为立德树人的重要载体,要"加强各学科有机融合,整合美育资源",引领学生陶冶高尚情操、塑造美好心灵,实现全员全过程全方位育人(教育部,2020)。戏剧作为最古老的艺术之一,能够培养一个人的理解力、感知力、想象力、创造力、鉴赏力等等。因此,将戏剧艺术与语言教学相结合能够激发学生艺术兴趣和创新意识,培养学生健康向上的审美趣味、审美格调,有助于实现全人教育理念。本文提炼出三种具有显著特征的英语戏剧教学范式并介绍了它们的典型教学案例,这三种范式将戏剧艺术与语言教学进行了不同程度上的融合,可为美育与外语教育融合的人才培养路径带来新的思路。

参考文献

[1] Ahlquist, S. 2013. "Storyline": A task-based approach for the young learner classroom[J]. *ELT Journal*, 67(1): 41 – 51.

[2] Ahlquist, S. 2015. The Storyline approach: Promoting learning through cooperation in the second language classroom[J]. *Education 3 – 13*, 43(1): 40 – 54.

[3] Asher, J. J. 1966. The learning strategy of the total physical response: A review[J]. *Modern Language Journal*, 50(2): 79 – 84.

[4] Asher, J. J. 1969. The total physical response approach to second language learning[J]. *Modern Language Journal*, 53(1): 3 – 17.

[5] Bendazzoli, C. & Pérez-Luzardo, J. 2022. Theatrical training in interpreter education: A study of trainees' perception[J]. *The Interpreter and Translator Trainer*, 16(1): 1 – 18.

[6] Belliveau, G. & Kim, W. 2013. Drama in L2 learning: A research synthesis[J]. *Scenario*, 7(2): 6 – 26.

[7] Bredow, C. A., Roehling, P. V., Knorp, A. J., & Sweet, A. M. 2021. To flip or not to flip? A meta-analysis of the efficacy of flipped learning in higher education[J]. *Review of Educational Research*, 91(6): 878 – 918.

[8] Cecco, S. & Masiero, A. 2019. Improving language and interpreting skills: A teaching experience[J]. *Scenario: A Journal for Performative Teaching, Learning, Research*, 13(1): 42 – 61.

[9] Cenoz, J., Genesee, F., & Gorter, D. 2014. Critical analysis of CLIL: Taking stock and looking forward[J]. *Applied Linguistics*, 35(3): 243 – 262.

[10] Coyle, D., Hood, P., & Marsh, D. 2010. *CLIL: Content and Language Integrated Learning* [M]. Cambridge: Cambridge University Press.

[11] Greenfader, C. M. & Brouillette, L. 2013. Boosting language skills of English learners through dramatization and movement[J]. *The Reading Teacher*, 67(3): 171 – 180.

[12] Greenfader, C. M., Brouillette, L., & Farkas, G. 2015. Effect of a performing arts program on the oral language skills of young English learners[J]. *Reading Research Quarterly*, 50(2): 185 – 203.

[13] Piazzoli, E. 2011. Process drama: The use of affective space to reduce language anxiety in the additional language learning classroom[J]. *Research in Drama Education: The Journal of*

Applied Theatre and Performance, 16(4)：557－573.

[14] Puchta, H., Gerngross, G., & Devitt, M. 2012. *Getting on Stage!* [M]. Helbling Languages.

[15] Lee, B. K., Enciso, P., & Sharp, J. 2019. Walking with the words: Student motivation toward reading and studying Shakespeare's plays through rehearsal room practices[J]. *Youth Theatre Journal*, 33(1)：70－88.

[16] Lee, B. K., Patall, E. A., Cawthon, S. W., & Steingut, R. R. 2015. The effect of drama-based pedagogy on preK－16 outcomes: A meta-analysis of research from 1985 to 2012[J]. *Review of Educational Research*, 85(1)：3－49.

[17] Richards, J. C. 1984. The secret life of methods[J]. *TESOL Quarterly*, 18(1)：7－23.

[18] Robinson, P. 2011. Task-based language learning: A review of issues[J]. *Language Learning*, 61(s1)：1－36.

[19] Rothwell, J. 2011. Bodies and language: Process drama and intercultural language learning in a beginner language classroom[J]. *Research in Drama Education: The Journal of Applied Theatre and Performance*, 16(4)：575－594.

[20] Stinson, M. & Winston, J. 2011. Drama education and second language learning: A growing field of practice and research[J]. *Research in Drama Education: The Journal of Applied Theatre and Performance*, 16(4)：479－488.

[21] Wagner, B. J. 1998. *Educational Drama and Language Arts: What Research Shows* [M]. Portsmouth: Heinemann.

[22] 蔡基刚.2014.一个具有颠覆性的外语教学理念和方法——学术英语与大学英语差异研究[J].外语教学理论与实践(2)：1－7＋45＋94.

[23] 戴炜栋,胡壮麟,王初明,等.2020.新文科背景下的语言学跨学科发展[J].外语界(4)：2－9＋27.

[24] 何莲珍.2021.新文科与外语学科建设——综合性大学的探索与实践[J].中国外语(1)：8－9.

[25] 何伟,王连柱.2020.语言学流派及语言观的历史嬗变[J].外语学刊(2)：8－20.

[26] 教育部.2020.中共中央办公厅国务院办公厅印发《关于全面加强和改进新时代学校体育工作的意见》和《关于全面加强和改进新时代学校美育工作的意见》[OL].http://www.moe.gov.cn/jyb_xxgk/moe_1777/moe_1778/202010/t20201015_494794.html,assessed 02/12/2022.

[27] 玛利亚·霍恩,姜若瑜.2016.表演训练中脸部的再探究[J].戏剧(中央戏剧学院学报)(6)：73－79.

[28] 覃修桂,齐振海.2004.任务及任务教学法的再认识[J].外语教学(3)：69－74.

[29] 任庆梅.2018.大学英语课堂环境构建及评价的现状调查与分析[J].外语界(6)：44－52.

[30] 王晓雯.2021.教育戏剧赋能大学生美育实践研究[J].四川戏剧(6)：167－170.

[31] 文旭,文卫平,胡强,等.2020.外语教育的新理念与新路径[J].外语教学与研究(1)：17－24.

[32] 肖俏.2015.戏剧"小角色"的叙事功能[J].戏剧艺术(6)：66－73.

[33] 岳守国.2002.任务语言教学法：概要、理据及运用[J].外语教学与研究(5)：364－367.

[34] 张虹,李会钦,何晓燕.2021.我国高校本科英语教材存在的问题调查[J].外语与外语教学(1)：65－75＋147.

[35] 张武保.1994.Cox的戏剧语言教学法[J].现代外语(4)：33－35＋64.

Integrating Drama into English Education: A Review of Drama-Based Pedagogy for Teaching English

Qian Wu, Pengpeng Feng
Sun Yat-sen University

Abstract: In response to a call for interdisciplinary integration, pedagogical attempts are made to introduce drama-based pedagogy in both English classrooms and aesthetic education classrooms. Strategies and methods of educational drama bring energy to language education. This paper reviews relevant literature and elaborates on three types of drama-based approaches, i.e., performance-driven, character-driven and plot-driven approaches, towards English teaching with typical cases. The performance-driven approach, based on Total Physical Response, facilitates language learning by means of gesture, acting and expression training. Teaching Artist Project is a typical example of this approach. The character-driven approach, guided by task-based language teaching method, helps learners accomplish meaningful tasks by creating roles and settings. Storyline is a typical example of this approach. The plot-driven approach, based on content and language integrated learning, fosters the acquisition of language and content knowledge in tandem by studying and acting classical drama. Rehearsal Room Practices is a typical example of this approach. The integration of dramatic art and language education has been deepened in the above three approaches. By comparing them in terms of theoretical bases, pedagogical objectives, key elements, teacher-student relationships, and target groups, this paper aims to cast light on the application of drama-based pedagogy for English and aesthetic education practitioners.

Keywords: teaching English as a foreign language; drama-based pedagogy; aesthetic education

心理语言学视角下的二语形态问题研究(续)

邹慧民①

韩山师范学院

摘　要：运用心理语言学的理论模型不但可以从总体上解释二语问题的成因,还可以从不同句法形态信息的储存、激活和通达的角度进一步区分语言产出过程中不同二语形态结构的处理机制、处理难度以及这些形态在习得上的先后顺序,从而为探讨不同二语形态结构在心理表征、处理和习得上是否存在区别,以及是否可以按照一定原则将不同二语形态结构进行分类和排序等问题提供重要的理论依据。心理语言学视角下的二语形态问题研究对我国外语教育有多方面重要的启示。

关键词：二语形态;心理语言学;外语教育

1　引言

在笔者发表于《教育语言学研究(2021 年)》的文章中,我们运用心理语言学的模型分析得出影响学习者二语形态问题的三个主要因素,即学习者的语言能力、母语的干扰和认知因素的制约(邹慧民,2021)。首先,二语学习者很难习得完整的二语形态句法知识,他们对相关二语形态句法知识的表征往往是有缺陷的,甚至出现习得停滞不前的石化现象。其次,由于二语和母语的概念系统、词注、词位、发音音节等都共同储存一个记忆单位,二语和母语的项目之间存在竞争关系,二语学习者很难消除母语相关知识对编码程序的影响。再次,二语学习者对二语词汇、句法、音系和语音的处理(至少部分)没有到达自动化的水平,但由于注意力资源的有限,在面临交际时间压力的情况下,学习者就会忽视二语形态而把主要注意力用于处理内容方面的问题。

运用心理语言学的理论模型不但可以从总体上解释二语问题的成因,还可以从不同句法形态信息的储存、激活和通达的角度进一步区分语言产出过程中不同二语形态的处理机制、处理难度以及这些形态在习得上的先后顺序,即不同二语形态结构在心理表征、处理和习得上是否存在区别,是否可以按照一定原则将不同二语形态结构进行分类和排序。

2　4‑M 模型和区别性通达假说

实际上,从心理语言学的角度分析,在语言产出过程中不同类型的形态的处理机制和通达方式是不一样的(例如 Clahsen,1999;Jackendoff,2002;Pinker,1999)。规则形态(例如规则动词过去式)是在线组合的,需要调用不同的词注(词根和语法形态)进行组合,而不规则形态(例如不规则动词过去

---

①　邹慧民(1970—　　),男,博士,韩山师范学院外国语学院教授,广东技术师范大学硕士研究生导师;研究方向：二语习得和外语教学等;通信地址：广东省潮州市桥东韩山师范学院外国语学院;邮编：521041;电子信箱：rayhmzou@163.com。

式)是在词库中整体储存和整体通达的。相比较而言,前者较后者的处理难度大。在此基础上,迈尔斯-斯科顿和杰克(Myers-Scotton & Jake,2000;Myers-Scotton,2005)认为即使同属在线组合的形态,根据它们在语言产出过程中的地位、作用和通达方式,还可以对这些形态做进一步的区分,这就是他们所提出的 4 - M 模型和区别性通达假说(the Differential Access Hypothesis)的主要思想。

　　与传统的形态分类方法——例如将形态区分为自由形态/粘附形态、词汇形态/语法形态或者开放形态/封闭形态——的做法不同,4 - M 模型区分形态的标准主要有三个: ① 是否由概念激活; ② 是否赋予或者接受语义角色; ③ 是否要求超越本身最大投射的句法操作。根据以上标准,可以把形态划分为内容形态(content morpheme,简称 M1)和系统形态(system morpheme),而系统形态又划分为早期系统形态(early system morpheme,简称 M2)和晚期系统形态(late system morpheme),后者又进一步划分为连接晚期系统形态(bridge late system morpheme,简称 M3)和外部晚期系统形态(outsider late system morpheme,简称 M4)(如表 1 所示)。

表 1　4 - M 模型对形态的划分(Myers-Scotton & Jake, 2000)

Morphemes	Conceptually Activated	Thematic Role Assignment	Require Operations Outside the Maximal Projection
Content	+	+	−
Early system	+	−	−
Bridge late system	−	−	−
Outsider late system	−	−	+

　　根据列维特(Levelt,1999)的模型,语言产出的第一个阶段为概念形成,在这个阶段,说话人的交际意图被转化为以语义为基础的词汇概念,词汇概念接着激活心理词库中相应的词注,而词注中所包含的句法形态信息则被输入构成器中以引发相应的句法-形态程序。从以上的描述可以看出,词注在语言产出过程中扮演了至关重要的角色,它们既是连接交际意图和语法结构(包括表层结构)的中介,也是句法-形态编码得以顺利进行的依据。在 4 - M 模型所区分的四种形态中,支持 M1 的词注由概念直接激活,又参与语义角色的分配,因此 M1 体现了语言的核心语义内容,也是说话人交际意图的直接表现,在语言产出过程中的作用最大、通达时间最早,其通达水平在词注。典型的 M1 有动词、名词、部分的代词、介词、形容词等。支持 M2 的词注也由概念激活,但不参与语义角色的分配,M2 的通达水平也在词注,但它的投射必须经由相关 M1 的"召唤",也就是以 M1 为中心语的直接最大投射确定 M2 的最终形式。M2 的主要作用是充实 M1 的语义内容,典型的 M2 有限定词(例如冠词、所有格代词、指示代词等)、名词复数形态-s、现在分词形态-ing 和过去分词形态-ed 等。与 M1 和 M2 相比,晚期系统形态(包括 M3 和 M4)既不由概念激活,通达的时间也较晚。晚期系统的主要功能是表明内容形态之间的句法关系和短语结构的层级关系,因此它们的形式是结构指派的,其通达水平在构成器。即有关句法关系和短语层级的信息包含在支持内容形态的词注之中,但这些信息只有当支持内容形态的词注进入构成器并向构成器发出相应的指令之后才能通达。晚期系统形态 M3 的作用是为了满足某种短语直接最大投射的需要,和 M2 不同的是,M3 的投射并不依赖短语中心语,而是某种语言的句法要求。典型的 M3 包括短语"friend of Mary"中的介词"of"以及短语"Mary's friend"中的所有格形态"'s"。晚期形态中 M4 之所以称为"外部晚期系统形态"是因为它们的投射必须依赖于它们所在的直接短语之外的结构所提供的信息。也就是说 M4 的形式和外部结构中某些成分的形式在句法上是同标关系

(coindexed),虽然这些信息由支持 M1 的词注提供,但这些信息只有在构成器中经由必要的句法编码程序才能通达。典型的 M4 有英语第三人称单数形态"-s"、规则动词过去式形态"-ed"等(关于规则动词的过去式形态是否纯粹由结构指派还是有语义基础这一问题值得商榷,见下文的讨论)。

可以看出,4-M 模型所划分的四种形态不但在表层的短语结构中所扮演的角色不对等,而且在抽象的层面上——即在语言产出的过程中,且无论是一语还是二语——这四种形态的地位、激活机制和通达时间上也存在明显的等级差异。具体来说,M1 和 M2 由前语言语信中的概念成分激活,它们的地位最重要,通达时间最早。相比而言,M3 和 M4 与语信中的概念无关,它们的通达时间较晚,只能等到构成器中才能显现,它们的通达时间在 M1 和 M2 之后。很明显,这四种形态在处理难度上会形成一种等级关系,即:M1(内容形态)<M2(早期系统形态)<M3(连接晚期系统形态)<M4(外部晚期系统形态)。也就是说,短语结构首先围绕着 M1 和 M2 建构起来,因此它们的处理难度较小,特别是支持说话人交际意图的 M1 更是如此。但是光有 M1 和 M2 还不够,因为语言具有层级性的特性,说话人还必须用 M3 和 M4 来体现短语成分之间的句法关系。由于不同语言之间体现层级性的手段各不相同,这就给语言学习者对 M3 和 M4 的处理带来了一定的难度,特别是对二语学习者而言更是如此。

不同形态处理上的难度等级关系还可以用来预测二语学习者习得这些形态的先后顺序。一般来说,由概念激活且在词注中通达的形态处理难度较小因而较易被学习者掌握。相反,由结构指派且在构成器中通达的形态处理难度较大因而较难被学习者习得。具体而言,学习者习得 M1 的时间比所有系统形态的习得时间早,而在系统形态中,学习者习得 M2 的时间比晚期形态早,习得时间最晚的为晚期系统形态,而其中学习者对 M3 的掌握要比他们对 M4 的掌握好。相关的实证研究也印证了以上的预测,例如卫(Wei,2000)考察了 60 名母语是汉语和日语的英语学习者的口头语料后发现,学习者语料中不同形态的正确率正好反映了 4-M 模型的处理难度等级。值得一提的是,以上从 4-M 模型和区别性通达假说的角度对二语形态问题所做的分析与克莱森(Clahsen,1999)的浅结构假设和最简方案视角下的特征可读解性假说的观点十分类似(邹慧民,2016)。

3　可处理性理论模型

无独有偶,派那曼(Pienemann,1998;2005)的可处理性理论模型(Processability Theory,PT)也从处理难度等级的角度阐释不同二语形态结构的习得顺序问题。PT 的基本逻辑是:只有当学习者具备必要的处理程序之后,他们才有可能产出相关的形态结构。从这个角度讲,PT 把语言处理器当成一套计算机制,这套机制的运作依靠人的语言知识,但计算机制和语言知识本身是不同的,PT 就是有关这套计算机制及其习得途径的理论。PT 的基本观点是:为了解释二语习得的发展问题,我们必须求助于人类语言处理的基本心理机制,这是因为以往研究者所描述的二语形态的发展顺序至少部分是由人类语言处理器的某些特性所造成的。在学习者能够产出特定形态结构之前,他们的语言处理器必须具备处理这些形态结构的能力——他们必须具备处理这些形态结构的相应的程序性知识。PT 所依据的是语言处理程序的一个普遍等级,这个等级出自人类语言处理器的一般特性,它规定了处理目标语言形态结构所必备的各种程序性知识,而正是基于这样的等级我们可以预测和检验不同二语形态结构的习得和发展问顺序题。

PT 的理论基础同样是列维特(Levelt,1999)的语言产出模型以及科恩鹏和赫恩肯普(Kempen & Hoenkamp,1987)的递进产出语法(Incremental Production Grammar,IPG)。PT 认为语言产出过程中的语言处理具有四个方面的特性,从这些特性我们可以推论出语言处理的难度等级,这些特性分别是:

(1)系统中的各个构件都是专门化的模块,只适合完成非常具体的任务(例如 NP 程序和 VP 程序),但这也意味着语法编码的各个子程序能够自动运作,不需要注意力资源的支持。

（2）语言处理是递进式的，即在概念形成还没有完成的情况下词汇-语法的编码程序就可以逐步展开，这在某种程度上使语言处理可以以并行的方式进行，即各子系统可以同时运作。但为了使下一个处理器可以处理当前处理器还没有完全成型的产品，系统必须具备存储中间产品的功能。

（3）处理器输出的结果是线性的，但不一定和所表达的意义形成线性对应关系，这就是列维特所称的"线性问题"（Levelt，1981）。"线性问题"涉及两方面的内容，一是概念结构和语言形式的映射，概念的命题内容不一定要和语言形式的顺序相对应，二是在形态-句法编码阶段，语言处理涉及某些语法信息。

（4）语法处理能够通达特殊的语法记忆。通达语法记忆的需要既来源自上述的"线性问题"，也由语言产出本身自动化和递进式的特点所决定。语言处理过程所产生的语法信息被暂时储存在语法记忆中，这些语法信息包括"人称""数""语法性"等附加区别性特征，它们为形态-句法编码中的信息交换和一致操作提供支持，例如主谓一致等。

PT 认为，语法记忆中所储存的语法信息具有高度的句法特定性，通达这些信息并不需要注意力的支持，即说话人不必注意、也不必对动词和主语在"人称"和"数"方面的一致性进行有意识的"控制"。由于注意力资源十分有限，语法信息不可能储存于工作记忆，否则的话工作记忆很快就会被"塞满"，工作记忆的功能主要是概念形成和监控（Baddeley，1990）。根据 IPG 的设计，某些具体的编码程序，例如处理 NP、VP 和 S 的程序正是储存这些语法信息的地方，称之为"句法缓冲器"。

根据以上语言处理的四个特性和形态-句法编码对语法信息交换的不同要求，PT 把语言产出过程中的语法编码划分为五个步骤，即五个不同的处理程序，按激活的时间顺序分别为：（a）词注通达（lemma access）；（b）语类程序（the category procedure）；（c）短语程序（the phrasal procedure）；（d）子句程序（the S procedure）；（e）从句程序（the subordinate procedure）（如有必要）。以上这五个程序在语言处理上形成一个难度等级，即后面的处理程序必须建立在前面的处理程序的基础上。PT 由此推论形态结构的习得顺序也按照以上的顺序进行，即学习者必须先具备一定的处理程序才可能处理相应的形态结构，而难度等级中较低级的处理程序是较高级的处理程序的基础，学习者必须具备较低级的处理程序才能进一步学习较高级的处理程序。据此 PT 把语言形态结构划分为四类，并据此来解释不同二语形态的习得顺序问题（如表 2 所示）。

表 2　PT 对形态的划分（引自 Pienemann et al.，2005）

Stage	Processing Procedure	L2 Process	Morphology	Syntax
5	Subordinate clause procedure	Main and subclause		Cancel inversion (e.g. I wonder what he means)
4	S-procedure	Interphrasal information exchange	S - V agreement (e.g., Anna loves swimming)	Do2nd (e.g. Do you like swimming?)
3	Phrasal procedure	Phrasal information exchange	Possessive pronoun (e.g., This is my room)	Do-fronting (e.g., I do not like this)
2	Category procedure	Lexical morphemes	Plural (e.g., two cats)	Canonical word order (e.g., Me no live here)
1	Word/Lemma	Words	Invariant forms Single constituents	

如表 2 所示，第一类是单词形态（word，简称 P1），P1 没有形态变化；第二类是词汇形态（lexical morpheme，简称 P2），例如动词过去式形态-ed 和名词复数形态-s 等，P2 不需要进行语法信息的交换和

一致操作;第三类是短语形态(phrasal morpheme,简称 P3),P3 必须和中心语进行信息交换和一致操作,例如英语中的限定词必须和名词一致;第四类是跨短语形态(interphrasal morpheme,简称 P4),信息交换在不同的短语间进行,例如第三人称单数形态-s。由此可见,PT 对形态的分类与 4－M 模型的观点十分类似,划分的标准都是不同形态在语言产出过程中被激活的先后顺序以及处理的难度,其中 PT 的 P1(单词形态)相当于 4－M 的 M1(内容形态),P2(词汇形态)和 P3(短语形态)相当于 M2(早期系统形态),而 P4(跨短语形态)相当于 M4(外部晚期系统形态)。虽然如此,PT 和 4－M 对一些形态的划分也存在一些分歧,例如对动词过去式形态-ed 的划分,PT 认为是 P2,即词汇形态,由概念直接激活,不需要与其他成分进行信息交换,而 4－M 模型却把它归类为 M4,即晚期外部系统形态,它的投射必须依靠本身直接短语以往的结构所提供的信息。但根据列维特的观点,含有时态概念的语言必须在概念形成阶段对之进行设定,似乎 PT 的划分更为合理些。与 4－M 模型不同的是,PT 特别强调信息交换在语法编码中扮演至关重要的角色,而且处理等级中不同的处理程序对信息交换都有各自具体的要求。

在母语影响方面,PT 认为不同的语言对语法信息储存和信息交换的具体规定有很大的差异,即使是非常接近的两种语言,它们在相关的要求上也不可能完全一样,因此母语的知识很难迁移到二语上。学习者的二语初始状态不一定就等同于他们的母语最终状态,母语知识的迁移受相关形态结构的"可处理性"的制约。只有当学习者学会了一定的语言处理程序之后,相关的母语形态句法知识才可能迁移到二语上。这意味着学习者对这些处理程序的学习必须按照处理难度等级的顺序从头开始。假如学习者的语言处理缺失了某个处理程序,处理层级就会被切断,相关的形态-句法编码也会因此而停止,系统只好把概念结构直接映射到表层的语言形式上。由于语言处理,特别是形态-句法编码程序受词汇驱动,处理器处理语言形态结构的依据是具体语言词汇所标注的各种语法特征,这意味着为了习得二语形态,学习者必须逐一学习每个二语词汇的语法特征标注——哪些特征是与母语相同的,哪些特征是与母语不同的,哪些特性是新增的特性,这些特征又用什么样的语言手段来体现——这对学习者来说无疑是一个十分艰巨的任务。

4　心理语言学视角的理论意义

从心理语言学的视角考察二语形态问题可以让我们从微观和动态的角度比较二语学习者在形态的习得、表征和处理机制方面与本族语者的异同从而更好地把握二语形态问题的实质。语言产出涉及一系列处理程序,这些处理程序严格按照一个接着一个的顺序进行,而整个语言产出模型是一个前馈性的激活扩散网络,允许自上而下而非自下而上的方式,语言产出过程中的错误则可以通过一个自我监控系统得到纠正。语言产出的另外一个重要特色是除了概念形成和自我监控之外,其他阶段,特别是语法编码和形态-音编码的运作是自动化的,不需要消耗说话人的注意力资源。更加重要的是,构成器处理语言的方式是递进式,也就是说概念形成器只需要将些许的前语言语信输入构成器中,构成器就可以开始编码工作,而不需要等到一条完整的语信全部送达之后才能开始工作。这样一来,概念形成器和构成器就可以同时启动,在一定程度上达到并行处理的效果,因此语言处理的速度才会这么快。二语产出的机制与母语产出基本一致,区别主要体现在学习者的语言能力、母语的干扰、认知因素的制约等三个方面。

心理语言学的视角还可以比较合理地解释不同形态在习得上的先后顺序。不管是从 4－M 模型还是从 PT 角度分析,比较一致的结论是:根据不同类型的形态在语言产出中的不同的地位、通达时间和处理机制,这些形态在语言处理器中构成一个难度等级。语言处理器优先处理那些参与语义角色的分配、具有语义基础或者不需要进行语法信息交换的形态,而对那些不具有语义基础、纯粹为了满足结构上的要求或者需要进行跨域语法信息交换的形态处理难度较大。形态在处理上的难度等级可以用来预测它们在习得上的先后顺序,据 4 - M 模型预测的结果是 M1(内容形态)、M2(早期系统形态)的习得顺序早于 M3(连接晚期系统形态)、M4(外部晚期系统形态),而 PT 预测二语形态的习得顺序分别为 P1(单词形态)、P2(词汇形态)、P3(短语形态)和 P4(跨短语形态)。尽管 4 - M 模型和 PT 对形态的分类不完全一致,而且根据它们所划分的难度等级也并不能准确预测所有二语形态的习得顺序(例如 Dyson 2009;Charters,Dao & Jansen 2011 等),但这两个模型所提出的观点以及据此推测的方向无疑是正确的,这就是:相对于本族语者而言,二语学习者在处理语言的时候更多依靠的是词汇—意义信息而不是表达结构之间的层级关系的语法信息,而这正是浅结构假说(Clahsen,1999)的基本观点,但相比之下,心理语言学模型对二语形态问题的解释更加具体,也更有说服力。

5　对外语教育的启示

心理语言学视角下的二语形态问题研究对我国外语教育有多方面重要的启示。

首先,本研究对如何看待中国目前的外语教育政策及改进中小学的外语课程的设置具有重要的启示。本研究的所得出的重要结论之一是成人二语学习者的语言能力存在明显的缺陷。成人二语学习者在形态-句法上的问题源于他们语言能力上的缺陷,这在很大程度上反映出成人二语习得和母语习得在知识来源、学习机制和最终语言能力上的差异。这就是说,二语习得的"关键期"效应是存在的,至少在二语形态的习得上是成立的(邹慧民、蔡植瑜,2021)。我们知道,大多数外语学习者是在青春期之后(大约 12～13 岁)才接受正规外语教育的,但经过 8～10 年漫长的学习和训练,他们始终无法克服在结构上并不复杂的二语形态问题,而较早接触外语的儿童则可以比较轻松地掌握相关的形态知识,这说明我们目前的外语教育政策、课程安排和教学方法可能存在问题。

我国目前英语教学的效果并不十分理想,总体上存在着"费时低效"的现象,投入和收益不成比例,(束定芳,2004;束定芳、庄智象,2008;杨连端、张德禄等,2007),而二语形态问题就是这方面最好的一个例证。如何改进我国外语教育的课程设置和教学方法以提高外语教育的成效是目前亟待解决的一个问题。在课程设置方面,关于"外语是否要从小学起"的问题曾经引起过很大的争议。由于二语习得存在"关键期"效应,儿童学习语言具有天生的优势,"外语从小学起"在理论上可以得到"事半功倍"的效果。目前我国很多有条件的学校从小学三年级开设外语课,条件较好的从一年级就开始开课,甚至有的从幼儿园就开始了。但在实际的教学实践中,"外语从小学起"的年龄的优势并没有取得应该的效果。朵耶(Dornyei,2009)一针见血地指出,很多教育界人士接受语言习得"关键期"的观点,但实际上学校每周只安排几节课的时间,这对儿童来说几乎没有什么实际的帮助,儿童也很难适应学校所提供的正规的教学模式,最糟糕的结果是严重伤害儿童学习语言的热情。由此可见,"外语从小学起"是未来外语教育的必然趋势,学校除配备合格的教师之外,应该在课程设置和教学模式上加以改进,例如安排足够的课时,尽量采取适合儿童认知特点、接近自然习得的教学方式。

其次,本研究对如何提高成人外语教学的效果也有很好的启示。受克拉申(Krashen,1985)的监察理论、乔姆斯基(Chomsky,1965)的普遍语法和当代联结论(Rumelhart & McClelland,1986)的影响,大多数研究者认为,语言习得的缺省模式是隐性的,语言能力基本上以隐性的知识为基础,而隐性的知识只有通过以意义为中心的语言交际活动才能获得,只有当学习者在真实的交际情景中专注于对意义的编码和解码时,才能创造出习得语言的条件。这就是目前交际语言教学受到推崇的主要原因。但是近年来随着对外语教学中语言形式的关注,人们又发现:纯粹体验性的、只注重意义交流的语言教学,如法国的浸入式课程,并没有取得令人满意的效果,学生对一些语言形式的掌握并不理想,特别是在语言的准确性方面表现较差,二语形态问题就是一个很好的例子。

由此可见语言使用和语言能力的发展之间存在一定的张力(Skehan,1998),为了保证交际活动的顺利进行,学习者把主要的注意力放在语言意义上,而为了使学习者的中介语得到进一步的发展,他们必须有足够的注意力关注语言输入和输出中的语言形式。隆(Long,1991)认为,以意义为中心的交际语言教学并不排斥对语言形式的关注,他认为在交际互动中的"形式关注"(focus on form)有助于学习者中介语的发展。"形式关注"是指在以意义为中心的语言交际活动中将学习者的注意力引向某些语言形式的一种教学方式,目的是帮助学习者解决在他们二语学习中出现的一些难以克服的语言形式方面的问题——例如二语形态问题。经过近30年的发展,"形式干预"已成为目前课堂外语教学的一个热点问题(Dornyei,2009;蔡植瑜,2008;邹慧民,2010,2012)。在课堂教学中,在不影响正常语言交际活动的前提下,如何提高成人学习者对语言形式的敏感度和关注度以促进他们语言能力的均衡发展是今后一段时期外语教学需要关注的一个重要课题。

参考文献

[1] Baddeley, A. D. 1990. *Human Memory: Theory and Practice*[M]. Hove, UK: Psychology Press.

[2] Clashen, H. 1999. Lexical entries and rules of language: A multidisciplinary study of German inflection[J]. *Behavioral and Brain Sciences* (22): 991 – 1060.

[3] Chaters, H., Dao, L. and Jansen, L. 2011. Reassessing the applicability of processability theory: The case of nominal plural[J]. *Second Language Research*, (27): 509 – 533.

[4] Chomsky, N. 1965. *Aspects of the theory of syntax*[M]. Cambridge, MA: MIT Press.

[5] Dornyei, Z. 2009. *The Psychology of Second Language Acquisition* [M]. Oxford: Oxford University Press.

[6] Dyson, B. 2009. Processability theory and the role of morphology in English as a second language development: A longitudinal study[J]. *Second Language Research*, (25): 355 – 376.

[7] Jakendoff, R. 2002. *Foundations of Language*[M]. Oxford: Oxford University Press.

[8] Kempen, G. and Hoenkamp, E. 1987. An incremental proceduaral grammar for sentence formation[J]. *Cognitive Science*, (11): 201 – 258.

[9] Krashen, S. D. 1985. *The input hypothesis: Issues and implications*[M]. London: Longman.

[10] Levelt, W. 1981. The speaker's linearization problem[J]. *Philosophical Transactions Royal Society London*, (B295): 305 – 315.

[11] Levelt, W. 1999. Language Production: A Blueprint of the Speaker[A]. In C. Brown and P. Hagoort (Eds.), *Neurocognition of Language*[C]. Oxford: Oxford Universtiy Press.

[12] Long, M. 1991. Focus on form: A design feature in language teaching methodology[A]. In K. de Bot, R. Ginsberg & C. Kramsch (Eds.), *Foreign language research in cross cultural perspective*[C]. Amsterdam: John Benjamin: 39 – 52.

[13] Myers-Scotton, C. 2005. Supporting a Differential Access Hypothesis: Code-switching and other Contact Data [A]. In J. Kroll and A. M. B. de Groot (Eds.), *Handbook of Bilingualism: Psycholinguistic Perspective*[C]. New York: Oxford Universtiy Press: 326 – 348.

[14] Myers-Scotton, C. and Jake, J. 2000. Four types of morpheme: evidence from aphasia, code-switching and second language acquisition[J]. *Linguistics* (38): 1053 – 1100.

[15] Pienemann, M. 1998. Developmental dynamics in L1 and L2 acquisition: processability theory and generative entrenchment[J]. *Bilingualism: Language and Cognition* (1): 1 – 20.

[16] Pienemann, M., Di Biase, B., Kawaguchi, S., and Hakansson, G. 2005. Processing Constraints on L1 Transfer[A]. In J. Kroll and A. M. B. de Groot (Eds.), *Handbook of Bilingualism: Psycholinguistic Perspective*[C]. New York: Oxford University Press: 128 – 153.

[17] Pinker, S. 1999. Words and Rules: *The Ingredients of Language*[M]. New York: Basic Books .

[18] Rumelhart, D., McLelland, J. and the PDP Research Group (Eds). 1986. *Parallel Distributed Processing: Explorations in the Microstructure of Cognition Volume 1: Foundations* [C]. Cambridge, MA: MIT Press.

[19] Skehan, P. 1998. *A Cognitive Approach to Language Learning*[M]. Oxford: Oxford University Press.

[20] Wei, L. 2000. Unequal election of morphemes in adult second language acquisition[J]. *Applied Linguistics* (21): 106 – 140.

[21] 蔡植瑜.2008.交际语言教学中的聚焦于形插曲——英语专业精品课程课堂教学个案研究[J].外语教学理论与实践(3): 20 – 28.

[22] 束定芳.2004.外语教学改革: 问题与对策[M].上海: 上海外语教育出版社.

[23] 束定芳,庄智象.2008.现代外语教学: 理论、实践与方法(修订版)[M].上海: 上海外语教育出版社.

[24] 邹慧民.2010.国外"形式干预"研究三十年: 回顾与展望[J].中国外语教育(3): 54 – 60.

[25] 邹慧民.2016.最简方案视角下的二语形态问题研究[J].西安外国语大学学报(4): 64 – 69.

[26] 邹慧民.2021.心理语言学视角下的二语形态问题研究[J].教育语言学研究: 172 – 182.

[27] 邹慧民,蔡植瑜.2021.二语形态问题成因之谜——对不同语言水平、不同母语背景学习者的实证研究[J].外国语言文学(4): 413 – 448.

Second Language Morphology:
A Psycholinguistic Perspective (II)

Huimin Zou

Hanshan Normal University

Abstract: The theoretical model of psycholinguistics can not only explain the causes of issues in second language morphology in general, but also distinguish the processing mechanism and difficulty of different second language morphological structures in the process of language production from the perspective of the storage, activation and access of different syntactic forms, as well as the order of acquisition of these forms. It provides an important theoretical basis for exploring whether there are differences in mental representation, processing and acquisition of different second language morphological structures, and whether different second language morphological structures can be classified and sorted according to certain principles. From the perspective of psycholinguistics, the study of second language morphology has great implications for foreign language education.

Key words: second language morphology; psycholinguistic perspective; foreign language education

言语幽默加工对二语习得产生影响的多视角研究①

李雪艳②　王　涵③

大连理工大学

摘　要：在影响二语习得的诸多要素中,学习者的个体差异始终是不可忽视的,这些差异来自方方面面,本文从学习者的自身因素即认知、心理、生理和社会文化这四个方面进行考察。言语幽默作为一种有效的应对机制已在上述四个方面得到了广泛的应用,对二语习得的过程有着积极的影响。认知方面,言语幽默可以促进个体的创造力和记忆力,同时,不一致解决可以帮助学习者打破思维定式,进行换位思考。心理方面,言语幽默有效的情绪调节作用可以消减学习者的负性情绪,并带来积极情绪,如缓解焦虑、树立自信、激发学习动机等。生理方面,欣赏言语幽默时分泌的多巴胺增进学生的学习兴趣、缓解学习压力,此外,言语幽默与语言习得的脑加工机制所激活的脑区和ERPs都有重叠的部分,而且都体现了右脑加工优势。在社会文化方面,言语幽默创造了一个轻松的环境来传递目的语文化,能够促进跨文化交际能力的提高。综合来看,言语幽默对二语习得的积极作用是多维度的,其对二语学习效果的提升会产生积极的作用。

关键词：言语幽默;二语习得;认知;情感

1　引言

第二语言习得泛指在掌握母语之后对其他语言的习得。二语习得的过程会受到如社会因素、语言学习环境等外部因素的影响,但无论外部因素在多大程度上影响二语习得,其本质上都还是一个获得新的语言知识的心理认知过程,改变语言学习的社会环境不会引起学习者的习得方式发生本质上的变化(文秋芳,2010)。从内部因素,即从学习者因素来看,对二语习得效果及效率产生主要影响的便是学习者的个体差异,其中包括认知和情感上的差异(戴炜栋,1994)。认知差异包括语言能力、思维方式、认知风格、学习策略等。情感可分为个体情感与交际情感：个体情感指学习者自身的情绪,如焦虑、动机、自信等;交际情感则是学习者之间、学习者与教师之间,或跨文化交际中产生的情感体验。重视并利用学习者的个体差异所带来的优势能够促进个体的学习。如果个体差异被忽视,则会阻碍学习进程的发展,导致认知僵化、注意涣散、中介语石化等问题。个人情感和交际情感处理不当会出现过度焦虑、动机不足、缺乏自信、"文化休克"等问题。

幽默经常发生在人们的日常生活中,其应用范围几乎覆盖生活中的各个方面。许多学者将幽默进行细化和分类,试图揭示其本质。早在20世纪初,柏格森(Bergson,1900)根据幽默的表达方式,将其分为情景幽默和言语幽默。情景幽默的语言只作辅助,其更为注重语境的融入。而言语幽默是通过口

---

① 基金项目：2021年国家社会科学基金项目(21BYY102)：言语幽默消减负性情绪的认知神经机制及智能路径研究。
② 李雪艳(1979—　),女,博士,大连理工大学外国语学院副教授;研究方向：认知语言学和心理语言学;通信地址：辽宁省大连市甘井子区凌工路2号,大连理工大学外国语学院;邮编：116033;电子邮箱：lixueyan@dlut.edu.cn。
③ 王涵(1998—　),女,硕士,大连理工大学外国语学院研究生;研究方向：认知语言学和心理语言学;通信地址：辽宁省大连市甘井子区凌工路2号,大连理工大学外国语学院;邮编：116033;电子邮箱：wh846344435@163.com。

头或书面形式表达的幽默,语言占据主要地位。言语幽默是人类生活不可或缺的一种语言现象,是世界上所有人、所有语言都具有的少数共性之一。在语言学领域,言语幽默被广泛地运用社会语言学、心理语言学等理论来分析。从心理学的角度来看,言语幽默加工是一项复杂的信息加工任务,具有独特的加工机制。现有的实证研究已经充分证实了言语幽默加工对于人类的认知、情感、生理方面的积极影响,以及言语幽默在社会交流中体现出的促进作用(Martin,2018)。近几年如火如荼的积极心理学研究也更加佐证了积极情绪,如高兴、快乐,对二语习得的重要影响(Shao,2020)。从认知角度看,言语幽默认知加工过程中不一致的解决使学习者产生"顿悟"的体验,帮助学习者进行换位思考,防止思维僵化(聂其阳、罗劲,2012)。用言语幽默的形式呈现二语知识,其伴随的新奇性提高了言语知识的凸显度,从而引起学习者更多的注意以及对言语知识的回忆表现(Schmidt,1991)。从心理角度看,言语幽默的情绪调节作用可以帮助消减二语学习中的消极情绪。从生理角度看,言语幽默加工过程引发了多巴胺的分泌,能够帮助学习者提高二语习得过程中的基本注意力。言语幽默与二语习得在加工机制方面有着相似的神经基础,并在某种程度上促进二语习得的发展。从社会文化角度看,言语幽默的认知加工与社会文化背景紧密相关,二语习得既是语言的习得,也是社会文化的习得,言语幽默加工过程中社会文化知识的理解能够深化二语习得过程中对不同社会文化的认知,从而促进语言的习得。同时,言语幽默的其他功能,如创造并维持集体关系,增加自己的社交魅力(Russell et al.,2003),也能够帮助提高二语学习者的交际能力(Cook,2000)。

　　言语幽默是人类语言发展的高级阶段,对语言学习的积极意义是我们无法忽视的(高巍,2018)。本文根据言语幽默加工机制和二语习得机制研究的现有成果,试图分析言语幽默在认知、心理、生理、社会文化方面对学习者在二语习得过程中产生的积极意义。

2　从认知角度看言语幽默加工对二语习得产生的影响

2.1　言语幽默加工的认知因素

　　目前,"不一致-解决"理论是应用最广泛的幽默加工理论。幽默理解分为两个阶段:不一致探测与不一致解决。首先,信息接收者发觉当前信息与自己预测的不一致,会寻找一个解决方案使前后矛盾的信息合理化,这种新奇的解释重新建立了话语的连贯性,会引发欢乐的情绪(Suls,1972)。在语言学领域,言语幽默的研究与语义学和语用学的关联最密切。拉斯金(Raskin,1979)的语义脚本理论(Semantic Script Theory of Humor, SSTH)指出,理解笑话需要激活一个新的心理脚本,笑话的妙语与原始的脚本不兼容,触发了从一个脚本到另一个脚本的转换。脚本转换的过程被定义为"框架转换",即将现有信息重新组织成从长期记忆中检索到的新框架或模式(Coulson,2000)。这些理论都强调在对言语幽默进行加工时需要进行视角转换,即打破思维定式,从一个新的视角思考问题的过程。

2.2　言语幽默加工的认知因素对二语习得的影响

2.2.1　言语幽默与二语学习者的创造力

　　一些研究人员表明创造力和语言能力之间存在着显著的关系,并验证了创造力水平高的学生外语成绩更高(Pishghadam,2011)。言语幽默的认知加工在激发创造力上具有一定潜力。先前研究已经证明了言语幽默理解与创造力是正相关的(Chang et al.,2015)。学者们将不一致、惊讶、新奇等元素视为言语幽默的必要元素,而这些元素也被视为创造力定义的特征。在教学领域,一些研究也表明了言语幽默对创造力的积极作用(Besemer & Treffinger,1981),对创造力的两个主要维度——发散思维和聚合性思维产生积极影响(Lew & Park,2016;Zhou,2021)。幽默和创造力在认知的加工机制、情绪体验、脑机制等方面都有着相似或重叠(聂其阳、罗劲,2012)。同时,言语幽默对个体创造力的影响可能来自两个机制:首先是灵活的思维过程,理解言语幽默需要理解言语的常规意义与幽默意义,让思维在两者之间灵活地转换,处理不一致信息所激活的多个图式有助于思维的发散;其次是言语幽默产生的积极情绪会减少紧张和焦虑,从而降低思维的僵化程度,并增强整合不同材料的能力(仲睿鑫,2016)。

中介语是第二语言习得研究的核心内容,而学习者中介语系统有时会出现石化现象(黄绍胜,2009)。二语是在已有母语的思维能力之后进行发展的,理解和使用二语需借助母语思维过渡到目的语思维,这其中潜在的思维定式很难改变(陆荟宇,2021)。不一致解决阶段可以使二语学习者在言语幽默加工过程中打破原有的思维定式,从创新的视角对不一致的语料进行加工。经调查数据统计,71%的学生认为幽默教学能够促进他们理解学习型材料,尤其是词汇幽默(Aboudan,2009),如下面这个案例:

[例 1]
A: "What's the longest sentence in the world?"
B: "Life sentence."

此处的"sentence"是词语双关,既可指句子,又可以指刑罚。学习者掌握了"sentence"的基本词义"句子"之后,读完 A 的问题,会预测 B 以一个很长的句子作为回应,而当看到"life sentence"时,不一致产生了。为了让这个回答合理,学习者不得不重新审视"sentence"的含义,于是得出"刑罚"这一意义。重新解释之后,语句变得连贯,并产生欢乐的情绪。这种词汇幽默有助于打破两种语言一一对应的词汇记忆方式下产生的中介语顽固化理解,对词汇新的含义进行主动探索的过程能够加速学习者在二语习得过程中脱离一语的视角,减少一语迁移对中介语系统形成的负面影响。

语言学习是一种创造性的认知过程。以学习者为中心的教育理念确立之后,语言课堂越来越关注学生的创造能力,注重引导学习者对第二语言进行创造性输入和输出,而不是机械地记忆与背诵。许多学者认为,在语言课程中实施和培养创造力是现代语言教育的必要变化之一(Shaheen,2010)。

2.2.2　言语幽默与二语学习者的记忆力

中介语加工理论认为,语言学习是由受控加工转向自动化加工的过程,受控加工需要投入注意力和记忆力,而自动化方式下的信息加工是一种程式化的方式,无须太多的注意力和记忆力投入。在经历受控加工时,学习者需要临时激活记忆中的信息节点,这一过程需要主体对注意力进行控制,受制于短时记忆。经过反复练习,受控加工产生的序列转化为自动化序列,存储于长期记忆(McLaughlin,1987)。

言语幽默对于短时记忆和长期记忆的积极作用已经得到了考证。施密特与威廉姆斯(Schmidt & Williams,2001)在 2001 年首次提出了幽默效应的概念,即幽默可以提高回忆表现。他们认为相较非幽默材料,人们对幽默材料表现出一种记忆优势。施密特做了一系列研究并且最终发现言语幽默材料有利于回忆,验证了幽默言语比非幽默言语的回忆效果更好(Schmidt,2002)。

对于短时记忆,言语幽默的优势是会引起更多的注意。有研究指出编码期间的注意分配是影响记忆的一个主要因素(Christianson,1992),且言语幽默能引起个体的注意偏向(Hildeband & Smith,2014)。这种注意偏向可能表现为:在最初注意定向时,注意被言语幽默刺激中的不一致元素自动吸引(Schmidt,1991),也可能表现为言语幽默刺激影响了注意维持的时间或注意解除的能力,使得注意在这些刺激上滞留的时间较长(赵利娟,2017)。

对于长期记忆,幽默作为一种情绪性事件会引起更多的注意和精细化加工,即深层次的意义加工(Ellis,Thomas & Rodriguez,1984;Migita,Otani & Libkuman,2011)。有研究让被试对 Knock-Knock 笑话和改编过的非幽默材料进行简单重读后进行回忆,结果显示尽管被试对非幽默的语料复述次数更多,但幽默语句的记忆仍好于非幽默语句(Summerfelt,Lippman & Hyman,2010)。由此可见,记忆有着极大的推动作用,幽默效应从注意分配和精细化两个维度对二语习得的短时记忆和长期记忆产生积极的推动作用。

在相同的文本背景中,幽默语句的记忆效果要好于非幽默语句。应用在二语教学领域,尝试在词汇学习的难点中如加入幽默教学的环节,如运用幽默小故事来辨别多义词、近义词、同类词等,可以有效地帮助信息的加工和转化,从而将知识储存在长期记忆中(唐嵩,2015)。如:

[例 2]
"what do you call bears with no ears?"
"B."

此处,通过一个幽默小故事,"熊"和"耳朵"的单词记忆就有效地得到加深。

3 从心理角度看言语幽默加工对二语习得产生的影响

3.1 言语幽默加工的心理因素

幽默是良好的情绪调节机制。经以往研究的总结,言语幽默产生的幽默情感会从以下三方面进行情绪调节:① 幽默认知重评,提供了新颖且具有洞察力的重新评价,将负面事件重新评价为威胁较小的事件。② 幽默有助于通过认知资源的分散使人从消极的情绪中恢复(Strick at al.,2009)。③ 幽默是唤起积极情绪的有效手段(Samson et al.,2014),积极情绪会抵消或"消除"消极情绪(Van Dillen & Koole,2007)。

其中,认知重评是一种主动且具有创造性的情绪调节方式。研究人员发现幽默认知重评能减少个体消极情绪,增加积极情绪,并拉开其与逆境的心理距离(Wu et al.,2021)。马丁(Martin,2018)认为正是这种转换视角的灵活能力使得幽默者能够从威胁情境中摆脱出来,从不同的角度来看待问题,从而降低焦虑感和无助感。

3.2 言语幽默加工的心理因素对二语习得产生的积极影响

人类的认知活动伴随着一定的情感因素,任何创造性的活动都是认知和情感的统一(Rogers,1969)。二语习得领域也不例外。根据克拉申(Krashen,1982)的情感过滤假说,二语习得是否成功很大程度上取决于学习者情感因素的影响。克拉申认为,学习者输入的语言信息在通往语言习得机制的过程中会受到情感状态的过滤作用。情感像一个过滤阀门,当学习者动机不足、缺乏信心、焦躁不安、学习态度不积极时,其情感过滤阀门就会启动,这会阻碍输入的信息到达言语习得装置。情感因素在第二语言习得中发挥着极其重要的作用。情感过滤作用越小,就越有助于学习者的第二语言习得。在这一理论中,情感主要包括动机、焦虑和自信。

幽默作为一种心理应对机制,其心理因素对二语习得中的情感方面的影响较为可观。在二语习得过程中,情感因素可以分为两类:个人情感和人际情感。本节主要分析言语幽默的心理因素与其对学习者个人情感中的焦虑、动机和自信心的影响。

3.2.1 言语幽默与二语学习者的焦虑

焦虑是个体预感自己不能达到某个目标或克服某个障碍而导致自尊心受到威胁,形成的一种紧张、忧虑、类似于恐惧感的情绪(Spielberger,1972)。在二语习得研究中,语言焦虑主要分为三类,分别是课堂焦虑、交际焦虑和测试焦虑(秦乐娱,2004)。这三种焦虑情绪都可以用言语幽默的方式进行消减。

在课堂焦虑方面,在课堂中使用言语幽默可以唤醒积极情绪,使原本严肃的课堂氛围变得轻松,减轻学生对教师的畏惧之心,促使他们开拓思维,从不同角度进行思考,提高课堂活跃度。研究证明在有笑声的课堂学习更加愉快,教师的工作就是创造这样一个开放的环境(Medgyes,2002)。在新冠肺炎疫情下新兴的线上教学中,言语幽默对学生的行为和情感也具有积极影响。幽默改善了学生对课堂讨论和课后作业的行为参与,对情感投入方面也有显著影响(Erdoğdu,2021)。在交际焦虑方面,使用言语幽默可以消减二语交际时学生由于害怕说错而不敢表达的"语言休克"情感,促使学生对当前的错误进行富有幽默的重新评价,化解犯错导致的尴尬情境。在测试焦虑方面,有学者指出,幽默的例子、测试项目或测试说明会减少智力要求高的任务的焦虑(Pomerantz & Bell,2011),幽默能够帮助重新评估压力事件,将其评为威胁性更小、挑战性更大的事件。有研究在一组大学生样本中发现,幽默作为一种应对机制与考试的挑战性评估之间存在着积极的关系(Kuiper,1993)。

3.2.2 言语幽默与二语学习者的动机

动机不仅是学习者开始二语习得的动力,更是漫长而枯燥的二语习得过程得以坚持的主要驱动因素。因而,动机是影响二语习得速度和成功的一个关键因素。言语幽默独特的唤醒积极情绪的功能可以提高课堂的趣味性,从而使学生对目的语文化产生兴趣,促进学习者综合动机的生成。

3.2.3 言语幽默与二语学习者的自信心

自信心是学习者对自身价值的评价,是认知活动和情感活动的基础。学者们认为提高学习者的语言自信会增加他们的交流意愿,使他们更愿意融入目的语的团体中,从而能提高学习者的二语能力(Masgoret,2006)。

那么如何增强二语学习者的自信心呢? 根据自我价值理论(Martin,1984),自我接受的需要是人的第一需要,自我接受的前提是肯定自我价值,而学生常常把自我价值与能力相等同,这就导致部分学生因害怕失败而去选择不去努力来逃避失败的可能。对此情况,可以适当使用言语幽默来应对学习者在学习中出现的不完美表现,以幽默的"换位思考"的思维方式,重新评价失败的威胁性。

4 从生理角度看言语幽默加工对二语习得产生影响

4.1 言语幽默加工的生理因素

言语幽默引发的欢笑涉及大脑、神经系统和内分泌系统发生的一系列生理变化以及主观的愉悦感(Martin,2018)。在临床医学领域,幽默疗法的作用得到了证实,如促进呼吸、降低应激激素的浓度、促进血液循环、增强免疫力等(Mora-Ripoll,2010)。

实证研究表明,在幽默刺激的情况下,中脑边缘奖励网络核心的组成区域产生了更大的激活。这一系统以多巴胺作为主要的神经递质,并与各种令人愉快的情感奖励活动有关,如饮食、听令人愉快的音乐、看迷人面孔的照片、玩电子游戏等(Schultz,2002)。因此,在神经学层面上,言语幽默引发的积极情绪似乎与这些活动引发的愉悦感受密切相关。

从时间进程上看,相当一部分研究使用事件相关电位(Event-related Potentials,ERPs)考察了言语幽默的加工过程。其中英语言语幽默理解(Coulson & Kutas,2001;Coulson & Williams,2005)和汉语言语幽默理解的实证研究(Ku et al.,2017;Li et al.,2019)都证明了言语幽默共识性的神经标记为与幽默不一致探测相关的成分 N400、与幽默不一致消解相关的成分 P600,以及与幽默情感加工相关的晚期正成分(Late Positive Potentials,LPP)。

脑成像技术研究表明,言语幽默理解相关的脑区主要包括颞枕顶联合区、额下回、额上回、额中回、颞中回等(Chan et al.,2013)。库尔森和威廉姆斯(Coulson & Williams,2005)的研究证明了笑话理解的右脑优势,发现右脑对笑话产生的 N400 效应小于左脑,表明右脑的粗语义编码激活的信息对笑话理解非常重要。

4.2　言语幽默加工的生理因素对二语习得问题的影响

4.2.1　言语幽默与二语学习者的生理表现

在二语学习过程中,学习者的负性情感也会反应到生理上,如在使用二语表达时紧张得"掌心出汗、心跳和脉搏加快"等等。外语学习焦虑的进一步反应可能显示为"语音变调,不能正常地发出语言的语音和节奏,站起来回答问题时有'冻僵'的感觉;忘掉才学过不久的词汇;甚至根本说不出话"等(Young,1992)。枯燥沉闷的课堂气氛也容易使学习者产生疲惫感。对于前一种情况,如果教师适当地使用言语幽默,其产生的情绪唤醒能够促进幸福递质——多巴胺的分泌,中脑边缘奖励系统的激活可以对二语学习者的生理应激反应进行调节。而对于后一种情况,言语幽默加工后的欢笑反应会使大脑出现兴奋的新焦点,从而将人的大脑从精神紧张的休眠状态中唤醒,消除学习者的疲劳,使教师和学生都精神振奋。

4.2.2　言语幽默与二语习得的神经基础

通过观察二语习得激活的脑区,可以发现内侧颞叶皮质和前额叶皮质参与了二语习得中的语法习得过程,且布洛卡区功能连接模式强调了核心语言处理区周围左额叶区域的脑部活动对于成功习得语法十分重要。成人的二语学习过程中,右半球的参与更加有利于学习过程(Kepinska,2018)。这与幽默加工中右脑的语义激活有着极大的相似性。根据 fMRI 的证据,大脑的额叶(尤其是右侧前额皮层)和颞叶是幽默加工的重要脑机制,包括工作记忆、认知灵活性、言语抽象能力在内的诸多心理加工过程都在幽默加工中具有重要的作用(伍海燕,2009)。可见,第二语言习得和言语幽默加工都需要检索、认知控制等过程,并征用一定的神经资源,并且二者同时具有右脑优势效应。

目前对于事件相关脑电位的研究多采用认知语言研究的违例范式来考察二语加工模型,发现存在句法加工和语义加工这两个不同的加工过程,语义违例会产生 N400 效应,句法违例则在不同条件下分别产生 LAN/ELAN 效应和 P600 效应,或二者联合出现。许多句法 ERPs 研究都取得了类似的结果,都强调句法与语义加工之间存在交互作用。由此可见,作为句法加工之一的言语幽默加工与二语加工的神经成分有着很大的重合,幽默有潜力对二语习得加工产生促进作用。

5　从社会文化角度看言语幽默加工对二语习得产生的影响

5.1　言语幽默的社会文化因素

言语幽默从根本上来说是一种社会现象。社会心理学家认为言语幽默在社会感知、人际魅力、沟通交流、态度偏见、说服与群体关系等领域都发挥了重要作用(Martin,2018),同时还调节社会交往并维护社会和谐稳定的人际功能(Russell et al.,2003)。言语幽默也带有文化色彩。林语堂将"humor"译为"幽默"是一种有意识的跨文化行为,它是东西方文化中介调和的结果。言语幽默也可以被理解为一种涉及共享语码、知识和情感意义的现象(Chiaro,2009)。言语幽默具有文化特殊性。语言、文化和情感意义的差异会导致二语使用者幽默感知的差异,东方人和西方人对幽默的感知是不同的。可见,幽默所蕴含的文化背景是二语学习者二语水平的一大考验。

5.2　言语幽默的社会文化因素对二语习得的影响

萨丕尔—沃尔夫假说[①](Sapir Wolff Hypothesis)认为语言不仅是思维的工具,而且强烈地影响并

---

① 萨丕尔—沃尔夫假说是关于语言、文化和思维三者关系的重要理论,认为在不同文化下,不同语言所具有的结构、意义、使用等方面的差异在很大程度上影响了使用者的思维方式。

制约着人类的思维。从语系上划分,英语属于印欧语系,汉语属于汉藏语系。这种语言的差异并不是表层的差异,也反映出人们对日常生活中发生的事件的讲述方式,以及对生活的思考方式。在第二语言学习过程中,为了提高学习效果,学习者需要在语音、语法结构、行为模式等方面与目的语文化的特征相符合,因而,学习者在第二语言学习过程中或多或少都会接触外国文化(叶琳,2019)。因此,学习者在跨文化中产生的情感,即学习者的人际情感值得关注。

　　舒曼(Schumann,1978)提出的语言文化适应模式就曾指出:"第二语言习得仅仅是语言文化适应的一个方面,并且学习者对目的语群体语言文化的适应程度将决定他习得第二语言的程度。"即学习者与目的语文化之间的社会距离以及心理距离决定了二语习得的成功与否。可见,语言和文化在英语教学中是不可分割的,而幽默作为语言发展的高级阶段在语言文化中占据着举足轻重的地位。幽默可以作为一种"二语水平的检验"方式,也可以作为文化传递的方式(Cook,2000)。它的理解和产生通常需要广泛的语言学、语用学、社会语言学和文化知识基础。在中国,对于大多数英语学习者来说,理解和使用英语仍然是一个瓶颈。英语言语幽默的使用无疑会吸引学生对英语学习的兴趣,丰富他们的背景知识,提高他们的英语学习。可以用幽默的方式对目的语文化进行解释,如:

　　[例 3]

　　"Why don't you go to church?" asked the minister of the non-church goer.

　　"Well, I tell you. The first time I went to church they threw water in my face, and the second time they tied me to a woman I had to keep ever since."

　　"Yes," said the minister, "and the next time you go they'll throw dirt on you."

　　要理解这个笑话必须要先明白一些基督教的文化知识:"threw water in my face"指父母将新生儿抱到教堂受洗;"tied me to a woman I had to keep ever since"暗示在教堂举行婚礼时,由牧师宣布两人结为夫妇;"they'll throw dirt on you"指西方人去世之后,由牧师做最后的祈祷,向棺材洒土后再埋葬。对于学习者来说,在解决词汇、语言、语法难题之后,还应理解目的语文化。在语言输入过程中,教师运用幽默对话来介绍西方传统文化,激发学习者动机和兴趣,减少跨文化交际障碍。幽默的引入能够帮助学习者从不同角度理解并接受多元语言文化差异,拉近学习者与目的语文化之间的社会距离以及心理距离,克服"文化休克"现象造成的负面影响,有助于构建学习者的认知自信。幽默加工中所采用的创新视角也能够帮助学者产生包容的心态,以更开放的态度接纳新的语言知识和文化知识。

6　使用言语幽默促进二语习得的建议

　　综上所述,言语幽默在认知、心理、生理和社会文化方面的各个特性决定了其有应用在二语学习的过程中的巨大潜力。现结合言语幽默对二语习得多方面的积极影响,对如何从学习者出发,运用言语幽默促进二语习得提出如下建议。

　　首先,言语幽默的内容应与所学内容紧密相关。从言语幽默的认知方面来看,记忆的幽默效应显示,幽默材料会受到更深的加工,而在记忆获得时,对记忆材料加工越深,记忆效果越好。但人们对幽默信息记忆较好,是以损害对非幽默信息的记忆为代价的。由此,在学习语言时使用言语幽默应与学习内容紧密相关,才能有效利用幽默材料记忆上的优势。研究表明,与课堂内容相关的幽默更有利于传递积极的情感体验(Bieg et al.,2017)。

　　其次,使用言语幽默时要注意学习者的个体差异。学习者是体验幽默的主体。从言语幽默的心理与社会文化方面的影响可知:受到学习者知识水平的局限,二语习得过程中使用幽默需要考虑到学习者的当前语言能力,过度使用或不恰当的使用反而会产生负面的效果。对于有些难度的言语幽默,应给学习者以充分的时间进行加工,过于晦涩反而会使学习者因无法理解而产生负面情绪。在二语教学中,教师使用幽默教学时要从实际出发,根据学习者的接受能力,自然恰当地运用。同时,使用幽默不但要考虑学生的年龄(Pomerantz & Bell, 2011),还要注意学生的宗教信仰、民族和个体情况,避免使用冒犯性的幽默方式。由此可见,考虑个体差异之后,恰当地选择幽默才能促进二语习得的效率。

参考文献

[1] Aboudan, R. 2009. Laugh and learn: Humor and learning a second language [J]. *International Journal of Arts and Sciences*, 3(3), 90 - 99.

[2] Bergson, H. 1900. *Materia y memoria: ensayo sobre la relación de cuerpo con el espíritu* [M]. V. Suárez.

[3] Besemer, S. P. & Treffinger, D. J. 1981. Analysis of creative products: Review and synthesis [J]. *Journal of Creative Behavior*, 15, 158 - 178

[4] Bieg, S., Grassinger, R., Dresel, M. 2017. Humor as a magic bullet? Associations of different teacher humor types with student emotions[J]. *Learning & Individual Differences*, 56: 24 - 33.

[5] Chan, Y. C., Chou, T. L., Chen, H. C., Yeh, Y. C., Lavallee, J. P., Liang, K. C., et al. 2013. Towards a neural circuit model of verbal humor processing: an fMRI study of the neural substrates of incongruity detection and resolution[J]. *NeuroImage*, 66, 169 - 176.

[6] Chang, J., Chen, H., Hsu, C., Chan, Y., & Chang, Y. 2015. Flexible humor styles and the creative mind: Using a typological approach to investigate the relationship between humor styles and creativity[J]. *Psychology of Aesthetics, Creativity, and the Arts*, 9(3), 306 - 312.

[7] Chiaro, D. 2009. *Cultural Divide or Unifying Factor? Humorous Talk in the Interaction of Bilingual, Cross-Cultural Couples* [M]. In Neal R. Norrick & Delia Chiaro (eds.), Humor in Interaction, 211 - 231. Amsterdam: Benjamins.

[8] Christianson, S. A. (1992). Emotional Stress and Eyewitness Memory A Critical Review[J]. *Psychological Bulletin*, 112(2), 284 - 309.

[9] Cook, G. (2000). *Language Play, Language Learning* [M] Oxford: Oxford University Press.

[10] Coulson, A. S. 2001. *Cognitive Synergy* [M]. In M. J. Apter (Ed.), Motivational styles in everyday life: A guide to reversal theory. 229 - 248. Washington, DC: American Psychological Association.

[11] Coulson, S. & Williams, R. F. 2005. Hemispheric asymmetries and joke comprehension[J]. *Neuropsychologia*, 43(1), 128 - 141.

[12] Coulson, S. & Kutas, M. 2001. Getting it: Human event-related brain response to jokes in good and poor comprehenders[J]. Neuroscience Letters, 316, 71 - 74.

[13] Ellis, H. C., Thomas, R. L., & Rodriguez, I. A. 1984. Emotional Mood States and Memory: Elaborative Encoding, Semantic Processing, and Cognitive Effort[J]. *Journal of Experimental Psychology: Learning, Memory, and Cognition*, 10(3): 470 - 482.

[14] F, Erdodu, Akrolu N. 2021. The educational power of humor on student engagement in online learning environments[J]. *Research and Practice in Technology Enhanced Learning*, 16(1).

[15] Hildebrand, K. D. & Smith, S. D. 2014. Attentional biases toward humor: Separate effects of incongruity detection and resolution[J]. *Motivation and Emotion, 38*, 287 - 296.

[16] Kepinska O, MD Rover, Caspers J, et al. 2018. Connectivity of the hippocampus and Broca's area during acquisition of a novel grammar[J]. *NeuroImage*, 165(1): 1 - 10.

[17] Krashen, S. D. 1982. *Principles and Practice in Second Language Acquisition* [M]. Oxford:

Pergamon Press.

[18] Ku, L. C., Feng, Y. J., Chan, Y. C., Wu, C. L., & Chen, H. C. 2017. A re-visit of three-stage humor processing with readers' surprise, comprehension, and funniness ratings: An ERP study[J]. *Journal of Neurolinguistics*, 42(162): 49 – 62.

[19] Kuiper, N. A., Martin, R. A., & Olinger, L. J. 1993. Coping humour, stress, and cognitive appraisals[J]. *Canadian Journal of Behavioural Science/Revue canadienne des sciences du comportement*, 25(1): 81.

[20] Lew, K. H., & Park, S. H. 2016. A path model of adolescents' humor and creativity. International Information Institute (Tokyo)[J]. *Information*, 19(4): 1139.

[21] Li X, Hui-Li, et al. 2019, Processing Mechanism of Chinese Verbal Jokes: Evidence from ERP and Neural Oscillations[J]. *Journal of Electronic Science and Technology*, 17(03): 70 – 87.

[22] Martin V. Covington. 1984. The Self-Worth Theory of Achievement Motivation: Findings and Implications[J]. *The Elementary School Journal*, 85(1): 4 – 20.

[23] Martin, R. A., & Ford, T. 2018. *The Psychology of Humor: An Integrative Approach*[M]. Academic Press.

[24] Masgoret, A. M., & Ward, C. 2006. Culture learning approach to acculturation[J]. *The Cambridge handbook of acculturation psychology*, 58 – 77.

[25] McLaughlin B. 1987. Theories of second-language learning[J]. Edward Arnold London.

[26] Medgyes, P. 2002. *Laughing Matters: Humour in the Language Classroom*[M]. Cambridge University Press.

[27] Migita, M., Otani, H., & Libkuman, T. M. 2011. Preattentive Processing, Poststimulus Elaboration, and Memory for Emotionally Arousing Stimuli[J]. *The Journal of General Psychology*, 138(4): 260 – 280.

[28] Mora-Ripoll, R. (2010). The therapeutic value of laughter in medicine[J]. *Alternative Therapies in Health & Medicine*, 16(6).

[29] Pomerantz, A., & Bell, N. D. 2011. Humor as safe house in the foreign language classroom[J]. *The modern language journal*, 95: 148 – 161.

[30] Pishghadam, R., Khodadi, E. & Zabihi, R. 2011. Learning creativity in foreign language achievement[J]. *Eur. J. Educ. Stud.* (3): 465 – 472.

[31] Raskin V. 1979. *Semantic mechanisms of humor*[C]. Annual Meeting of the Berkeley Linguistics Society (5): 325 – 335.

[32] Rogers, E. & Svenning, L. 1969. *Modernization Among Peasants: The Impact of Communication*[M]. New York: Holt, Rinehart & Winston.

[33] Russell, J. A., Bachorowski, J. A. & Fernandez-Dols, J. M. 2003. Facial and vocal expressions of emotion[J]. *Annual Review of Psychology*, 54: 329 – 349.

[34] Samson AC, Glassco AL, Lee IA, Gross JJ. 2014. Humorous coping and serious reappraisal: short-term and longer-term effects[J]. *Eur J Psychol* (10): 571 – 581.

[35] Schmidt, S. R. 1991. Can we have a distinctive theory of memory? [J]. *Memory and Cognition*, 19: 523 – 542.

[36] Schmidt, S. R. & Williams, A. R. 2001. Memory for Humorous Cartoons[J]. *Memory and*

Cognition, 29, 305 - 311.

[37] Schmidt S. R. 2002. The humor effect: Differential processing and privileged retrieval[J]. *Memory*, 10: 127 - 138.

[38] Schultz, P. W. 2002. Inclusion with nature: The psychology of human-nature relations[J]. *Psychology of Sustainable Development*, 61 - 78.

[39] Schumann, J. 1978b. *The Acculturation Model for Second Language Acquisition* [M]. In Gingras, R. (eds.), Second Language Acquisition and Foreign Language Teaching, 27 - 50. Arlington, VA: Center for Applied Linguistics.

[40] Shaheen, R. 2010. Creativity and education[J]. *Creat. Educ.* 1, 166 - 169.

[41] Spielberger, C. D. 1972. Anxiety as an emotional state[J]. *Anxiety: Trends in Theory and Research,* 23 - 49.

[42] Strick M, Holland RW, van Baaren RB, van Knippenberg A. 2009. Finding comfort in a joke: consolatory effects of humor through cognitive distraction[J]. *Emotion* (9): 574 - 578.

[43] Suls J. M. 1972. A two-stage model for the appreciation of jokes and cartoons: An information-processing analysis[J]. *The Psychology of Humor: Theoretical Perspectives and Empirical Issues* (1): 81 - 100.

[44] Summerfelt, H., Lippman, L., & Hyman Jr, I. E. 2010. The effect of humor on memory: Constrained by the pun[J]. *The Journal of General Psychology*, 137(4): 376 - 394.

[45] Van Dillen LF, Koole SL. 2007. Clearing the mind: a working memory model of distraction from negative mood[J]. *Emotion* (7): 715 - 723.

[46] Wu, X., Guo, T., Zhang, C., Hong, T. Y., Cheng, C. M., Wei, P. & Luo, J. 2021. From "Aha!" to "Haha!" using humor to cope with negative stimuli[J]. *Cerebral Cortex*, 31(4): 2238 - 2250.

[47] Young, D. 1992. Language anxiety from the foreign language specialists' perspective: Interviews with Krashen[J]. *Foreign Language Annals* (25): 157 - 72.

[48] Zhou Z, Wu J, H, Luo, et al. 2021. The Effect of Humor on Insight Problem-Solving[J]. *Personality and Individual Differences*, 183 (3).

[49] 戴炜栋,束定芳.1994.试论影响外语习得的若干重要因素——外语教学理论系列文章之一[J].外国语(4): 1 - 10.

[50] 高巍,田苏.2018.中介语习得中的幽默——一项基于大学英语教学的语用研究[J].大学教育(06): 117 - 119.

[51] 黄绍胜.2009.英语词汇学习中石化现象的认知语义分析[J].外国语文,25(4): 124 - 127.

[52] 陆荟宇.2021.从中国大学生理解英文情景喜剧中的幽默障碍看二语习得[D].东北师范大学.

[53] 聂其阳,罗劲.2012."啊哈!"和"哈哈!":顿悟与幽默的脑认知成分比较[J].心理科学进展,20 (02): 219 - 227.

[54] 秦乐娱.2004.情感因素在第二语言习得中的影响[J].中南大学学报:社会科学版,10(1): 138 - 140.

[55] 文秋芳.2010.二语习得重点问题研究[M].北京:外语教学与研究出版社.

[56] 伍海燕,傅根跃,臧燕红.2009.幽默加工的脑机制[J].心理科学进展,17(01): 112 - 117.

[57] 叶琳.2019.二语习得动机:一个权变理论的综合概念框架[J].高教学刊(26): 71 - 75.

[58] 赵利娟.2017.记忆幽默效应的失谐消解机制:注意维持和精细化[D].吉林大学.

[59] 仲睿鑫.2016.幽默语欣赏对创造性的影响:认知与社会心理视角[D].华中师范大学.

The Influence of Verbal Humor Processing on Second Language Acquisition

Xueyan Li, Han Wang
Dalian University of Technology

Abstract: Among many factors affecting second language acquisition, individual differences of learners, including cognitive and emotional ones, are significant. Cognitive differences include differences in such aspects as thinking pattern, cognitive style and learning strategy, while emotional difference can be divided into individual differences and interpersonal differences. These differences can be considered from cognitive, psychological, physiological and socio-cultural aspects. Verbal humor as an effective coping mechanism has been widely used in cognitive, emotional, physiological and socio-cultural fields. Therefore, we argue that verbal humor has a positive influence on these aspects of individual differences. Cognitively, verbal humor can enhance the creativity and memory of learners, while incongruity resolution can help learners to change the mindset and perspective-taking. Psychologically, the emotional regulation of verbal humor can reduce learners' negative emotions and activate positive emotions to relieve anxiety, build self-confidence and stimulate learning motivation. Physiologically, the dopamine activated during the processing of verbal humor can improve students' interest in learning and relieve pressure. In addition, the brain regions and ERPs activated by processing of verbal humor and second language acquisition have overlap, and both have the right hemisphere advantage. Socio-culturally, the communicative function of verbal humor is also well reflected in cross-cultural communication. Meanwhile, verbal humor creates a relaxed environment to transmit the culture of the target language. In summary, verbal humor has a multi-dimensional positive effect on second language acquisition, as well as on the improvement of second language teaching and learning.

Key words: verbal humor; second language acquisition; cognition; emotion

派生具身之理论与启示

——《抽象语言的派生具身》述介①

李　伟②　顾倍先③　王慧莉④

大连理工大学　浙大城市学院

摘　要：本文对《抽象语言的派生具身》一书做了内容概述和简评。近年来,具身语言研究的焦点已从早期的具体概念转向了抽象概念。抽象概念因没有实体而不能被亲身感知,对具身语言认知的方式提出了难题与挑战。而本书提出了派生具身理论,通过大量生动的例子回应了此难题,合理解释了抽象概念的接地问题。本文首先介绍了该书的写作背景,其次对各章的写作内容做了概述,然后从理论和实践两个层面做了简要述评,最后讨论和总结了该书对具身语言认知理论的启示、具身教学的优势以及对语言教学的启示。

关键词：派生具身;交互型知识;参与型知识

1　序言

《抽象语言的派生具身》(*Derived Embodiment in Abstract Language*)一书的作者希哈卜(Schilhab)博士是丹麦奥胡斯大学教育学系副教授,是期刊《生物学启发认知架构》(*BICA*)的审稿人。希哈卜博士的主要研究方向是具身语言认知和心理语言学,累计发表论文 59 篇,出版 14 部专著,负责主持参与 19 个研究项目。希哈卜博士重点关注人们的亲身体验对认知产生的影响,以及如何间接体验知识。

2　内容概述

《抽象语言的派生具身》全书分为八个章节,下面对每个章节内容进行简要概述。第一章是对全书的介绍,作者首先引入认知的生物学主张,层层推进并进行反驳。根据生物学的概念,有了表征,知识似乎总是对人们有着可衡量的影响,然而人们不能直接参与的知识,如抽象的属性、关系等,仍符合人们对知识的定义。由此作者认为直接经验不是知识的唯一来源,且在没有直接经验的情况下,语言使得获取知识成为可能,挑战了神经生理学和生物学上知识组成来源的观点。作者认为没有直接经验的表征是具身认知的一种形式,并提出派生具身,试图解释具身的语言习得如何准确地构成对抽象知识的理解。派生具身强调社会层面的互动,儿童通过互动习得的高级(抽象)语言知识可以与成人交互型的专业知识相提并论(Collins, 2011)。由于抽象语言的所指物不能直接出现,所以高级语言习得通常

① 本研究得到国家社会科学基金后期资助重点项目的资助(项目编号：21FYYA002)。

② 李伟(1997—　),女,硕士,大连理工大学外国语学院研究生;研究方向：心理语言学、认知神经语言学;通信地址：辽宁省大连市高新园区凌工路 2 号,大连理工大学外国语学院,邮编：116033;电子邮箱：carole.LL@ mail.dlut.edu.cn。

③ 顾倍先(1990—　),男,博士,大连理工大学外国语学院讲师;研究方向：心理语言学、教育语言学、认知神经语言学;通信地址：辽宁省大连市高新园区凌工路 2 号,大连理工大学外国语学院;邮编：116033;电子邮箱：guberixian@dlut.edu.cn。

④ 王慧莉(1966—　),女,博士,浙大城市学院外国语学院教授;研究方向：心理语言学、教育语言学、认知神经语言学;通信地址：浙江省杭州市拱墅区湖州街 51 号,浙大城市学院外国语学院;邮编：310015;电子邮箱：wanghl@hzcu.edu.cn,通讯作者。

依赖于会话伙伴的语言描述,然后会话者对描述中的抽象现象进行具体化想象,这一过程便是派生具身。总之,本书的主要目的是解释人们如何在具象知识(concrete knowledge)的基础上获取抽象语言知识。

第二章详细介绍了参与型(contributory knowledge)和交互型知识(interactional knowledge)的概念和获取渠道,以及二者的区别。参与型知识需要切身参与实践获取,而交互型知识被定义为纯语言知识,是在与会话伙伴的交流中获取的。作者认为语言本身具有传递非亲身体验的信息的潜力,且传递的过程中一般不会导致缺失或扭曲信息。柯林斯(Collins,2011)提出在一个语言共同体中,即使一方未切身参与某些事件,通过语言交流也可以消除由于缺乏直接经验所导致的差异。语言使用能力方面的语言知识也可以通过交流获得,而且与贡献型专家的语言能力没有显著差异。语言能力是一种技能,因此依赖于隐性知识。主流观念将隐性知识与身体联系,然而柯林斯强调其与社会集体的联系,提出社会具身论。他认为个人特定领域的能力并不完全依赖于个人在该领域的直接经验,而是语言沉浸的结果。这样一来,个人经验对语言技能的影响并不显著,且大大低估了身体的作用。本章作者认同其对两种知识的定义并加以详细介绍,但不支持社会具身论,并引用巴赛罗(Barsalou,2005)的实证研究重申身体在认知中的重要性。

第三章回顾了具身认知的研究,重点强调了感知活动过程与语言概念化之间的关系。作者详细介绍了语言化(linguification),认为语言化是语言使用成为知识交换和分享媒介的核心,在交互型专业知识情境下进行。语言化的概念来源于巴赛罗(Barsalou,2005:620)提出的情境化观点,"情境化是一种多模态模拟,它支持一个情境活动的特定过程,具有特定的范畴实例"。作者以获得苹果这一概念举例说明语言化过程,个体第一次品尝和触摸苹果的体验也会同时发生(Glenberg,2008a,2008b)。正如吉拉克等(Jirak et al.,2010)所说,当我们理解苹果这个概念时,那些我们用来与苹果进行互动的感知-运动区也被激活了。语言化强调不同知觉活动在多个事件中同步活动,从而形成与概念知识相同步的神经元集合。从表面上看,句子和概念的理解并不是独立于它们所属的情境或它们发生的情境进行的,而是一种自下而上的无意识认知过程。通常情况下,自下而上的语言化依赖于多种知觉刺激共同激活,这些知觉激活在概念知识形成时逐渐关联起来。此外,作者还介绍了语言手柄(Linguistic Handles)、子活动(sub-activities)和后门(Back Doors)的概念。语言手柄指语言化这个整体的符号部分;子活动可以认为是模拟的各个具身表征的组成部分;后门是指非语言的入口点,比如在前文提到的苹果一例中,后门可能是味道、被牙齿咬碎的声音、苹果叶子等。

第四章主要讨论了语言习得的核心特征,作者认为这些特征是解释派生具身过程中抽象知识习得的关键点。这些特征包括:① 现象、事件或对象的真实性;② 语言学习者的注意力焦点;③ 对话者。作者对这三大特点逐一进行详细分析。在语言处理的过程中,指称物处于在场(在线)或缺席(离线)状态的表征有所不同,在线表征会更稳定、更显著。二者的关键区别在于,在线状态下,外部刺激也会促进语言理解,而离线状态下则完全依赖于个人有意识的努力。后者是完全由个体引起和控制的,个人在思考缺席的现象时,没有外部刺激的帮助,就会转向自愿进行的事件重演(re-enactments)。离线状态对第二个特征提出了要求,即学习者的想象能力。在离线状态下,个人必须通过想象来再现语言表征,并依靠内部的、自我驱动的线索来获得理解。由于常常缺乏足够的线索,对话者的角色就显得很重要。第三个特征是在抽象语言习得中处理材料的提供者。显然,当直接经验缺失时,知觉经验所固有的现象经验也缺失了。因此,在离线状态下,用来掌握和记忆的方法大大减少。而对话者可以帮助学习者获得语言再现过程中不明确的经验,比如使用面部表情、不同的语气给予学习者有力的解释(Kontra et al.,2012),以促进理解。

第五章重点关注派生具身和交互型专业知识的关系。派生具身的过程可以使感知信息过渡到在大脑中想象并理解信息。在早期语言化过程中,当学习者对词汇的处理达到一定的熟练程度时,就产生了从言语信息中构建图像的能力。正如丹尼斯(Denis，2002)所说，大脑不仅可以处理口头信息，而且还可以将其转化为非语言表征，这和感知产生的视觉图像相似。学习者通过想象对话者描述的知识，反复提出问题来不断改进自己构建的模拟画面，从而掌握新知识。在了解新知识时，学习者也会根据自己的接受程度在以前提供过信息的对话者中进行选择，这便要求对话者有较高的语言技巧，如使用隐喻、引用生动的例子等(Hodges et al.，2014)。此外，还要求学习者的合作意识以及与对话者水平相匹配的能力。派生具身是一种心理机制，通过将具有直接经验的体验与语言呈现的概念联系起来，将没有直接经验的现象知识转化为直接体验的知识。也就是说，为了理解一个概念，学习者需要积极地把在语境中获得的体验与他们没有经历过的语言描述事件联系起来。作者在本章末介绍了条件性恐惧实验(Phelps，2005)和歌手教学实验(Aberg，2013)，举例说明了熟练的对话者可以有意地规划对话流程来促进派生具身过程。

第六章重点讨论习得抽象知识可以锻炼思维能力。派生具身机制通过语言化过程中的语言手柄来弥补抽象语言习得时具体信息的缺乏。例如在连续的语言交流中，对话中使用特定词语或语气，可以把学习者的注意力吸引到实时的任务上，迫使学习者保持高度注意力。在抽象知识获取过程中，对话者扮演实时的外部提醒的角色，不断给予提示，学习者在构建模拟画面时也就增强了与想象力相关的心理功能。而且学习者对派生具身这一心理机制在互动中也会越来越熟悉。因此，在学习者理解现象内容的阶段，必须主动将其具体化为过往体验，使联想得以建立。而且派生具身发生时，学习者的认知内容和能力也会改变。对话者吸引学习者的注意力，向其介绍新的概念信息，学习者在构建画面、试图理解的过程会提高自身感知信息的能力，增强对外部刺激的敏感性，从而提高对外界的认知能力。学习者在看到一些词汇时，大脑会无意识地激活某些已感知的场景，将经历过的体验与当前词汇联系起来。作者认为这一语言再现过程如果最初没有对话者的积极推进，这些场景将一直处于休眠状态而不会被激活。总之作者认为派生具身机制依赖于与对话者的交流，这一过程不仅仅会帮助学习者理解没有直接经历的特定概念，还会提高认知能力。虽然高级的认知依赖于学习者的个人主观的努力和大量的实践练习，但是在社会交往中培养的基本认知能力是前提条件，个体间的交流也是铺平认知提升道路的关键。

第七章将语言化过程带入教育背景进行讨论，并引入了一阶和二阶语言化概念。作者认为通过亲身经历习得的具体知识是一阶，依靠派生具身理解的抽象知识属于二阶语言化过程。从神经的角度来看，一阶和二阶结构是不同的，作者重点关注这两种习得的知识有何区别。根据克莱雷曼斯(Cleeremans，2008)的研究，通过外部环境刺激获取的知识会更加丰富稳定，反应时间也会短，因为多模态处理是个人进行潜意识联想的关键，而直接经验条件下多模态处理的效果自然更强。另一方面，学习者对通过直接经验获取知识的理解也更加深入，因为这类知识会与客观世界的限制产生共鸣，自动放入现实世界的大语境中，理解的内容自然也不仅仅是概念。从这个意义上说，深刻理解是知识范围内建立的无数联系，一个人对一个现象越熟悉，对这个现象的理解就越呈"网状"，对与之相关的知识了解会越多。此外，作者还讨论了认知负荷，认为它有助于区分直接体验习得和互动习得知识之间的差异。根据注意力恢复理论(attention restoration theory)的研究表明(Kaplan，1995)，与自然进行感性互动可以提高认知表现。如果认知负荷减轻了，执行控制的资源就会被释放以推动进一步的思考过程。举例来说，如果学习者从环境中获得了帮助，只需要通过简单观察和感知风景，也就不必花费心理资源来构建和维护风景的图像。这表明学习者可能会更容易接受直接经验获得的知识。当我们试图理解不了解的领域时，通常倾向于寻求直接经验以获得概念。而当实际接触很难实现时，依靠互动获取知识是一个很好的替代。

第八章介绍了通过派生具身机制习得抽象知识的条件，并提出该理论的局限性。本书讨论的抽象知识中提到的所指物有三个前提，不满足这些标准的抽象知识不能由派生机制来解释。第一是所指物对一个群体而言必须真实存在;第二是对话者或一个群体对该所指物有直接经验;第三是它要有助于语言意义上的知识分享过程。因此,如果所指物没有感知意义,或它存在感过低以至于很少有人用语言表达,这个抽象概念就不会出现在学习者的对话中。也就是说,存在通过不同于派生具身机制获得的抽象知识。此外,作者也承认派生具身有些理想化且在实践过程中要求有些严苛,需要对话者的语言使用技巧和学习者的配合以及与之相符的感知能力和想象能力。如前章所述,人们更倾向于通过直接经验来减轻认知负荷,只有难以亲身体验时才会选择这种机制。然而,派生具身机制仍是重要的,为解释抽象知识的获取提供了一个可行框架。

3　简评

3.1　对具身认知理论的贡献

具身认知是当代心理学和认知科学研究关注的焦点问题,具有深刻的哲学渊源。哲学家梅洛-庞蒂(Merleau-Ponty)和杜威(Dewey)被视为具身观念的两个伟大先驱(Lakoff & Johnson,1999),因为两位哲学家提出"肉身"这个概念表达我们最初的具身体验,并且试图将哲学的关注点集中到"世界之肉身"上,也就是人们每天生活其中的、能接触到的客观世界;认为人们感知世界依靠身体,而身体存在于世界,感知、身体和世界是一个统一体。在这种哲学思考的启发下,在多个学科领域如认知语言学、生物神经学都引发了具身认知的研究思潮。

语言学家们重点关注概念知识在大脑中加工储存的模式。具体概念在客观世界中有具体指称物,符合具身加工方式,即可以直接与感知经验信息相联系,通过外部的感知运动模拟加工,这一观点在大量实证研究的支持下(Borghi et al.,2017;Yao et al.,2018)已获得学界的普遍认可。但是抽象概念没有实体的指称物,无法直接与外部世界相联系,其加工问题为具身语言观带来了一大难题。然而本书作者提出了派生具身这一理论,合理解释了抽象概念的获得方式。作者指出人们通过交谈中的语言互动,会在脑海中形成一个模拟画面,随着交谈的推进,构建的模拟画面也会不断精确,最后会获得未体验过的抽象知识。也就是说交谈双方对描述中的抽象现象进行具体化想象的过程便是派生具身,在这种想象中实现了抽象概念的间接具身体验。本书作者提出了新颖的派生具身理论,在一定程度上解答了抽象概念的接地难题,丰富了具身认知的理论框架,为后人关于抽象概念的加工研究提供了强大的理论支撑。作者对相关的文献梳理十分翔实,全面展示了具身认知发展的来龙去脉,且引用了大量的贴近生活的例子,使读者在阅读过程中面对新名词术语也不会觉得晦涩难懂。全书的结构脉络清晰,作者擅长以提问的方式推进,加强了与读者间的互动,引发读者的思考,从而加深对派生具身的理解。

3.2　对语言教学的贡献

3.2.1　具身教学的优势

传统教学认为学生身体在"缺席"的状态下,仍能进行有效学习,且学生经常被认为是客体,在课堂上的作用如同一个容器,只需不断接受知识的浇灌。在这种教学模式下,学生自身的学习积极性和主动性很容易丧失殆尽。而基于具身认知理论,特别是派生具身认知理论的具身教学则有很大不同,具有以下三个明显优势:

(1)具身教学强调身体参与和个人体验感,可以实现课堂教学中师生的最大化互动。具身认知理论中的教学过程是对认知、身体、环境三者的整合与运用,否定了教师与学生之间的绝对主客体关系,教师、学生、教学环境相互之间既是认知的对象,也是认知的主体,学生和教师在环境的调解下成为教学活动的共同参与者(崔中良、王慧莉,2017)。具身理论认为,在师生互动的身心融合教学过程中,教师对待学生的态度以及教师与学生之间的互动不断加深学生的体验与感悟,成为影响学生学习的一个重要因素;同时,学生与教师之间的关系和互动同样会影响课堂效果以及学生的认知发展(Dixon et al.,2011)。由此新的体验、新的意义、新的知识不断生成。教师使用具身教学的技巧,诸如加强语气可以更快地激活学生的感知系统,使得学生对新知识的认识更为深刻。课堂上师生之间有效的交流能够促进师生感知到彼此的状态及其与自身的情感联结,有利于师生产生新的知识和想法。课堂教学在这样不断的互动过程中,可以产生很多书本之外的思想火花,这种互动交流超越了课程本身承载的范围和力量(陈乐乐,2015)。

(2) 具身教学可以强调教师的身体动作对教学表达、教学效果的影响。传统课堂不仅忽视了学生的身体参与,也忽视了教师的身体。传统的课堂形式比较单一,往往就是教师站在讲台上,对知识进行书面上的讲解,这种风格过于注重知识本身的准确性,而忽视了身体对知识的加工作用以及学生的课堂体验。而具身教学观认为教师在上课过程中的面部表情、与学生的眼神接触、距离的接近度、注意的方向、身体姿势、整体姿态等行为表现对学生有非常重要的影响(Roth,2001)。当陌生或者抽象的概念出现时,教师如果通过手势来表达可以帮助学生更好地理解意义(Manuel,2008)。教师认可式的笑容、鼓励式的点头以及恰当的手势,能激发学生被肯定的体验感;教师与学生进行的眼神交流可以吸引学生注意力;从讲台走入课堂之中缩短了身体距离与心理距离。这些身体动作都可以增强学生学习动力,提升课堂效果。总之,教师身体动作的运用不仅能助力学生深入理解知识,还能丰富教师的课堂表达。因此,教师在教学设计中可以有意识地注意身体因素的参与来改善教学效果(Jessica,2013)。

(3) 具身教学可以提高多媒体技术的应用,丰富教师的教学工具,提高学生的课堂体验,从而实现技术-身体-课程的整合(张永飞,2017)。传统课堂由于受技术发展的限制,教学方式比较单一,多以在黑白板上书写为主。而随着信息技术的发展,教学技术手段的创新也成为可能。比如体感交互技术,基于人机交互,利用现实世界中的环境、主题,通过人们对生活常识的理解、对自身肢体动作的理解和对环境的理解等不同方面对新的交互方式进行研究(李青、王青,2015)。体感交互强调利用学生熟练肢体动作、手势、语音等现实生活中已有的知识和技能进行人机交互,因此不需要学生额外学习很多新的具体知识和抽象知识,从而减轻了学生的认知负荷,淡化了学生对正在使用计算机的认知,强化了学习的情境和学习任务,使学生有更多的精力投入学习任务,提高学习效率。还有较为普及的智慧教室、电子白板技术也可以走入课堂,学生可以自由调动课堂素材和资源,获得更加真实的学习体验。学生通过点击触控屏幕还可以使身体参与到学习中,加快具身的生成。此外,目前线上教学平台越来越普及,线上与线下相结合的方式也为更多高校所接受和使用。线上平台技术极大地丰富了教学资源,诸如线上视频、音频、图片等方法为激发学生多感官的感知提供便利条件;线上发布任务也可以使得教学形式更加多样化,吸引学生的注意力。因而,具身教学可以让多种新兴教学技术进入课堂,促进资源利用最大化,实现教学和学习效率的有效提高(Wilson,1995)。

3.2.2　对语言教学的启发

传统认知认为学习过程仅在大脑内进行,罗杰斯(Rogers,1983)称这种学习为"脖子以上的学习";而具身认知的观点认为学习是全身心参与的过程,我们的身体经验是我们能思考、知道、交流等一切活动最初的基础。抽象概念虽然不能直接感知,但是无论我们的抽象概念变得如何复杂,它们也必须与我们的具身形式紧密联系(Lakoff & Johnson,1999)。我们仅能体验具身性所允许我们体验的事物和概念,并基于我们身体的体验使所运用的概念体系概念化。因此,语言的具身观对抽象语言学习和习得也具有重要意义。

本书的观点可以对语言教学带来如下启发:

(1) 本文提到互动型知识要求对话者有较高的画面描述水平以及丰富的语言交流技巧,所以课堂教学中,教师的重要性不言而喻。教师应该提升自己的具身模拟技巧。教师应该站在学生立场,将自己代入学生的处境,深入理解学生的内心世界,只有这样,才能为高效教学的效果奠定深厚基础(王会亭,2015)。教师可以利用具身模拟技巧,即通过身体和身体的感知-运动系统努力产生与学生相类似的身体体验。教师与学生的认知水平、构建画面的心理模拟水平都有所差异,教师在自己的立场上描述的画面可能不会激起学生深刻的体验。正如尼采(Nietzsche,1977)所提出的,我们为了理解他人,必须模仿其感受;从自身开始,根据他人的表现和展示出来的效应,通过我们自己的身体,来模仿着他人的眼神、声音、举止。而派生具身机制生成的关键就是学生努力将陌生的抽象概念与自己的体验相结合,学生面临与自身世界不熟悉的体验自然会影响理解程度。因为环境是组成人们认知的一部分(Rowlands,2003),所以教学不能脱离具体的环境。教师在理解了学生的感受后,就可以在教学中很好地利用和设计教学环境,更有效地唤起学生深层次的体验,从而激发学生的在线具身和离线具身效应,提升学生对所学知识的吸收和内化程度。比如在讲述抽象概念时,教师可以选择更容易引起学生共鸣的图片或者动画,再辅以生动的言语描绘画面,来激发学生的在线具身体验,这样学生会更轻松地将这种体验与抽象概念结合起来,从而达到通过派生机制成功习得抽象知识的课堂效果。

(2) 本书提到互动型知识的传授也需要学习者高度集中的注意力,因此创造沉浸式的体验以增强学生们的动力以及课堂注意力就显得尤为重要。心流理论(flow theory)由芝加哥大学心理学教授齐克森米哈利(Csikszentmihalyi,1988)首先提出。该理论认为,当人们在进行某些日常活动时,完全投入情境当中,集中注意力,并且过滤掉所有不相关的知觉,进入一种沉浸的状态,并指出心流是学习、工作时的最佳体验,它带来的内在满足感能使人们在完成任务时满怀兴趣,忘记疲劳,不停探索,不断达到新目标。心流理论强调学习者在每一步都需要有一个明确的目标以激发学习者的学习动机。通常来说,抽象概念比较难以理解,学生也就难以进入状态。这种情况下,教师可以设置阶段性学习任务,鼓励学生从完成任务中寻找自我满足感以及成就感,鼓励学生在抽象知识学习中探索与兴趣相关的内容。学生的心流体验通过任务型教学得以激发,从而增强注意力和学习动力。因此,教师采用具身教学法,构建逼真的活动情境与学习氛围(王慧莉、赵晓敏,2021),指导学生在心流体验中有效学习,不仅可以有效解决抽象概念的入境难题,提高自身教学水平,还可以激发学生的学习动力,使学习效果最大化。

参考文献

[1] Aberg, S. 2013. Circumvention: On judgment as practical action[J]. *AI & Society*, 28(3): 351 – 359.

[2] Barsalou, L. W. 2005. Situated conceptualization[J]. In H. Cohen and C. Lefebvre (eds.), *Handbook of categorization in cognitive science*[M]. Oxford: Elsevier. 619 – 650.

[3] Borghi, A. M., Binkofski, F., Castelfranchi, C., Cimatti, F., & Tummolini L. 2017. The challenge of abstract concepts[J]. *Psychological Bulletin*, 143(3): 263 – 292

[4] Cleeremans, A. 2008. Consciousness: The radical plasticity thesis[J]. *Progress in Brain Research*. (168): 19 – 33.

[5] Collins, H. M. 2011. Language and practice[J]. *Social Studies of Science*. 41(2), 271 – 300.

[6] Csikszentmihalyi, M. & Csikszentmihalyi, I. S (eds.), 1988. *Optimal Experience: Psychological studies of flow in consciousness*[M]. Cambridge: Cambridge University Press.

[7] Denis, M., Galaburda, A. M., Kosslyn, S. M., & Christen, Y. 2002. Can the human brain construct visual mental images from linguistic inputs?[C]. In M. Albert, S. Galaburda, M. Kosslyn, & C. Yves (eds.). *The languages of the brain*[M]. Cambridge, MA: Harvard University Press: 215 – 225.

[8] Dixon, M. & Senior, K.. 2011. Appearing pedagogy: From embodied learning and teaching to embodied pedagogy[J]. *Pedagogy, Culture & Society*, 3(19): 473 – 484

[9] Glenberg, A. M., Sato, M., & Cattaneo L. 2008a. Use-induced motor plasticity affects the processing of abstract and concrete language[J]. *Current Biology*, 18(7): 290 – 291.

[10] Glenberg, A. M., Sato, M., Cattaneo, L., Riggio, L., Palumbo, D., & Buccino, G. 2008b. Processing abstract language modulates motor system activity[J]. *Quarterly Journal of Experimental Psychology*, 61(6): 905 – 919.

[11] Hodges, B. H., Meagher, B. R., Norton, D. J., McBain, R., & Sroubek, A. 2014. Speaking from ignorance: Not agreeing with others we believe are correct[J]. *Journal of Personality and Social Psychology*, 106(2): 218 – 234.

[12] Hollingdale, R. J. 1977. *A Nietzsche Reader*[M]. England: Penguin.

[13] Jirak, D., Menz, M. M., Buccino, G., Borghi, A. M., & Binkofski, F. 2010. Grasping language — A short story on embodiment[J]. *Consciousness and Cognition*, 19(3): 711 – 720.

[14] Jessica, C., F. Emma, A. C. David. 2013. Hand movement effects on word learning and retrieval in adults[J]. *PSL One*, 8(1): 1 – 6.

[15] Kaplan, S. 1995. The restorative benefits of nature: Toward an integrative framework[J]. *Journal of Environmental Psychology*, 15(3): 169 – 182.

[16] Kontra, C., Goldin, S., & Beilock, S. L. 2012. Embodied learning across the lifespan[J]. *Topics in Cognitive Science*, 4(4): 731 – 739.

[17] Lakoff, G. & Johnson, M. 1999. *Philosophy in the Flesh: The Embodied Mind and Its Challenge to Western Thought*[M]. Chicago: University of Chicago Press.

[18] Manuel, D. V., Glenberg, A., & Graesser, A. 2008. *Symbols and Embodiment: Debates on Meaning and Cognition*[M]. Oxford: Oxford University Press.

[19] Phelps, E. A. 2005. The interaction of emotion and cognition: The relation between the human amygdala and cognitive awareness[J]. In R. R. Hassin, J. S. Uleman, & J. A. Bargh (eds.). *The new unconscious*[M]. Oxford: Oxford University Press: 61 – 76.

[20] Pozzer, A. L. & Roth, W. 2007. On performing concepts during science lectures[J]. *Science Education*, 91(1): 96 – 114.

[21] Rogers, C. 1983. *Freedom to Learn for the 80's*[M]. Columbus: Merrill Publishing Company.

[22] Roth, W. 2001. Gestures: Their Role in Teaching and Learning[J]. *Review of Educational Research* (3): 365 – 392.

[23] Rowlands, M. 2003. *Externalism: Putting Mind and World Back Together Again*[M]. London: Acumen Publishing.

[24] Wilson, B. G. 1995. Metaphors for Instruction: Why We Talk About Learning Environments [J]. *Educational Technology*, 35(5): 25 – 30.

[25] Yao, B., Keitel, A., Bruce, G., Scott, G. G., & Sereno, S. C. 2018. Differential emotional processing in concrete and abstract words[J]. *Journal of Experimental Psychology Learning Memory & Cognition*, 44(7): 1064 – 1074.

[26] 陈乐乐.2016.具身教育课程的内涵,理论基础和实践路向[J].课程·教材·教法(10): 11 – 18.

[27] 崔中良,王慧莉.2017.具身式商务英语教学理念、模式及其实践[J].广东外语外贸大学学报,28(05): 118 – 123 + 132.

[28] 李青,王青.2015.体感交互技术在教育中的应用现状述评[J].远程教育杂志,33(01)：48-56.

[29] 马晓羽,葛鲁嘉.2018.基于具身认知理论的课堂教学变革[J].黑龙江高教研究(01)：5-9.

[30] 王慧莉,赵晓敏.2021.具身教学与学习设计:《具身教学指导学习设计：多模态视角》述介[J].教育语言学研究：196-203.

[31] 王会亭.2015.从"离身"到"具身"：课堂有效教学的"身体"转向[J].课程·教材·教法,35(12)：57-63.

[32] 张永飞.2017.具身化的课程：基于具身认知的课程观建构研究[M].昆明：云南人民出版社.

A Review of *Derived Embodiment*
in Abstract Language

Wei Li, Beixian Gu, and Huili Wang

Dalian University of Technology; Hangzhou City University

Abstract: This paper presents a review of the book entitled *Derived Embodiment in Abstract Language*. The writing background and main points of each part are introduced firstly. In recent years, the focus of embodied language research has been shifted from concrete concepts to abstract concepts. However, abstract concepts cannot be perceived directly due to the absence of entity, which poses great difficulties and challenges on embodied studies related to language processing. In this book, derived embodiment is proposed to explain the grounding problem of abstract concepts with vivid and convincing examples. Finally, this paper makes a brief review from both theoretical and practical aspects. The enlightenment of embodied cognition theory, the advantages of embodied teaching and the inspiration of language teaching are illustrated.

Key words: derived embodiment; interactional knowledge; contributory knowledge

马克思主义哲学科学方法论与
批评话语研究的契合

朱　雷[①]　杨建新[②]

上海政法学院　河西学院

摘　要：马克思主义哲学既是科学理论，亦是科学方法论。本文首先追溯了方法论的历史演进，梳理了哲学史上的主要科学研究方法，认为马克思主义方法论批判继承了前人研究，因而成就了其"科学性"。批评话语分析（CDA）脱胎于马克思主义与批判学说，致力于探索权力与意识形态导致的不公平与不平等。CDA 充分汲取了马克思主义科学方法论的营养，逐渐发展壮大。两者在研究领域、研究范式诸方面具有极高的契合度。具体而言，马克思主义方法论的社会实践观、辩证分析方法、意识形态批判等均对批评话语分析前沿研究起到指导作用。

关键词：马克思主义哲学；科学方法论；批评话语分析；社会实践；意识形态批判

1　引论

人文研究与科学方法论须臾不可分离，植根于社会科学的批评话语分析自然概莫能外。批评话语分析关注权力滥用、思想控制、性别歧视、种族纠纷等议题，在方法论上借鉴了实践论方法、意识形态分析方法及辩证分析方法论。批评话语分析（Critical Discourse Analysis，CDA）的研究对象为话语文本，透视大到社会结构，小到作为社会分子的方方面面。CDA 认为话语与社会结构和意识形态同构，可以采用科学的研究方法对话语做出系统全面的分析，话语展示出社会结构、阶级差异和人际关系的知识。方法论作为总辖具体方法的理论尤为关键，费尔克劳（Fairclough）的三维分析法、沃达克（Wodak）的话语——历史研究法，以及范迪克（van Dijk）的认知话语分析方法脱胎于批判理论，均汲取了马克思主义方法论的营养。马克思主义哲学作为科学世界观和方法论，为批评话语分析提供了系统科学的指导。CDA 与马克思主义哲学不仅在关注点上契合，有些话语分析学者甚至接受了马克思主义理论和方法论的指导。他们在话语研究实践中，成了马克思主义哲学和方法论的提倡者和践行者。

2　何谓方法论？

科学与哲学分属不同的学问。叔贵峰和符越（2020）认为科学建立在知性思维基础上，而哲学生发于理性思维中。科学采用综合、分析等方法获得或然性知识，而马克思主义哲学有助于获得绝对真理

①　朱雷（1978—　），男，复旦大学博士，上海政法学院语言文化学院英文系讲师；研究方向：话语分析、修辞学、英汉对比与互译；通信地址：上海市外青松公路 7989 号 A1 楼 207 室；邮编：201701；电子邮箱：zhulei@shupl.edu.cn。

②　杨建新（1985—　），男，复旦大学博士，河西学院外国语学院副教授；研究方向：话语分析与传播、翻译研究；通信地址：甘肃省张掖市甘州区北环路 846 号；邮编：734000；电子邮箱：262720249@qq.com。

意义的知识。真理不能停留在所谓"绝对真理"观念上,而是需要不断证伪和发展,从而在实践和运动中获得,而马克思主义方法论的优势正是在于实践方法论。社会科学方法论基于既定哲学视角,构筑在本体观与主客体认识论之上。方法论的确立需考虑研究对象,研究目标,研究立场、研究材料和特点等方面。那么什么是方法论呢? 一般认为,方法论是一套科学系统的研究方法,即方法之方法,为了达到"超越"(叔贵峰、符越,2019)而最大限度地获取客观性的一套研究方法。毛浩然、徐起起、娄开阳(2018)区分了三类方法论:哲学的方法论、一般科学方法论和具体科学方法论。开普兰和伍尔夫(Kaplan & Wolf,1998:18-19)指出方法论并不着眼于微观方法,而是对方法的"研究、描述、解释"。对科学方法论的透彻理解极为关键,有助于了解社会科学探究过程,把握原则方法乃至哲学原则。王鹏、林聚任(2012)认为,以量化为主的实证主义科学追求所谓的科学严谨性,却忽视了研究者的主观性,以及客观社会事实受到社会条件影响这一事实。社会建构主义认为社会事实不是自然事实,而是体制事实(Schiappa,2003)。庞卓恒(2020)认为马克思主义的方法论是对前人方法的革新,如"从个别上升到一般",此处的"一般"(庞卓恒,2020)不同于或然性的归纳法研究方法,而是具有必然性的因与果紧密相关的普遍规律,是"历史和逻辑统一的"必然性规律。

社会科学方法论具备以下特点。首先,社会科学方法论注重社会实践,方法上一般为定量与定性两种或混合式。人们基于前人和自身的社会实践,从而形成主观的方法和知识,对客观的现实做出测量和探索。在选择方法上,主体与客观结合,源于实践并回到实践,确定相应的定量或定性方法。其次,科学方法论是系统性知识网络,具有逻辑性和系统性的特点,经得起实践检验。再次,社会科学方法论具有强大的适用性,是社会科学领域分析的有力武器。马克思主义社会科学方法论在对黑格尔的批判中得到极大丰富,发展诸如实践方法、辩证方法、社会系统方法、矛盾批判方法、社会过程研究方法、历史方法等一系列研究方法;同时涵盖了基本思维方式,如归纳与演绎法、分析与综合法,借助批判和辩证上升到科学高度。尽管如此,我们要警惕将马克思主义无限拔高到"科学之科学"(叔贵峰、符越,2019)或是元科学的"泛科学"高度。无疑,这是不符合马克思主义辩证方法精神的。

3 马克思主义方法论"科学性"的历史演进

科学的研究方法对人类知识的累积和促成方法论的形成具有极大贡献。作为科学的研究方法,马克思主义方法论包含了矛盾研究方法、辩证思维方法、社会实践方法、社会系统及过程研究方法、社会主体研究方法等内容。那么较之以前的方法论,"科学性"由何体现,又如何发展到科学阶段的呢? 我们拟对这一发展过程做出梳理。毛浩然、徐起起、娄开阳(2018)认为西方哲学方法论大致经历了经验主义、实证主义和诠释主义三大阶段。自古希腊起,哲学家们便采取定量方法。此后陆续出现培根的归纳方法、笛卡尔理性主义的演绎和先验推理方法,后来发展到法兰克福学派的批评方法,直至马克思主义的科学方法论。

那么,马克思主义方法论的"科学性"做出了何种超越呢? 孙飞宇、牟思浩(2020)认为:以法国为例,经典马克思主义扎根后与存在主义一起,对法国社会学研究产生了巨大影响,其中,马克思主义的实践方法论在研究中起到了关键作用。以实践为特色的马克思主义方法论超越了研究者的主观随意、局限性及或然性经验,是对具体方法的极大理论凝练。马克思主义对客观真理性的追求反映了科学的严谨性和客观性。为了探索世界的本源和真相,哲学对客观性和科学性始终孜孜以求。为了达到绝对的研究客观,哲学家竭尽所能地减少研究者主体的主观性。人文主义强调人的介入,重视人的感觉,因此在科学客观性标准上遭到质疑。实证主义(positivism)号称科学,认为由社会事实构成独立于人的外部世界,可以对捕捉到的感觉和经验进行现象归纳。法国哲学家孔德(Comte,1830)借鉴自然科学方法论,在著作《实证哲学教程》中首创经典实证主义。嗣后,以马赫主义(Mach,2013)为代表的第二代实证主义和以维也纳学派为代表的第三代实证主义(逻辑实证主义)相继出现。实证主义者高擎反形而上学的大旗,号称科学方法论。实证主义秉持现象论观点,因鲜明的理性主义和科学主义特点,把研究对象锁定在经验材料上,对流行的形而上学给予沉重打击。经典实证主义对经验材料的分析符合客观要求,产生出诸如问卷调查、抽样、结构分析等科学方法。而逻辑实证主义如维特根斯坦(Wittgenstein,1921)则用数理逻辑符号处理经验证据,企图重铸整个哲学。由于所谓理性的绝对正确难以企及,导致了二律背反的结果。

马克思主义方法论是在对西方哲学的形而上学理论批判中发展的。要想达到真正的科学性和客观性,必须在认识论和实践论上向"科学性"标准靠拢。休谟(Hume,1748)难题挑战了自然科学的理性根基,质疑必然的"是"是否是心理判断上的"应是"? 或然性的经验数据能否得出必然的结论? 理性到底指价值理性还是工具理性? 事实与价值到底是什么关系? 方法论的科学性问题被进一步提上了日程。黑格尔(Hegel,2018)用绝对精神解答思维与客观存在的关系,构筑了客观唯心主义的大厦;康德(Kant,2008)与黑格尔(Hegel,2018)认为真正意义的客观性就是无限性;海德格尔(Heidegger,2008)先是研究个体存在,然后干脆从神学角度出发研究超出现实的存在。马克思秉持科学的原则,将客观性看作其哲学中的科学方法论与基石,认为现实运动超出我们的思维,因此,只有实践才能把握其客观性。

马克思主义科学方法论具有继承和革新的特色。纵观社会科学研究方法的历史,培根(2018)在《新工具》中提出新归纳法以反对经院派的演绎方法,对实验方法和科学材料都提出了科学要求。笛卡尔(Descartes,1993)的唯理主义、孔德(Comte,1830)的经典实证主义、韦伯(Weber,1905)的经典人文主义等的确是行之有效的方法论。波普尔(Popper,1992)提出证伪理论,否定所谓绝对真理的存在。受限于经验的人如何超验地认识真理呢? 哲学家的种种疑惑都可以在马克思主义的社会系统研究方法、矛盾分析方法、社会主体研究方法和社会过程研究方法中找到答案。马克思主义的批判方法使得主观的人摆脱了理解客观现实的局限,从而超越了主观和客观。通过批判性地继承前人的研究成果,马克思主义方法论和 CDA 都把在社会实践中批判性地解读社会现实视作核心精神。

4　马克思主义哲学方法论与 CDA 前沿研究的契合

批评话语分析的方法论可以界定为:一套统辖话语分析研究的理论方法,能够提供相应的系列假定和规范,并规定研究方向的原则。CDA(田海龙,2019)出现了批判视角、理论视野和研究方法三方面的新动态,成为批判话语分析的前沿研究的增长点,而马克思主义方法论始终提供指导。就马克思主义辩证方法论(苗兴伟、穆军芳,2016)而言,批评方法论和实践方法论为 CDA 提供了方法论上的指导。"经典马克思主义""西方马克思主义"和"正统的马克思主义"三个概念(田海龙,2017)需要甄别。前两者分别指代马克思恩格斯思想以及西方法兰克福批评学派思想,而第三个概念指的是株守经典马克思理论的狭隘学术范式。可见,只有"经典马克思主义"与批评话语分析关系密切。从哲学观(毛浩然、徐赳赳、娄开阳,2018)而言,批评话语分析肇始于诠释主义,既来源于法兰克福学派,也来自经典马克思主义学派;而前者同样受到其影响 CDA(田海龙、赵芃,2017)。CDA 的理论基础与马克思主义理论渊源有自,我们完全同意这一观点。马克思主义理论可以源源不断地为批评话语分析提供理论补给,而实践论和辩证唯物主义方法可以为 CDA 话语建构提供指导。

马克思辩证唯物方法论(田海龙,赵芃 2017)为 CDA 提供了研究前提与根基,认为认识需要建立在实践之上,这正是马克思主义方法论的核心论断。马克思主义方法论这一重要观点为话语分析家所灵敏地捕捉,批评话语分析始终强调将话语视作社会实践,话语实践的主体受到了前所未有的重视。巴赫金的对话理论(张冰,2017)对人与人的实践关系做出了阐释,认为本质上是对话性质的。他提出的"多声"意味着作者之外的多方声音的参与,文本之外的声音并非凭空产生,而是通过"互文性"的方式参与到话语实践,并来自具有历史意义与实践意义的话语参与者。作者需要相应地作出回应:或赞同,或反对,或接受某些或全部观点。系统功能语言学家马丁(Martin & White, 2005)也接受了语言与社会实践关联这一观点,创立了评价理论,包含态度、介入和级差子系统,均建立在人际关系和语言实践基础之上。他的介入理论(Engagement Theory)特别强调社会主体间的对话性。

批评话语分析研究语言符号(文本)如何体现社会关系(权势以及不平等关系)。新马克思主义(neo-Marxist)做出了极大贡献,在种族主义、性别歧视、移民问题、课堂权势等领域,在参与者之间的身份认同、社会地位不平等方面做出探索,涌现出福柯、费尔克劳、沃达克、范戴克等一批优秀学者。福柯(Foucault, 1969)的知识考古学式话语认为:话语无法按照特定历史时期严格分类,拒绝所谓同质性历史规律,批判连贯性的宏大叙事。福柯认为话语分析家只能依赖具体话语档案,这种话语档案就是社会实践,利用术语语义的演变探究知识的断裂。福柯认为真理并不存在,而要从话语的历史和话语实践中探索话语背后的社会机制和结构。沿着话语实践的社会维度,费尔克劳(Fairclough, 1989)在《语言与权力》(Language and Power)一书中提出了三维分析法,其中第一层为文本,第二层为话语实践,第三层为社会实践。其中语言就是话语实践的产物,语言是社会的一部分,语言实践即为话语实践。马克思主义用"运动给出的方式"来揭露资本或社会中的人际关系和商品关系,得出每个人都会受到客观性关系约束的结论,而话语分析家则采用话语实践这一术语表达类似思想。

意识形态批判始终为批评话语分析的关注焦点,也是 CDA 和马克思主义研究的重要契合点。18世纪末法国革命以后,德斯蒂·德特拉西(Destutt de Tracy)(Freeden, 2003:4-5)创造出"意识形态"的术语,是为了采用实证方法来调查社会思想。意识形态最初仅指观念、观点、概念、价值观等的总和,并不具有贬义色彩。"意识形态"在 CDA 和马克思主义的研究中降格成了贬义色彩的政治术语,马克思主义者使用该术语揭批资本主义剥削工人阶级的社会现实(辛斌,2005)。如弗里登(Freeden, 2003:5)认为马克思和恩格斯的"意识形态"指的是统治阶级的意识形态,扭曲了社会现实,维持了剥削秩序,使得工人阶级意识中内化了这一社会结构,认为出借自己的劳动换取生活所需合情合理。统治阶级的意识形态(Marx & Engels, 1988)集中反映了经济基础,反映统治阶级意志,行使了对被统治阶级的统治。意识形态批判可以揭露社会不平等产生的根源,剖析资产阶级社会的人际关系和社会结构。1932年出版的《德意志意识形态》(Marx & Engels, 1998)将意识形态推到了哲学、社会学、政治学、语言学等的研究前沿。马克思和恩格斯的论断,即实践决定了意识极大地影响了后世的批评话语学家,马克思因此被视为早期的批评话语学者。阿尔都塞(Althusser)(Baker & Ellece, 2011)的意识形态研究深受马克思主义影响,认为我们的"选择、意图、价值、意愿"都深受意识形态实践的灌输式影响,统治阶级的意识形态实践决定了个人的社会话语实践。

CDA 的代表人物如富勒(Fowler)、费尔克劳、沃达克、范戴克、奇尔顿(Chilton)等的意识形态批判学说植根于马克思主义的经典理论之上。范戴克(van Dijk, 1997)认为特定意识形态建立在话语交际者共同文化认知基础之上,具体内容通过语言选择来实现,从而用来说服和改变他人观点。我们从中可以看到马克思意识形态的论述痕迹。范戴克(van Dijk, 1998:11)提出从批评的角度而言,批评话语分析关注的是意识形态造成的社会控制与不平等,意识形态成了"一种控制手段"。20世纪初的"语言学转向"成为研究契机,为话语分析家提供了不同的研究范式和分析视角。与以往的结构语言学家不同,他们不再停留在结构分析和语言语法的微观分析层面,而是利用后现代主义手术刀对现实展开解构与批评。语言不再仅仅是符号的结合体,或者仅仅作为一种理性的工具。话语成为解构社会、意识形态和权势交织的意识形态批判手段。通过语言符号来进行语法与文本上的分析仅仅是一种研究范式,而通过马克思主义方法论对意识形态进行批判成为 CDA 的理论基础和分析工具才是重心所在。

CDA 的意识形态批判对社会普遍接受的常识知识开刀,通过分析话语与社会结构的关系,揭示社会的主流价值与压迫控制的关系。意识形态不同于个体的意识活动,能够塑造社会现实,包含系统性的价值信念。意识形态具有塑造能力，打造出一套宗教、法律、伦理的思想体系。马克思主义者探究资产阶级文本与著作，试图发掘其指向社会的客观性维度。费尔克劳从疯癫史、性史的话语中寻找非线性差异和断裂，他并未直接将客观现实视为研究对象，而是利用意识形态寻找现实之物的线索。福柯在话语档案中寻找意识形态的痕迹，展示权势阶层操控意识形态的话语证据。费尔克劳（Fairclough，1992）对"新自由主义"和"知识驱动型经济"做出了批评话语分析的解读，利用"重构联系"和"话语秩序"方法，在历史与现实、话语与社会等维度采用马克思主义方法论分析取得丰硕成果。

　　值得一提的是，马克思主义的批判并非单纯意义上的批评，而应该理解为解构和建构，这正是批评话语分析所强调的。批评话语分析并非一般意义的批评，而是用理性和客观的分析视角来解读社会现象。纵观马克思主义学派和后法兰西学派分析家的作品，无不体现了这种"重新语境化"的努力。话语分析家还将马克思主义方法论的成就应用到新媒体等前沿研究领域。多模态话语分析超越了传统意义上的"语言——语法模式"，不再将目光囿于及物性、被动结构、名词化、隐喻等语法学家的视野之内，而是在"社会语境依赖模型"里开展研究，拓宽话语分析的研究视野和领域（涵盖社会学、社会语言学、批评话语分析和积极话语分析）至最外层的社会语境圈，调查人际关系、权势关系等。马克思主义哲学提出通过人际关系、生产关系揭示统治与被统治、支配与被支配关系，而语言语法与符号层则能提供社会话语实践的证据。

　　意识形态的操控服务于处于支配地位的话语生产者。社会普通成员接受的"常识"本质上是统治阶级设定的社会秩序和结构。话语分析家从认知和交际的角度来揭露权力和控制，这种批判研究方法是对马克思理论科学性的有力注解。马克思的历史唯物主义及实践方法论为话语分析提供了理想的解释框架和方法，有助于打破社会权力来自理性意志的荒谬神话。权力并非资产阶级和形而上学所宣扬的那样，并非是先验和理性的存在。相反，社会权力存在于理性之前。批评话语分析家抓住社会话语实践证据，推断出意识形态的操控（van Dijk，2006）的实践的实施方式。批评话语分析家旗帜鲜明地挑战压迫和不平等。要打破形而上学的诡计和欺骗，离不开马克思主义方法论的批判武器。正如马克思主义方法论一贯秉持的那样：只有通过实践才能发现真理，而证明真理也只有实践这一条道路。

　　批评话语分析家们也在实践中推进了西方马克思主义的发展。第二代法兰克福学派的代表人物之一的哈贝马斯（Habermas，1991）构建了批判社会理论。哈贝马斯致力于交往行为理论的构建，将其作为批判社会的工具，抨击资本主义社会的社会矛盾和各种危机。费尔克劳也有类似论述，他认为不同于古代社会，现代社会的权力实施需要假意识形态而行，并从社会学理论汲取了营养，提出了批评语言学的概念，认为所谓"批判"（critical）指的是揭露人们看不到的权力、意识形态和语言之间的关系。就这个意义而言，批评语言学从本质上说是研究社会成员的社会交往实践。通过从静态文本到动态话语的实践，批评话语分析家做出对社会关系、社会结构和社会实践的深入解读，践行了马克思主义的科学方法论。

5　结语

　　马克思主义方法论结合了主观与客观，并把杂乱宏大的社会现象视为可供批判的社会实践。马克思主义方法论倡导批判的武器，革命性地终结了宏大叙事体，从而宣告了形而上学方法论的破产。资产阶级的理性在马克思主义的"生产关系""物质""意识形态""阶级"概念解构下难以自圆其说。这些核心概念成了新马克思主义、法兰克福学派、维也纳学派等话语分析学家的理论与方法论来源。马克思主义社会科学方法论通过扬弃的方式，将前人的方法论研究批判性地继承发展。马克思主义方法论基于历史以及具体的社会实践，这一观点与批评话语分析的"语言是社会实践"的持论相契合。尽管如此，我们也要看到两者的区别，如CDA强调现实的社会建构；而马克思主义则专注于政治经济领域，并且强调物质第一、意识第二和实践是意识的来源和动力。概而论之，两者的契合度极高，马克思主义科学方法论的确为 CDA 提供了源源不断的养料,在全球化语境中会散发出更强的理论魅力。

参考文献

[1] Comte, A. 1830. *Course of Positive Philosophy*[M]. Cambridge: Cambridge University Press.

[2] Dant, T. 1991. *Knowledge, Ideology and Discourse: A Sociological Perspective*[M]. London and New York: Routledge.

[3] Dijk, V. 2006. Discourse and Manipulation[J]. *Discourse and Society*, 17 (2): 359 - 383.

[4] Descartes, R. 1993. *Meditations on First Philosophy* (3rd edition)[M]. Hackett Publishing Company.

[5] Fairclough, N. 1989. *Language and Power*[M]. New York: Longman Inc.

[6] Fairclough, N. 1992. *Discourse and Social Change*[M]. Cambridge: Polity Press.

[7] Foucault, M. 1969. *The Archaeology of Knowledge*[M]. London: Routledge.

[8] Freeden, M. 2003. *Ideology: A Very Short Introduction*[M]. Oxford: Oxford University Press.

[9] Habermas, J. 1991. *The Structural Transformation of the Public Sphere: An Inquiry into a Category of Bourgeois Society*[M]. The MIT Press.

[10] Hegel, G. W. F. 2018. *The Phenomenology of Spirit*[M]. Cambridge University Press.

[11] Heidegger, M. 2008. *Being and Time*[M]. Harper Perennial Modern Classics.

[12] Hume, D. 1748. *An Enquiry Concerning Human Understanding*[M]. Simon & Schuster.

[13] Liams, C. & Watt, D. 2010. *Language and Identities*[M]. Edinburg: Edinburg University Press.

[14] Kant, I. 2008. *Critique of Pure Reason*[M]. Penguin Classics.

[15] Kaplan, A. Jr. & Wolf, C. 1998. *The Conduct of Inquiry: Methodology for Behavioral Science*[M]. New Brunswick & London: Transaction Publishers.

[16] Johnstone, B. 2008. *Discourse Analysis (2nd edition)*[M]. Massachusetts: Blackwell Publishing.

[17] Mach, E. 2013. *The Science of Mechanics: A Critical and Historical Exposition of its Principles*[M]. Cambridge: Cambridge University Press.

[18] Martin, J. R. & White, P. R. R. 2005. *The Language of Evaluation: Appraisal in English*[M]. New York: Palgrave Macmillan.

[19] Marx, K. & Engels, F. 1988. *The Economic and Philosophic Manuscripts of 1844 and the Communist Manifesto*[M]. New York: Prometheus.

[20] Marx, K. & Engels, F. 1998. *The German Ideology, including Theses on Feuerbach*[M]. New York: Prometheus.

[21] Popper, K. 1992. *Conjectures and Refutations: The Growth of Scientific Knowledge*[M]. London & New York: Routledge.

[22] Weber, M. 2008. *The Protestant Ethic and the Spirit of Capitalism*[M]. Cambridge: Cambridge University Press.

[23] Wittgenstein, L. 1921. *Logisch-Philosophische Abhandlung*[M]. London & New York: Routledge.

[24] 赖良涛.2018.批评话语分析的意识形态观述评[J].福州大学学报(哲学社会科学版)(4):60 - 66.

[25] 培根.2018.新工具[M].许宝骙,译.台北:五南出版社.

[26] 毛浩然,徐赳赳,娄开阳.2020.话语研究的方法论和研究方法[J].当代语言学(02):284 - 299.

[27] 苗兴伟,穆军芳.2016.批评话语分析的马克思主义哲学观和方法论[J].当代语言学(4):532 - 543.

[28] 庞卓恒.2020.何谓科学的方法论和鉴别是非真伪的科学标准——从"史""论"之争纠结难解谈起[J].河北学刊,40(01)：77-82.

[29] 叔贵峰,符越.2019.马克思辩证法方法论的理论来源及其运用——基于哲学辩证方法对科学方法的超越视角[J].辽宁大学学报(哲学社会科学版),47(02)：31-37.

[30] 孙飞宇,牟思浩.2020.处境与实践视角下的社会事实——梅洛-庞蒂的存在主义马克思主义对于社会科学方法论的意义[J].社会学研究,35(02)：49-74+243.

[31] 田海龙,赵芃.2017.批评话语分析再思考——基于辩证唯物主义的语言与社会关系研究[J].当代语言学,19(04)：494-506.

[32] 田海龙.2019.批评话语研究的三个新动态[J].现代外语(6)：855-864.

[33] 辛斌.2005.批评语言学：理论与应用[M].上海：上海外语教育出版社.

[34] 王鹏,林聚任.2012.话语分析与社会研究方法论变革[J].天津社会科学(05)：69-74.

[35] 张冰.2017.巴赫金学派马克思主义语言哲学研究[M].北京：北京师范大学出版社.

[36] 赵天翊,陈嫣.2020.哲学研究与方法论——克里斯多夫·皮考克教授访谈[J].哲学分析,11(01)：172-179.

The Frontiers of Critical Discourse Analysis under the Guidance of Marxist Social Science Methodology

Lei Zhu, Jianxin Yang

Shanghai University of Political Science and Law; Hexi University

Abstract: Marxism is veritably scientific both in terms of theory and methodology. This research first traces the historical evolution of methodology in social science. We come to the conclusion that the Marxist methodology meets the criteria of "scientificity" and has inherited from previous methodological achievements in social sciences. As a discipline for investigating inequalities and injustices caused by power abuse and ideological practice of the ruling class, CDA has incorporated in itself nourishments of Marxist theories on its way toward further advancement. There are a considerable number of intrinsic relations between Marxist theories and methodologies in terms of research areas as well as research methods. To illustrate, the 3 methodologies, namely, social practice methodology, dialectic analytical methods and ideological critique methods, altogether play an indispensable role of guidance in the frontiers of CDA research.

Key words: Marxist philosophy; scientific methodology; critical discourse analysis; social practice; ideological critique

复杂自适应系统理论视域下
少数民族语言变异探究[①]

白新杰[②]

天津师范大学

摘　要： 本研究从复杂自适应系统理论与语言变异现象切入，旨在考察中国少数民族成员语言变异现象。基于田野调查，我们对少数民族语言变异现象重新进行复杂度分类，并针对不同地域的少数民族族群成员进行了计量语言学分析。结果表明：少数民族语言在汉语的影响下，均产生了一定程度的变异，在词汇层面的变化最为显著，但是整体词频结构维持稳定。这表明语言系统作为一个复杂的自适应系统，与社会环境、生活发展及言者的认知需求产生互动适应。本研究还从宏观层面揭示少数民族语言变异与语言使用者在复杂自适应影响下所产生的语言行为间的深层联系，运用复杂自适应系统理论为少数民族语言变异现象做出科学性解释。

关键词： 复杂自适应系统；少数民族语言；汉语；语言接触；语言变异；语言自适应

1　引言

复杂自适应系统理论由霍兰德(Holland)于 1995 年创立。进入 21 世纪，复杂自适应系统理论已成为跨学科研究领域里的一个典型范例，并逐渐被应用于语言学研究领域。我国语言学家也注意到复杂自适应语言理论，并对其展开了一系列研究(谢翠平，2015；原苗苗，2014；郑咏滟，2020；蒋跃，2020等)。总体来看，现有的研究主要还是引介复杂自适应语言理论的基本概念与研究方法，结合我国当前语言现状开展的研究却很少见，在少数民族语言变异方面的复杂自适应研究更是不足，这方面的研究是我们需要努力的方向。本文从复杂自适应系统理论角度探究我国少数民族语言变异现象，深入探讨少数民族语言变异现象产生的动因与具体表现，分析少数民族语言变异现象的本质和产生的根源，推动语言变异研究的复杂性的科学转向。

2　复杂自适应系统理论的基本概念

传统的语言研究将语言变异当作偶然、偏误式的语言表现形式，是社会环境、心理环境变化产生的对规范的语言使用的干扰。这一观点带有明显的片面性。复杂自适应系统理论将语言变异视为语言演变的正常现象，是语言系统自身的自我调节、自我适应。拉森-弗里曼(Larsen-Freeman，2008)指出："复杂自适应系统主张语言具有一套自我调节机制，能够维持语言系统自身的动态平衡。"复杂自适应系统理论框架下语言被视作一个复杂自适应系统，系统内语音、词汇、语法等语言要素相互影响、交互变化。当新概念、新事物出现时，为了称代或描述这些新事物、新概念，语言系统会通过自组织行为

---

① 本文受教育部人文社会科学研究规划基金项目"现代汉语语法复杂性计量研究"(项目编号：18YJA740033)和国家社会科学基金项目"现代汉语语法机制的系统研究"(项目编号：19BYY028)资助，特此感谢。

② 白新杰(1993—　)，男，河南郑州人，文学博士，天津师范大学国际教育交流学院讲师；研究方向：汉语语法语义、汉语国际教育；通信地址：江苏省南京市南京大学仙林校区；邮编：210046；电子邮箱：754173751@qq.com。

适应外界社会施加的压力,从而涌现出新的语言结构或语用功能。

复杂自适应系统理论的核心思想就是适应性造就复杂性,其在少数民族语言变异过程中获得了显著表现。从语言系统的演变过程来看,语言系统的变化是静态和动态的统一体,随着时间的变化而变化,语言使用者在面对新的发展要求或新的语言环境时不断进行主述位的调适。这体现了复杂自适应系统的复杂性、适应性与有机整体性特征。语言变异研究和复杂自适应系统理论都将语言视为一个动态系统,将其视为是语言使用者、语言使用环境与语言要素之间的相互作用和相互协调,是一种与社会环境相适应的行为。

复杂自适应理论视域下的少数民族语言变异就是将少数民族的语言变异视为语言使用者面对新的社会环境、语言环境变化做出的积极性变化,所以语言使用者潜在的认知反应就是新环境、新变化对语言使用者内在认知潜能的刺激。此外,语言具有自适应功能,当社会环境、使用者心理环境等发生改变时,语言中的某些要素受到影响,语用功能受到限制,使语言中原有的系统平衡遭到破坏,那么语言就会通过语言变异和局部调整来适应新的语言环境,从而实现新的平衡。因此,从复杂自适应系统理论的角度来看,少数民族成员的语言变异是为了弥补本族语系面对新的社会变化时的不足与缺陷,实现新的身份建构,以更好地适应社会的发展。

3 复杂自适应系统理论视域下少数民族语言变异表现与动因分析

少数民族语言变异种类繁多,涉及语言系统的多个层面。整体又可以分为宏观层面的变异与微观层面的变异。宏观层次的变异就是指语言转用及少数民族言语社团的转变;微观层次是指少数民族语言系统的变异,即语音、词汇、语法系统的变异。这是由于少数民族语言受汉语普通话及当地强势方言的影响,同时随着城市化进程的加快,与周边其他民族成员的语言、文化接触增多的结果,同时也是为了少数民族自身发展与适应当前社会现代化发展的需要而发生的各个层面的变异。

3.1 少数民族语言变异的主要表现

3.1.1 微观层面:语言系统的变异

1) 语音系统的变异

受普通话影响,少数民族语言在语音方面也产生了一些语音变异,较为明显的变化是入声在部分少数民族语言中迅速消亡。这点在少数民族的青少年群体中体现得尤为明显。还有些少数民族受汉语普通话与当地强势方言的音读影响,鼻音韵尾正在逐渐消退,即使在成年人群体中,本族语中带鼻音韵尾的词的使用频率也显著降低。除此之外,一些声调比普通话多的少数民族语言,其声调系统也在逐渐简化,调类和与调值也正朝普通话的声韵结构靠拢。还有部分少数民族语言随着汉语词的借入而增加韵母。比如受汉语的影响,壮语在音位系统中出现了原来并不存在的复合元音;仙仁土家语增加了复合元音和鼻化元音等。这是在汉语系统的影响下改变了原来的音系面貌。此外,部分少数民族语言随着汉语词的借入而产生音位的消减。如隆林仡佬语受汉语语言系统的影响,产生小舌音消失、清鼻音消失等语言变异(李锦芳、阳柳艳,2014)。

相对而言,少数民族语言语音系统中,声母的变异相对较小,一般仅在某些音值方面发生不同程度的变异,如浊音的清化,卷舌声母舌位的前移,舌尖前声母从读舌叶音向 z、c、s 靠近等。也有一些少数民族语言受汉语音系的影响产生音位变异。如移居到北方的新一代少数民族成员在原有音系添加增加了一个唇齿浊音声母 V,并将一些以 W 开始的零声母字读成 V 声母字。而韵母的变异则主要为本族语韵母数量的减少与韵尾的变化,如部分少数民族的新一代族群成员的鼻音韵尾少了 m 等。最常见的表现是部分少数民族语言的调值向汉语的调值靠拢,增加了鼻音韵尾,如彝语;还有的少数民族语言受汉语声韵系统的影响增加了新的声母,如土家语和景颇语中原来没有声母 f,受普通话的影响增加了声母 f 等。

　　2）词汇系统的变异

　　词汇系统与社会变化联系得最为紧密,面对社会变化,词汇系统也最先对其作出相应反应。同时,词汇系统还是不同语言接触过程中最为敏感的部分,最先受到其他语言的影响与渗透。因此,少数民族语言变异在词汇方面的表现也最为突出,主要包括创造新词、借入新词、词义的增减与转移等。

　　第一,词语创新。语言是社会发展的产物,语言系统的发展变化也受到社会环境的深刻影响,其中,词汇系统最先对社会的发展变化作出相应反应。汉语与少数民族语言都不断涌现出新的词汇以指称新事物、新概念,出现词汇创新现象,这些新词语大部分是利用本族语中现有的词汇要素创新组合而成的。这种组合并非现有要素间形式与意义的简单叠加,而是借助系统的整合、重构产生的,是为适应表达新生事物的需要所创造的新词。

　　第二,词汇借用。① 借入方式:直接借入与间接借入。近些年来,由于不同民族之间接触增多与城镇化趋势的加强,少数民族语言系统吸收了许多汉语词汇。这些外来词有些是直接借入的,如"政府""组织",也有些是通过其他少数民族语言间接借入的,即某一少数民族语成为另一少数民族语语言借入的中介语。这些间接借入的词语最先在外语或汉语系统中产生,某一民族语言最先与汉语接触较多,引入该词语,其他民族语言受其影响,从最先引入该词的少数民族语言中再次借入该词。如壮语充当仡佬语借入汉语词的媒介,"困难"一词最先在汉语中出现和使用,壮族成员先将"困难"一词借入壮语系统当中,随着壮族成员与仡佬族成员的接触,"困难"一词又被仡佬族成员从壮语中借入。这样,壮语在仡佬语借入汉语词时起到了中间媒介作用。这种间接引用常见于少数民族聚居区。② 词汇借入来源:汉语、其他少数民族语与外来语。在长期的语言接触中,处于强势语言地位的汉语对少数民族语言演进产生了重要影响,最为明显的是各少数民族语言系统在不同时期借入了大量的汉语词汇。总体来看,少数民族语言从汉语方言或汉语普通话中借入了大量的汉语词汇。由于少数民族语言中原本没有这样的词语,因此,在转借时自然会受到普通话语音的影响,把普通话的某类音值转换为本族语中的近似音。但值得注意的是,本族语与汉语对应词在词义方面并不是完全对等的,其中往往有微小的差异。如果按照少数民族语言的音读法来进行拼读,易产生使用错误。此外,在我国多民族聚居区,少数民族成员除了借用汉语词外,还会借入英语或其他少数民族词汇,但数量相对较少。如仡佳族受壮语、苗语的影响,在本族语词汇系统中借入少量苗语和壮语词汇;少部分仡佬族与彝族杂居,借用少量彝语成分,如弯桃仡佬语"六、七、八、九、十"等基数词系就是从彝语中借入的。相对而言,少数民族语言系统之间的影响与渗透远远弱于汉语对少数民族语言系统的影响。另外,经过分析,在这些借入的词汇当中,部分是本族语缺失的词汇意义;部分是与本族语现有词汇意义相同的汉借词,借入之后二者共存共用。随着汉借词使用频率的逐渐增加,汉借词会逐渐取代本族语中的现有词汇。③ 借入的词汇类别:政治、科技、教育等领域居多。词汇借入作为一种极普遍的语言现象,几乎所有的少数民族语言变异都有所涉及,只不过借入词汇的数量多少有所差异。其中,因受汉语及汉语文化的影响程度最深,因此借入的汉语词汇最多。在这些借入的汉语词汇中,政治、科技、教育等领域借入的汉语词汇较多,大多是一般词汇,当然也借入了部分汉语基本词汇,但数量相对较少。部分少数民族语言也从汉语系统中借入量词、副词、介词、连词、助词等常用词,例如土家语就将汉语副词的"就、也、都、很、非常、正在"等,介词的"从、向、到、把、为了"等,连词的"不但、而且、由于、虽然、即使"等借入本族语之中。借用的方式主要有音译、意译、半音译半意译、音译加注等,如果借入词是复合词,一般通过直译、意译或混合译的方式借入;如果借入词是单纯词,则主要利用本族语中的现有语素的创新组合来构建新词的形式借入。

　　第三,新词汇的产生与旧词语的消失。少数民族语言词汇的变异,另一个显著体现是新的少数民族语言词汇的产生与旧词语的消失。这些新产生的少数民族语言主要是新时期出现的表现当地新事物、新概念的新词语,逐渐消失的旧词语则主要是本族语中表示旧事物、旧概念的词语。新概念、新思想一般最先在汉语系统中出现,为了指称这些新思想,新事物,少数民族成员会从汉语中借入大量词汇。特别是在改革开放以后,大量近现代汉语词汇被借入少数民族语,使得少数民族语在语音上接近普通话或当地汉语方言。汉语词汇借入少数民族语言系统后,本族语现有词汇与汉语借词共存。随着借入词使用频率的增加,使用域的扩展,这些借入词出现了逐渐取代本族语词汇的态势。此外,还有另一种共存方式,即一个词由现有语素和借词语素共同构成。

第四,词义的增减与转移。我国少数民族语言长期处于多语言环境中,因受其他语言的影响、渗透,现有的词义也产生了增减与转移。比如汉语的"和"与"合"被借入仡佬语后,读音为[ho³⁵],兼具"和"与"合"之义,还成为了互动义结构的显性标记。这就成了汉语词汇进入弯桃仡佬语词汇系统后词义扩大的典型范例。此外,部分强势语言中出现的新的语言结构和新的词汇概念词项,由于拥有较高的声望,往往可以渗透到弱势语言的词汇系统和语法系统之中。即使这些新出现的语言结构和词汇概念缺乏充足的其理据,有些甚至违背了少数民族语言现有的语法形态规则,但还是可以在少数民族语言系统中传播与扩散。

3) 语法结构变异

语法变异是语言变异的一种常见类型,指的是某个语法项目或语法规则,受说话人所处的交际场景、心理状态等因素的影响而产生的非常规用法(曾炜,2007)。语法变异涵括的范围较广,具体包括:语法范畴变异,如时、体、态、性等的历时变异;词类转换,如形容词、副词、动词之间的转换;句法结构变异,如"副 + 名""有 + VP"结构;某项语法规则的变异等。少数民族语言受汉语普通话与方言影响,在短语结构方式、词语的句法分布、句式的选用等方面发生了句法变异。

第一,语序变异。语序是一种重要的语法手段。少数民族语法系统由于受汉语的影响而产生了与本族语现有语法规则不符的语言表达形式,导致原有的位序发生变化,改变了固有语序,产生了新语序。如土家语原有的语序是动词在句子末尾,如"我舞跳",受汉语语序的影响,有的改为动词在名词前,成为"我跳舞"(陈章太,2002);壮语中名词修饰名词时,固有语序是名词定语在名词中心语之后,如"房 + 草",受汉语语法规则的影响增加了名词定语在名词中心语之前,如"绿 + 叶"的新语序。当前,这两种语法规则在壮语中并存共用,随着汉语影响力的进一步扩大,名词定语在名词中心语之前的这种语法规则将逐渐占据优势地位,使用频率逐渐增加。

第二,借用句法结构。随着语言接触的进一步深入,少数民族语言系统中还出现了借用汉语句法结构的现象。这些从汉语系统中借入的句法结构一方面增加了本族语语法系统中原来没有的结构,另一方面还引起了本族语语法系统的局部调整,使现有的语法结构与语法规则产生变异,如弯桃仡佬语大量借用汉语系统中表示复句关系的关联词"因为……所以……""虽然……但是……"。在广西壮族自治区,壮汉语言之间相互影响、借用和吸收。在构词上,壮语以"词根加词缀"为主,现在"词根加词根"构词法有逐步增多趋势,并逐渐向多元构词法方向发展。

第三,语码混用。在语言交际中出现"语码混合"句式是语言接触对语法变异造成影响的一个重要方面。在我国多民族杂居地区,这种语言接触造成的语码混合的现象也非常多。例如,在新疆地区,维汉句式杂糅形成的混合句式很多。像这种"少数民族语-汉语混合句式"在民族杂居地区还有很多,这种混合句式实际上是一种"类洋泾浜语",也有人将其称为"土汉语"。

第四,语法成分配置变异。这里所说语法成分配置变异是指某个语法成分在句子里出现在异常的位置上,改写了现存的语法成分配置,引发了大批的语法结构重组(刘金、曾绪,2009)。如毛南语和京语中,以名词为中心的修饰性词组,其固有的语序是修饰成分在名词的后边。但在汉语影响下,有些修饰成分能够放于中心词之前(吴福祥,2009)。

总体来说,相对语音、词汇方面的语言变异而言,少数民族语言在语法方面的变异较少。这是由于在少数民族语言的历时演变中,普通话语法特征在不同时期叠置在少数民族语言系统之中,少数民族语言的语法系统与汉语普通话的语法系统差异较小造成的。从来源上看,少数民族的语法变异按其来源可分为三类:① 各少数民族语言内部自行产生的新的语法结构或语法规则;② 与普通话或地域方言接触后产生的新的语法形式;③ 与英语、俄语等外语接触而产生的语法变异。

3.1.2　宏观层面:语用功能变异

1) 语言兼用、转用

语言兼用是指社会中某一个体成员具有使用两种或两种以上语言的能力的现象。我国少数民族处于大杂居、小聚居的环境,随着交通、通讯事业的不断发展,不同民族间接触得更为频繁,只使用本民族语言不能满足少数民族成员追求个人发展的现实需求。为了取得更好的发展机会,越来越多的少数民族成员同时使用两种或多种语言,如我国广西壮族自治区就存在着大量的壮汉双语人群。

在我国少数民族杂居区,语言转用现象也较为常见。虽然我国明文规定各少数民族成员有使用本民族语的自由,但不少少数民族成员仍将汉语当作第一语言,甚至在本民族聚居区内,社会生活中实际通行的第一语言也为汉语。另外,还有部分少数民族成员为了获得更多的发展机会,主动到大城市谋生,主动学习汉语普通话,成为双语人或多语人,潜移默化地完成了语言转用。

据相关统计,当前我国少数民族青少年语言兼用率约为82.3%,语言转用率约为31.1%。此外,少数民族成员语言转用率还呈现出随着使用者年龄的上升而下降的整体态势。相比老一代人,少数民族年轻一代人受教育、使用环境等因素的影响,语言转用率显著提升,部分年轻人已经失去了使用本族语进行交际的能力。

2) 语码混用与转换

语码混用指言者在用一种语言进行交际时,突然插用另一种语言的某些成分的现象。在少数民族聚居区,为了更好地实现交际目的,或表达本族语中无法描述的话语对象,少数民族成员在使用本族语的基础上,会随意夹用一些汉语词汇,这是一种常见的语码混用。而语码转换则会随交际对象、语言环境的改变而发生。例如一位藏族人与一位汉族居民展开交际时,会优先使用汉语普通话。当其发现交际对象能够熟练地使用藏语时,会立即转用藏语。此外,当其与一个本族成员说话时,则会很自然地选择藏语。如果该成员已经完全转用汉语等其他强势语言,已完全不会用本族语进行交际,发话人则会转用普通话等强势语言。这种语码的突然转换是少数民族语言变异的一种显著表现。

上文提到的这些少数民族语言变异部分属于共时的语言变异,部分属于历时的语言变异。这些历时的语言变异是在本族语漫长的发展历程之中与汉语的长期接触下产生的,随着历时的发展逐渐将其叠置在少数民族语言系统之中,在早些时候就有,只是在近些年使用得更加广泛了,逐渐从语言变异转化为了一种语言规范,其形式已经逐渐凝固在本族语的语言规则之中了。对于少数民族语言来说,随着不同历史时期汉语的影响,汉语对少数民族语言的影响与渗透也是叠置性的,其当前所具有的语言变异性特征可能既有受来自上古汉语影响所形成的,又有受中古或近现代汉语影响所形成的。从复杂自适应系统理论的角度来说,我国少数民族成员产生双语现象、语言转用现象及语言本体状态的系列变化都是因为其受到汉语普通话与地域方言的影响,是在语言竞争中的语言自适应。语言转换、语码转换也是言者用以消除族群界限的一种语言策略,是少数民族成员面对新的发展需要而产生的语言再适应过程。

3.2　少数民族语言变异动因

少数民族语言变异涉及语言环境、语言政策、心理状态、语言内部矛盾等多种因素,这体现了语言系统运作环境与语言变异发生的复杂性和多样性。尤其是随着经济发展和社会人员流动规模的扩大,少数民族族群成员面临的社会环境、语言环境和交际需求已经发生了显著改变,语言变异的情况更为复杂,下文对其进行详细探讨。

第一,社会文化环境的影响。语言与社会存在共变性,语言系统随着社会的进步而不断调整变化。每当社会中有新观念和新事物出现时,语音系统中都要有相对应的表达形式对其进行描述。而语言变异产生的一个主要原因是少数民族成员在用本族语表达新事物、新概念时所产生的"语言空缺"。这种语言空缺同时也刺激了语言子系统成分在竞争中寻求新的适应,从而使语言系统实现新的平衡。可以说,社会的发展和激变激发了少数民族语言产生变异。其中,随着新概念、新事物的出现,词汇系统一般率先做出反应,这是为了填补文化空缺所产生的语言变异。

第二,语言接触。许多语言变异现象都是由语言接触所引起的,由语言接触而产生的语言变异称为"接触性引发的语言变异"。因此,语言接触也是少数民族语言变异的重要原因。传统意义上的语言接触根据两种语言在地域上是否接壤可以被分为地缘型接触与跨地缘型接触(袁咏,2013)。比如我国回族就是典型的地缘性接触。在当前工业化社会中,信息技术和城市化的快速推进大大削弱了地域因素对语言接触的限制与约束,同时还催生出网络语言接触与城市语言接触这两种新的接触形式,为不同语言间的接触、吸收与融合提供了更为便利的条件。随着交通、通信等技术的进一步发展,历时层面的语言接触类型也发生了转变,网络语言接触和城市语言接触已经成为当前语言接触的主要类型。这为少数民族语言与汉语的跨地域流动与传播提供了便利。少数民族语言和汉语普通话能够突破地域限制,一些汉语结构和词汇流向少数民族语言系统,无形中增加了不同民族语言间接触的机会。

在语言接触的影响下,源于汉语和外语的词在少数民族语言系统中聚集与融合,并在少数民族族群内部形成不同的语言分布,表现出不同的发展趋势。有的逐渐消失,有的通过音译、意译等形式融入少数民族语言系统之中,有的与少数民族语言并存并用。同时,由语言接触造成的语言变异既有单向的,也有双向甚至多向的,常常表现为接触双方在语音、语法方面的借用与融合。如广西壮族自治区壮语长期处于多语言接触环境中,其语音演变路径体现了独有的特点,其成因与其所处的多语环境相关。

第三,数字化、信息化的影响和冲击。随着城市化、信息化进程的加快,不同民族之间语言接触更为频繁,涉及的语言层次更为广泛。这使得由语言接触造成的语言变异现象持续增多。此外,信息技术的发展和城市化的快速推进还显著削弱了地域因素对语言接触的限制与约束,催生出网络语言接触与城市语言接触这两种新的接触形式,为不同语言间的接触、吸收与融合提供了更为便利的条件,提升了新词项与新的语言结构的传播速度,扩大了影响范围。

第四,语言的系统性特征。语言系统中各子系统、各结构之间是相互作用的,一个结构单位的变化往往会引发相关结构单位的变化,并可能最终导致整个系统的变化(郭凤岚,2006)。同时,语音、词汇、语法等语言要素间是相互制约的,一种语言要素变化导致的语言内部系统的矛盾和不平衡会引起某些语言要素及语言规则的变异,进而促使语言自身的变异与调整。从复杂自适应的角度来看,语言系统是一个多层级的系统,在这个复杂系统之中,语言各项要素相互协作。同时,各个层级中的各项构成要素之间又互相关联,其中任何一项要素的变化都会引起与之关联的要素的调整,从而产生连锁式的语言变异与调整。在少数民族语言变异中,某个语言要素的变异会引起本族语系统的局部调整,引起一系列的语言变异。

第五,语言使用者的心理因素。言者的主观能动性是"变异"产生的内因。语言使用者作为言语行为的主体,在少数民族的语言"变异"上起到了关键性作用,当主观认知与客观对象表达发生冲突,造成"言不达意"或"言不尽意"时,便产生了貌似错序、超常、破格的"变异"语言。此外,适应心理和从众心理是少数民族成员接受语言变异、扩大语言变异的影响范围的重要因素。这使得少数民族成员能够适应各种条件的变化,能够根据不同的交际对象和语言场景选择不同的语码展开交际。同时,部分语言使用者受求新、求异、求简心理的驱动,还会积极引进相应的外来词替代汉语中已有的表达相同概念的词语,产生词汇变异。

　　少数民族成员的语言态度同样对少数民族的语言变异与发展起到了重要的推动作用。受汉语强势语言地位的影响,虽然少数民族成员对本族语依然保持较高的忠诚度,但汉语的使用价值与实用功能已在少数民族成员中得到了广泛认可。部分少数民族成员,尤其是年轻一代人对汉语及汉语文化有较为明显的心理依附。他们积极学习汉语及汉语文化,同时兼用本族语及汉语普通话,部分青少年已经完全转用汉语。当这部分少数民族成员与本族其他成员进行交流时,无形中促进了普通话的推广与传播,加深了本族语与汉语普通话之间的接触,激发了本族语的变异与发展。

4　复杂自适应理论视域下少数民族语言变异的结果分析

　　复杂自适应系统理论将少数民族语言变异现象看成社会、个人心理、语言系统等多项要素相互影响和竞争、彼此缠绕与彼此适应的结果。主体在适应环境的过程中,不断地根据自己的现实交际需求对外在的环境作出预测与反应,同时根据预测与反应的结果调整、改变自身的结构,从而实现理想的表达效果。

4.1　身份重构

　　少数民族语言变异是一个动态的建构过程,在这一过程中,少数民族成员的语言变异能够实现多重身份的建构。尤其是在本族语与外界强势语言发生互动作用时,解耦和重耦成为语言使用者语义发生和意义演化的源动力,少数民族语言不断被少数民族成员使用者重构。即少数民族成员在解构原语言的同时习得了汉语普通话或汉语方言,同时也接受了汉语族群成员的文化观念和社会结构关系,由此实现了个人身份的重构,从而利用语言重构与身份重构构建新的社会联系。这种身份建构方式主要表现为突显或隐匿自身所携带的社会身份原有的辨识性特征,塑造对自身有利的新的社会身份。这种身份建构对移居到大城市,想要获得更好的发展机会的少数民族成员尤为重要。据此,可以说,少数民族语言变异不仅是一种特殊的语言现象,还是少数民族成员面对新的交际与个人发展需求,适应新的语言环境压力、进行积极的语言变异、实现身份重构的一种语言策略。其带有特殊的语用目的和语用意义,是由少数民族成员自适应过程引起的,是语言使用者用以调节自身与周围世界关系的纽带。

4.2　语言系统的自组织与自调整

　　复杂自适应系统理论将语言系统当作一个有机整体,强调语言各构成要素之间的关系,主张语言系统并不是各构成要素的简单相加,而是各构成要素互补和并协的结果。复杂自适应系统的自组织机制是指语言主体能够与社会环境及其他语言主体进行交互,并利用交流和相互学习主动改变自身的语言结构与言语行为形式。在少数民族语言变异中,少数民族语言作为复杂自适应系统,其显著特征就是语言使用者能够根据实际需要和社会环境通过局部互动进行调整,进而通过群体性协同行为涌现新的系统特征以应对新的语言发展需要。可以说,少数民族语言的自组织适应过程通过涌现满足了语言使用者新的交际需求,使语言系统回归新的平衡,同时满足本族语发展的需要。

4.3　多语社区与新的民族语言变体形式的产生和出现

　　长期以来,我国少数民族族群成员在使用本族语的同时,兼用汉语或汉语方言,形成了双语或多语社区,并发展出特殊的民族语言变体。这种特殊的民族语言变体是在语言接触过程中形成的,部分处于不同方言区的少数民族成员往往以当地方言为基础形成兼具区域特征和本族语特征的汉语变体,即少数民族成员所使用的汉语是基于地域方言基础之上的一种民族变体形式。与汉族人使用的汉语普通话或其他地域方言相比,少数民族的汉语在语音、词汇、语法等方面都有其独特之处。

4.4　语言发展变化取向的自适应——"顺外传内"与"顺外弃内"

我国少数民族成员为了自身发展的需要,在语言发展取向上也发生了一些显著的变化,主要可以分为两种取向:"顺外传内"与"顺外弃内"。"顺外传内"指一方面积极学习汉语及汉语文化,另一方面也对本族语保持较高的忠诚度,在家庭与本民族聚居区积极提倡使用本族语,以维护本族语和本民族文化的传承。本民族大部分成员同时掌握主流强势语言和本族语。"顺外弃内"指完全转用汉语,放弃使用本族语的语言取向。总体来看,"顺外传内"型策略是较多少数民族成员使用的语言策略,该策略既能使本族成员融入社会的主流语言文化之中,同时又能保持本民族自身的语言文化,保障本民族语言文化的顺利传承。

综上,在语言接触与语言竞争中,我国各少数民族发生了一定程度的变异,这也是我国各少数民族的语言适应过程,是本族语发生语言趋同变化的过程。从复杂自适应系统的理论角度研究少数民族语言变异不仅有助于诠释少数民族语言变异现象,还为语言学领域的超学科研究提供了一个新的研究范式,能够推动语言变异研究的复杂性科学转向。

5　少数民族语言变异与规范

在过去相当长一段时间内,人们采取约定俗成的习惯性规范观念来看待语言变异现象,认为语言变异现象是对语言规范的偏离,是应该被消除和避免的一种语言现象。但从语言实践的角度来看,将约定俗成作为对某些语言现象的发展过程的描述是基本到位的,但将其作为规范原则则有问题。

从复杂自适应语言理论来看,变异是相对常规而言的,但二者并非完全对立。二者可以相互转换,语言变异有可能进一步地发展,在一定条件下成为一种常规。但语言变异是在语言规范基础之上展开的,语言规范也可能变成语言变异的基准与依据,过度的语言偏离不会被人们所接受。从这个角度来说,语言变异与语言规范二者又是互相制约的。

虽然语言规范与语言变异构成了一对矛盾统一体,二者在语言系统中相互影响,但值得注意的是,并非任何语言变异都能够引发语言系统的重新调整,导致语言规范的重新界定。部分语言变异可能会逐渐自然消失,部分语言变异可能被人为中断,只有少部分语言变异会在一定的社会条件下被确立为新的语言规范,从而引起语言系统的局部调整。正如丁崇明(2002)所说:"刚开始的变异形式带有较强的不规范性。不规范形式出现的频度增加意味着不规范度的减少。"

从语言发展的角度来看,语言变异是语言发展的需要,同时也是语言发展的显性表征。没有语言变异,就没有语言系统的动态发展。虽然大部分语言变异会随着关注度和使用率的下降而慢慢消失,但部分语言变异在得到语言使用者的广泛认可和使用后,获得了约定俗成的意义,逐渐成为语言规范的一部分,即语言变异在一定条件下能够转化成语言规范。在语言使用中,语言规范与语言变异共存,这是语言发展的常态。其中,语言规范是语言使用者在运用语言开展交际时所必需的稳定性常态,语言变异是语言发展的要求与显性化表征。

大多数语言变异完成之后,语言系统还有可能恢复到原来标准语的语言模式。这是因为语言变异仅是在一定语境中或面对暂时性的社会环境变化时语言使用者在语言使用上的差异。这种形式的语言变异具有应激性和暂时性,当其离开了原有的语言情景或社会环境发生新的改变时,这种语言变异就没有使用的空间了,就开始逐渐弱化直至逐渐消失。这是因为在这些语言变异发生的过程中,少数民族语言自身的特征制约着本族语言变异的具体表现形式,少数民族语言变异中的造词和语言运用应该遵循基本的语言规范。如果仅仅为了增强语言的新奇感,过度盲目地运用语言变异手段追求语言的新奇,忽略语言的可读性和信息承载力,就会在一定程度导致语言使用的混乱。因此,应将语言变异中符合少数民族成员使用习惯、契合本族语整体发展趋势、顺应语言发展需要的语言变异看作语言创新;

完全脱离语言常规的语言变异是语言不规范。只有在语言规范基础上的一些语言变异形式才有可能在一定条件下成为本族语中约定俗成的语言形式,进而逐渐变成一种语言规范长久地存在于该语言之中。如一种新的语言结构或词汇项目被人们广泛接受后,它便成了语言常规语言常规的一部分。

针对少数民族的语言变异,全部吸收或全部摒弃都有悖于语言的自然发展规律。要对少数民族发生的语言变异情况进行科学、合理的分析,看其是否是立足于当前语言规范基础上;应对因社会环境、心理环境变化而产生的变异,以及因对语言内部调节、内部适应而产生语言变异进行积极引导,合理地加以吸收、融合;对完全不符合语言发展规范,仅是单纯地出于猎奇心理出现的语言变异给予适当遏制,以免其扰乱语言发展的正常秩序,引导少数民族语言沿着"异质有序"的道路发展。

当前,少数民族语言变异的规范难度较大。这主要有两点原因:一是操作不易,不好对少数民族语言变异及语言使用给出一个普遍的标准,确定哪个词能用,哪个词不能用。二是执行起来比较困难,因为我国少数民族族群较多,且以"大杂居、小聚居"的状态分布于全国各地,语言变异情况较难准确计量。三是来源复杂,有来自方言的语言变异、来自普通话的语言变异,以及来自其他民族语言的语言变异。随着网络及通信技术的发展,其来源更加多元化。因此,在少数民族语言规范的过程中,应实时跟踪观察它们的使用频率,科学地预测它们的发展轨迹;应关注少数民族宏观层面及微观层面的语言变异现象,增强语体意识,加强语言系统与语言运用的动态监测,引导语言系统的健康发展。同时,对少数民族语言变异现象的界定及语言规范观进行调整,清楚认识到语言变异不是任意或无拘无束的现象,而是具有"异质有序"的系统特性(夏丹,2012),应有效发挥少数民族语言系统自身的系统性特征,对语言变异形式和方向起到制约性作用,不能盲目地全盘接收,要经过长期的实践检验。

6 结语

复杂自适应理论不仅为我们提供了新的语言观,还为语言变异现象研究提供了新的研究视角及一系列行之有效的研究方法。语言学家能够用这些方法对语言变异现象进行重新分析,从语言内部环境、社会因素、语言认知等不同角度分析语言变异的动因,对语言的本质进行重新厘定。同时,还能够从言者的自身出发,探讨语言变异进程中言者自我身份的建构,对语言的发展趋势进行拟测分析。本文运用复杂自适应理论,对我国少数民族的语言使用和共时语言变异情况进行分析,分别在宏观和微观层面动态地分析少数民族语言变异及其所涉及的社会因素,认为语言使用者借助局部交互与自组织机制重构语言本体系统,少数民族语言变异现象是语言系统、社会环境、心理认知机制等多个系统工作机制协同作用的结果。同时,少数民族的语言变异还需要进一步引导与规范。

参考文献

[1] Larsen-Freeman, D. & Cameron, L. 2008. *Complex Systems and Applied Linguistics* [M]. Oxford: Oxford University Press.

[2] 陈章太.2002.略论我国新时期的语言变异[J].语言教学与研究(6):27-36.

[3] 郭风岚.2006.语言变异:本质、因素与结果[J].语言教学与研究(5):15-19.

[4] 丁崇明.2002.语言变异与规范[J].北京师范大学学报(人文社会科学版)(6):78-82.

[5] 蒋跃,王乐韬,马瑞敏.2020.译者视野三角形下译本词汇秩频分布的复杂动态自适应过程[J].外语学刊(1):84-92.

[6] 李锦芳,阳柳艳.2014.多语言接触下的隆林仡佬语变异研究[J].民族语文(5):35-43.

[7] 刘金,曾绪.2009.模因论视觉下网络语言的变异现象分析[J].西南科技大学学报(哲学社会科学版)(2):40-44.

[8] 吴福祥.2009.南方民族语言关系小句结构式语序的演变和变异——基于接触语言学和语言类型

学的分析[J].语言研究(3)：72－85.

[9] 夏丹,廖美珍.2012.民事审判话语中人称指示语的变异与身份建构[J].华中师范大学学报(人文社会科学版)(2)：119－124.

[10] 谢翠平,刘承宇.2015.系统功能语言学中的复杂自适应系统思想探析[J].现代外语(1)：48－57＋146.

[11] 原苗苗,高跟娣.2014.互动和协同在母语及二语习得中的作用——语言复杂自适应系统视角[J].东北师大学报(哲学社会科学版)(5)：137－141.

[12] 袁咏.2013.社会变化与语言接触类型及变异探究[J].新疆社会科学(5)：131－135＋148.

[13] 郑咏滟,刘飞凤.2020.复杂理论视角下任务复杂度对二语口语表现的影响[J].现代外语(3)：365－376.

[14] 曾炜.2007.变异视角下的语法研究[J].广西师范大学学报(哲学社会科学版)(1)：84－90.

Ethnic Minority Language Variation from the Perspective of Complex Adaptive System Theory

Xinjie Bai

Tianjin Normal University

Abstract: From the perspective of complex adaptive system theory and the phenomenon of language variation, this paper aims to investigate the phenomenon of language variation among members of ethnic minorities in China. Based on field investigation, we re-classified the language variation of ethnic minorities in complexity, and conducted quantitative linguistics analysis for ethnic minority members in different regions. The results show that the minority languages have undergone a certain degree of variation under the influence of Chinese. The most significant change is in vocabulary, but the overall word frequency structue remains stable. It reflects that the language system is a complex adaptive system which adapts to the social environment, the development of life and cognitive need. This paper reveals the deep connection between minority language variation and the language behavior under the influence of complex adaptation. The results show that the study of language variation has opened up a new research field for the current language evolution and language norms research. Besides, the theory of complex adaptive system makes a scientific description of phenomenon of language variation.

Key words: complex adaptive system; minority languages; Chinese; language contact; language variation; language adaptation

全球胜任力视域下国外高校外语
教育规划特征研究

——以语言类院校为例[①]

邓世平[②]

南京大学

摘　要： 外语教育规划在指引高校为国家培养具有全球胜任力的高层次人才过程中发挥着关键作用，事关"一带一路"建设和人类命运共同体的构建，必须具有前瞻性和科学性。本文以全球胜任力为视角，针对法国、俄罗斯、日本等国家语言类高校的外语教育规划展开跨案例比较分析，总结其外语教育规划的基本特点与主要经验，在此基础上为我国同类型高校制定并实施全球胜任力视域下的外语教育规划提供相关建议。

关键词： 全球胜任力；外语教育规划；案例研究；语言类高校

1　引言

面对世界"百年未有之大变局"，我国需要更多具备国际视野和全球胜任力的人才来推进"一带一路"倡议和人类命运共同体建设。外语教育对于培养学生的全球胜任力具有重要推动作用，也担负着重要的时代使命（梅德明，2018）。在此背景下，如何通过科学有效的外语教育规划提升大学生的全球胜任力已成为高校的一项重要议题。在这方面，国外高校有许多经验值得学习，但纵观国内外语教育规划相关研究成果，多数基于国际比较视域的研究均着眼于国别层面，即对某一国家的外语教育政策进行分析（王萌萌，2015），或对几个国家的外语教育政策进行比较（沈骑，2017a），基于高校层面的比较研究较少，例如张天伟（2016）从国家外语能力建设视角对哈佛大学外语教育规划的经验进行了分析。当前尚未有从全球胜任力视角对国外高校外语教育规划进行分析与比较的研究，因此本文将以国外多所知名语言类高校为案例，探讨其外语教育规划的实践经验，为我国相关高校开展指向全球胜任力的外语教育改革提供借鉴。

2　核心概念

关于全球胜任力的概念内涵，一些学者和机构从不同视角进行了界定（Hunter，White & Godbey，2006；Li，2013；姚威、储昭卫，2021）。其中经济合作与发展组织（Organization for Economic Co-operation and Development，OECD）从认知分析力、国际理解力、跨文化交际力、反思行动力等四个方面做了较为全面的概括，即全球胜任力是指"能够体察本土、全球和跨文化问题，理解并欣赏他者的观点和世界观，可以开展开放、得体并有效的跨文化互动，并能够为集体福祉和可持续发展采取负责任的行动的能力"（OECD，2018）。这一定义从实践角度较为系统地梳理了全球胜任力的内涵，可为探究全

① 本文受上海市哲学社会科学规划项目"全球胜任力视域下上海大中小学外语教育规划研究"（项目编号：2019BYY017）资助。

② 邓世平（1986—　），男，南京大学副教授；研究方向：外语教育规划；通信地址：江苏省南京市栖霞区仙林大道 163 号南京大学大学外语部；邮编：210033；电子邮箱：dengshipingdsp@163.com。

球胜任力视域下的外语教育规划和人才培养提供有针对性的指导。本文将主要基于 OECD 的定义展开分析与讨论。

外语教育规划是旨在维持与发展某种语言环境中个人或群体的外语能力,为满足国家、社会以及个人的外语资源需求而采取的一系列教育措施规划(沈骑,2017b),其行为主体可以是政府、教育机构、个人等。一般而言,外语教育规划涉及培养目标、课程设置、师资建设等方面的内容。全球化时代,学校需要综合考虑全球市场、国家、学生个人的发展以及跨国流动性、跨文化理解的需要,从多角度开展外语教育规划活动,以提升学生的全球胜任力(Lo Bianco,2014)。

3 研究设计

3.1 研究问题

本研究以全球胜任力培养为主要视角,选取国外知名语言类高校为案例,探讨其外语教育规划实施情况[①],拟解决以下三个研究问题:

(1)国外知名语言类高校有哪些全球胜任力导向的外语教育规划?

(2)这些外语教育规划有何共性和个性?

(3)国外知名高校的外语教育规划对我国外语类院校培养学生全球胜任力有何启示?

3.2 案例选取

本研究结合办学历史、所处区域、学校排名等情况,选择东京外国语大学、巴黎东方语言文化学校、莫斯科国立语言大学等三所国际知名的语言类高校进行考察。三所高校在人才培养方面均享有一定声誉,同时在外语教育规划实践上各有特色,能为我国外语类院校的外语教育规划提供一定借鉴和参考。案例院校的基本情况如表 1 所示。

表 1 案例院校基本情况一览表[②]

院　校	创校时间	主要本科院系	主　要　专　业	排　　名	特　色
东京外国语大学	1873 年	语言文化学院、国际社会学院等三个学院	"区域"专业、"超域"专业、地区社会研究、当代世界研究、国际关系研究	QS 院校排名 301～350(2022 年)	/
巴黎东方语言文化学院	1795 年	12 个按地区划分的院系及五个职业领域部门	阿拉伯研究、中国研究、欧洲研究等 12 个区域轨专业以及国际商务、外语教学等 5 个职业轨专业	/	历史悠久,教授 100 多种语言和文化
莫斯科国立语言大学	1930 年	莫里斯·多列士外语学院、翻译学院、国际关系和社会政治科学学院、人文与应用科学学院、法学院、信息科学学院	外语(英、法、德)、心理学、法学、政治学、国际关系、信息安全等	QS 院校排名 301～350(2022 年)	以外语为特色的多学科性质的大学

注:有关三校各专业的具体情况详见下文阐释。

---

① 文中案例学校的数据均截止到 2022 年 2 月。

② 案例学校数据主要基于学校网站以及学校公开发布的相关培养方案、学生手册等。

4 基于全球胜任力的案例分析与比较

4.1 培养目标

4.1.1 东京外国语大学：确立全面的全球胜任力目标

东京外国语大学明确将培养有助于日本和世界人民共同生活,能够应对全球挑战的人才作为其培养目标。具体而言,经过在校期间的学习,学生应能够：① 具有较高的语言运用能力;② 从不同角度充分了解日本和世界其他地区;③ 具备生活在现代社会中的能力;④ 掌握以世界不同地区的语言和文化为核心的专业知识,掌握有关国际社会的广泛知识和专业知识,具备分析、理解全球问题的能力,同时培养解决问题的能力;⑤ 具备独立思考、行动和传播的能力。[①]

可以看出,该校的培养目标全面清晰地体现了全球胜任力的四个维度,并突出了语言能力和语言文化知识对于全球胜任力培养的重要意义,强调外语教育要能够让学生以世界眼光理解日本与世界其他地区的关系,同时通过其他课程的学习掌握现代社会生活所需的广泛知识,正确理解国际社会现实,进而具备从全球视角判断事物的能力和实践能力。不过,培养目标中并未体现出外语教育在学生构建有关国际社会的专业知识过程中发挥了何种作用,探明这一点需要进一步考察其课程体系。

4.1.2 巴黎东方语言文化学院：突出语言文化在全球胜任力培养中的基础性作用

巴黎东方语言文化学院希望突破单纯的语言教育,通过教授世界不同地区的语言以及有关国家地理、历史、制度、政治、经济和社会生活方面的知识,让学生在学习周期中掌握一种语言,同时对相应的文明和文化有透彻的了解,并补充其他特定专业的知识,使学生获得语言能力之外的其他能力。该校认为语言是文化知识不可或缺的媒介,要利用语言这一媒介对社会和文化开展坚实的研究,让学生能够破译日益复杂的当今世界,获得理解国际交流问题的钥匙。

可见,该校的外语教育凸显了语言文化的基础性作用,语言、文化、文明以及其他相关人文科学和社会科学的内容要深度融合,在此基础上提高学生的综合素养和能力。该校的培养目标中不仅体现了对语言能力和跨文化交流能力的要求,还强调研究导向,重视通过基于语言文化的融合研究提升学生的国际理解能力,以及发现和分析跨文化问题的能力。不过,该校的培养目标中未提及反思行动力方面的内容。

4.1.3 莫斯科国立语言大学：发展外语与专业相融合的全球胜任力教育

莫斯科国立语言大学以培养在语言学理论和语言学史、教育学、心理学、信息学、历史学、经济学、社会学、法学、哲学等方面同时具有语言能力和专业知识的高素质人才为目标(杨学义,2009：444 – 445)。例如,国际关系和社会政治科学学院(以下简称为"国际关系学院")下设的专门为社会学、新闻学、广告、公共关系等专业提供外语教育的媒体技术语言教育系这样描述其外语教育目标："我们的培养方案涵盖应对专业挑战所需的广泛能力,使学生具备跨文化和跨国沟通能力,帮助他们克服可能的沟通障碍,掌握所学语言对应国家的商业交流特点,学会用外语开展专业合作及创建专业文本(如公告、新闻稿、评论、文章、分析报告等)。总之,我们系的目标是帮助未来的毕业生成为受过全面教育的人,在所选专业领域成为拥有两种或两种以上外语知识的专家。"

类似的表述也出现在人文与应用科学学院的人才培养目标中："我们的使命是为青年学生在人文科学领域的全面发展提供高质量的教育环境,帮助他们掌握在外国文化环境中解决专业问题所需的能力,使他们成为能够在当今全球化的世界中担当跨文化调解任务的人才。"

---

① 相关数据基于东京外国语大学语言文化学院和国际社会学院的教育政策,详见 http://www.tufs.ac.jp/education/lc/Policies.html 和 http://www.tufs.ac.jp/education/ia/Policies.html。

　　这些表述体现了这两个系乃至整个学校的外语教育理念,即单纯具备语言能力和文化知识难以胜任全球化时代对外语教育和外语人才的需求;只有将外语能力与专业能力相融合,才能发展"为集体福祉和可持续发展采取负责任行动"的能力,才能形成真正意义上的全球胜任力。在这个意义上,莫斯科国立语言大学不仅注重通过外语教育培养学生的认知分析力、国际理解力和跨文化交际力,而且希望通过语言与专业的融合增强学生的反思与行动能力,从而全面达到培养学生全球胜任力的目标。

　　通过以上分析可以看出,三所院校均致力于培养学生的全球胜任力,均高度重视培养学生对全球和地区问题的认知分析力、国际理解力以及开展跨文化沟通的能力。不同之处主要有两点:一是巴黎东方语言文化学院的培养目标中没有明确提及反思行动力,而这一点在其他两所院校中均得以体现;二是莫斯科国立语言大学更强调外语与专业的结合,使用外语开展专业活动的重要性在其培养目标中得以凸显。

4.2　课程设置

4.2.1　东京外国语大学:通过外语与专业课程并置培养全球胜任力

　　东京外国语大学的课程体系分为"世界素养计划"课程和专修课程两部分。其中外语教育主要体现在"世界素养计划"课程的语言课程模块,在校四年内学生要学习包括主修外语、英语、教养外语(在主修语言之外的外语课程,从德语、法语、意大利语、西班牙语、葡萄牙语、俄语、中文、朝鲜语、阿拉伯语这九种语言中选择)以及各地区语言(除主修语言、英语、教养外语之外的语言)四种类型的语言课程,这些课程都属于学生的必修课。除语言课程外,"世界素养计划"还包括地域课程(基础)、基础课程、其他通识课程(教养科目)等,"区域""超域"、地区社会研究、当代世界研究、国际关系研究等五类专业也各有相应的专修课程(见表2),这些课程多使用日语(少量课程也使用英语)授课,较少提供外语教学。该校希望通过同时提供上述各类课程,培养学生各方面的全球胜任力。

表 2　东京外国语大学课程体系

课程类别	课　程　设　置		学习时间	所要达成的培养目标
"世界素养计划"(世界教養プログラム)课程	语言课程	主修语言课程	第1~4年	高级语言操作技能
		GLIP英语	第1~4年	
		通识外语(日语:教養外国語)	第1~4年	
		各地区语言	第1~4年	
	地域课程(基础)	世界区域基础课程、日本能力教育课程	第1~2年	了解日本和世界其他地区
	基础课程	基础素养、基础练习	第1年	生活在现代社会的能力
	其他通识课程(教养科目)	现代文科课程、自然科学课程、体育课程等	以第1~2年为主	
专修课程	介绍性课程(根据专业不同,课程设置有所不同)		第1年	
	导论型课程(根据专业不同,课程设置有所不同)		第2年	

续　表

课程类别		课　程　设　置	学习时间	所要达成的培养目标
专修课程	语言文化学院 — 区域专业群	选定地区的语言研究、选定地区的文化研究【主要关注语言与文化】	第 3~4 年	以世界不同地区的语言和文化为核心的专业知识，理解与解决全球问题的能力
	语言文化学院 — 超域专业群（超域コース）	五个专业方向(学生从中选择一个)：语言学和语言信息处理(开设语言学、语音学、语料库语言学等课程)、语言教育学(学习英语教育学等课程)、口译和翻译(开设口译和翻译理论、传播理论等课程)、文学和文化理论(开设文学、思想、文化人类学、宗教学等课程)、人文科学(开设心理学、体育科学等课程)	第 3~4 年	
	国际社会学院 — 地区社会研究专业	世界不同地区的历史、政治、经济和社会等具体案例，涵盖各类区域研究课程(如中欧区域研究、北美区域研究、拉丁美洲区域研究、俄罗斯区域研究、中亚区域研究、东亚区域研究、东南亚区域研究等)【主要开展区域研究】	第 2~4 年	
	国际社会学院 — 当代世界研究专业	全球研究、性别理论、社会学、教育社会学、现代社会历史理论、政治理论、民族政治学、社会文化理论、历史社会理论等	第 2~4 年	
	国际社会学院 — 国际关系研究专业	国际政治学、比较政治学、法学、国际法、经济学、国际经济学、发展经济学、管理学、和平与冲突理论、国际合作理论和国际教育理论等	第 2~4 年	
注：在所有课程中，学生都要完成课堂以外的作业，以培养自主学习能力、调查能力和沟通能力；在专修课程中，除了讲座形式的课程外，还强调练习式课程，以培养解决问题的能力和批判性思维能力，并通过对话、演示等强化互动。				独立思考、行动和传播的能力

注：本表由笔者基于该校语言文化学院和国际社会学院 2021 版《学习指南》制定。其中"全球链接方案项目"（Global Linkage Initiative Program, GLIP）英语课程是为提升学生在全球化时代的英语语言能力而开设的课程。

　　应当指出，该校的课程体系体现出"组合型"特点，即校方希望凭借语言课程、其他"世界素养计划"课程、专修课程的并置，分别实现培养学生的多语能力、现代社会生存能力、理解区域文化、解决区域或全球问题的能力等目标。因此，这一课程体系只是一种"组合"的形式，外语学习(英语除外)未能与其他课程学习实现有机融合，因为语言课程模块与其他课程是并置的：长期、多元的语言课程体系有助于发展学生的多语能力，掌握高级语言操作技能；但其他课程并不使用学生的主修外语授课，而是主要使用日语进行授课。换言之，语言课程本身主要是为了培养学生的语言技能而非其他能力，培养学生其他方面的全球胜任力则要依靠其他类别的课程。这种条块化、割裂式的课程设置不利于课程间的融合，也会影响学习效率，最终影响学生全球胜任力的发展进程。

4.2.2　巴黎东方语言文化学院：凸显外语与人文社会学科课程的融合

　　巴黎东方语言文化学院的外国语言文学和文化（Langues, littératures et civilisations étrangères et régionales，简称 LLCER）专业主要分为区域轨（LLCER, regional track）和职业轨（LLCER, professional track）两种类别(见表 3)。学生第一年主要以学习语言、文学、文化类核心课程为主，第一年结束后可根据自己的实际情况选择进入区域轨或是职业轨。区域轨主要学习研究一种语言、该语言的文学、该语言所在的国家的文化及其在当代世界的区域环境。其课程体系主要由四个模块构成：模块一是语言、文学和文化核心课程，如书面语、口语、文明与文化研究方法论等课程；模块二是跨学科通识教育课程，主要是公共必修的方法论、信息技术和国际通用语课程；高级课程模块和选修课程模块是体现该校课程体系特色的两个部分，内容涉及从极具学术性的人类学、文学、语言学到应用色彩明显的翻译、多语言信息处理及公共关系等人文社会科学的各个方面（田园，2017）。选择职业轨的学生在继续学习第一年所选语言的同时，要从国际商务、国际交流与培训、世界语言教学和法语作为外语教学、国际关系、多语言自然语言处理等五个职业方向中选择一个深入学习，以获得职业学位。职业轨课程体系的前两个模块与区域轨基本一致，其第三个模块针对学生所选的职业领域设置具体课程。此外，学校于2021年又推出了一个带有主题和学科课程的新专业类别，学生可以从人类学、全球政治问题、环境、世界性别、世界联系史、艺术与翻译、哲学、宗教等主题或学科中选择1～2种进行深入学习，以拓展自己的视野。

表3　巴黎东方语言文化学院主要专业类别与课程体系概览①

专 业 类 别	模 块 一	模 块 二	模 块 三	模 块 四
外国语言文学和文化本科专业（区域轨）	语言、文学和文化核心课程模块	跨学科通识课程模块	高级课程模块	自由选修模块
外国语言文学和文化本科专业（职业轨）	语言、文学和文化核心课程模块	跨学科通识课程模块	针对所选具体职业领域的课程模块	/

　　显然，巴黎东方语言文化学院的课程体系在重视语言教学的同时，强调对使用该语言的国家和地区的文化、文学、社会、历史、地理、经济等知识的掌握和理解，并突出课程的研究性质，培养学生的高阶思维能力；更为重要的是，学生在进入区域轨或职业轨后，不仅继续学习第一年选择的语言，而且还要使用该语言学习区域轨或职业轨的其他课程。这种设置将语言教育与文明文化教学、地区研究等人文社会学科专业知识相融合，既能够提升学生的外语能力，又可以深化学生对所学语言背后文化和社会的理解，从而有效保证全球胜任力理念和目标的落地。

　　4.2.3　莫斯科国立语言大学：开发外语专业精细化课程与建设服务于特定专业的外语课程体系并举

　　莫斯科国立语言大学的外语教育同时体现在外语专业和非外语专业中。两者的课程设置各有特点。首先，其外语专业的课程设置十分精细。以外语学院（设有英语、德语、法语三个语种）的法语为例，其对应的本科专业名称为外国语言文化教学的理论与方法（该专业也设在外语学院的英语系和德语系，课程设置基本相同），该专业的课程包括法语语法和历史、法语语音学、法语词汇学和文体学理论课程、法语实践课程、言语交流文化讲习班、法语阅读、以专业为导向的翻译、专业教学交流讲习班和跨文化交流理论等。同时，外语学院专门设有第二外语系，教授五种语言：为法语系和德语系的学生提供英语教学，为英语系的学生提供法语、德语、西班牙语和意大利语的教学。没有学习过第二外语的本科生在第二学期开始学习第二外语，持续七个学期。第二外语课程是综合性的，没有独立的词汇课和语法课。学生在入门阶段学习第二外语的表达基础、基本规则，利用老师提供的材料进行语法和词汇练习与应用，进而通过第二外语实践课程、第二外语语言文化讲习班、媒体语言、小说阅读等课程达到更高水平。

---

①　数据来源：http://www.inalco.fr/en/study/bachelor-degrees。

其次,与东京外国语大学和巴黎东方语言文化学院不同,莫斯科国立语言大学重视在非语言专业中强化外语教育,外语学习贯穿于此类专业的整个本科阶段。具体而言,每个非语言学院都设有专门的外语教育系,教授至少两门外语(有的学院如国际关系学院支持学生选择第三和第四门外语)。除一般外语课程外,该校还推出外语实践、外语语言交流与文化讲习、外语专业交流讲习等不同类型的外语强化课程(见表 4)。同时,该校还特别推出服务于特定专业的外语课程。例如,媒体技术语言教育系与社会学系和媒体技术系密切合作,根据所学外语相关国家专业部门的现实情况、工作特点和差异设置了"社会学领域跨语言和跨文化交流""新闻业的跨语言和跨文化交流""广告和公共关系领域的跨语言和跨文化交流"等带有明显专业特色的外语课程。

表 4　莫斯科国立语言大学媒体技术语言教育系外语课程体系(本科)①

序号	课　　程	可 供 选 择 的 语 种	持续时间
1	第一外语	英语、西班牙语、中文、德语	1～2 学期
2	第二外语	英语、西班牙语、德语、法语	2～3 学期
3	第一外语实践课程	英语、西班牙语、意大利语、德语、法语	3～8 学期
4	第二外语实践课程	英语、亚美尼亚语、德语、波兰语、法语	4～8 学期
5	第一外语专业交流讲习班	英语、西班牙语、中文、德语、法语	1～4 学期
6	第二外语专业交流讲习班	英语、德语、波兰语、法语	1～4 学期
7	第一外语语言交流与文化讲习班	英语、西班牙语、意大利语、德语、法语	5～8 学期
8	第二外语语言交流与文化讲习班	英语、亚美尼亚语、西班牙语、意大利语、德语、波兰语、法语	5～8 学期

除了推行专业导向型的外语教学,该校一些非语言学院还推出了多语种专业课程,学生可以根据自己掌握的外语来选择使用某种语言完成专业的学习。换言之,一些非语言类专业的课程可以根据具体情况以不同外语语种作为教学语言提供给学生。例如,2021 年,国际关系学院就提供了可用不同语种开展教学的相关专业(见表 5)。

表 5　莫斯科国立语言大学国际关系学院各专业领域可提供多语种教学情况②

序　号	专 业 领 域	可 供 选 择 的 语 种
1	国际关系	英语、德语、法语、西班牙语、阿拉伯语、芬兰语
2	政治科学	英语、德语、罗马尼亚语
3	社会学	英语、德语、法语、西班牙语

---

① 数据整理自 https://linguanet.ru/fakultety-i-instituty/institut-mezhdunarodnykh-otnosheniy-i-sotsialno-politicheskikh-nauk-fakultet/kafedra-lingvistiki-i-professionalnoy-kommunikatsii-v-oblasti-mediatekhnologiy/。

② 数据整理自 https://linguanet.ru/fakultety-i-instituty/institut-mezhdunarodnykh-otnosheniy-i-sotsialno-politicheskikh-nauk-fakultet/。

续　表

序　号	专 业 领 域	可 供 选 择 的 语 种
4	广告和公共关系	英语、汉语、西班牙语
5	新闻学	英语、西班牙语、中文、德语、法语
6	海外区域研究	英语、汉语、西班牙语、德语、吉尔吉斯语、芬兰语、阿拉伯语、越南语

概而言之,该校一方面实现了外语专业课程精细化,同时又在非外语专业大力推动外语课程与特定专业课程的深度融合。前者可让学生在掌握语言技能的同时深入学习语言学理论,为学生将来开展语言教学以及语言学与应用语言学研究打下坚实的基础,其中第二外语较长的学习周期和综合性的课程安排也能使学生熟练掌握相关语言;后者则充分考虑学生的专业特点,将学生的外语学习与专业学习融为一体,不仅提升了学习效率,更让学生掌握了利用外语开展专业活动的能力——经过四年的学习,学生可以精通至少两门外语,而且具备了基于外语的专业行动力。而以外语作为专业课程教学语言的方式无疑再次体现了学校对外语的重视,对服务于特定专业的外语教育也会起到促进作用。总之,在该校的各类外语课程体系中,专业性是一个被深度凸显的价值目标:在外语专业中,专业性体现为课程的细分;而在非外语专业中,外语与专业达到了深度融合。这种既重视语言能力和跨文化交流能力,又注重通过专业性促进学生认真分析力、国际理解力和专业行动力的课程设置,必然会让学生的全球胜任力得到更大的发展。

4.3　师资队伍

4.3.1　东京外国语大学：条块分割的师资管理模式

东京外国语大学师资分属语言文化学院、国际社会学院等机构。其中,语言文化学院的教师主要从事外语教学与研究,该学院的 77 位教师中[①],多数教师的研究专长在语言学、文学、语言教育等领域,因此该学院教师主要关注特定地区的语言与文化。而国际社会学院的师资结构相对多元化,教师的研究领域涉及历史、政治、社会、经济、哲学等多个领域,但这部分教师只负责用日语或英语开展专业课教学,一般不承担语言教学任务。

显而易见,承担语言教育的教师与从事地区研究的教师分属不同学院,这与该校课程体系所呈现的并置特征存在一致性。这种条块分割的师资管理模式会使两类教师之间的互动受到一定限制,导致交流障碍,对教师之间通过合作来实现全球胜任力的联合培养会造成较大的影响。

4.3.2　巴黎东方语言文化学院：多学科融合型的师资团队

与东京外国语大学不同,巴黎东方语言文化学院注重打造融合型师资队伍。以希伯来语和犹太研究系为例,该部门围绕语言、语言学、文学、历史与文化、区域国别研究等方向构建起一支全面的师资团队(见表6),其中既有专攻希伯来语语言学与语言教学的教师,也有犹太历史与文化、以色列及相关地区研究方面的学者,同时还有法律、哲学方面的专家。此外,除了不同历史时期的希伯来语(重点是现代希伯来语),该方向的教师还教授犹太人群体使用的其他语言,如意第绪语、犹太-西班牙语、犹太-阿拉伯语等。

显然,这种在院系内部围绕特定地区语言文化构筑的多学科师资团队能够实现智力资源的融合,教师之间不仅更容易在互动交流中迸发思维的火花,进而形成新知新解;更为重要的是,这种融合型的师资队伍对于助力学生达成全面深入的地区和国际理解,深刻解析相关的地区和国际问题,拓宽学科视野,实现真正意义上的跨文化、跨地区沟通也具有重要意义。

---

① 数据来源:http://www.tufs.ac.jp/research/researcher/people/?department = lc。

表 6　巴黎东方语言文化学院希伯来语方向教师的教学与研究重点①

教师序号	教学与研究重点	教师序号	教学与研究重点
1	希伯来语、希伯来语法律	**9**	现代和当代历史
2	意第绪语(语言和文学)	**10**	希伯来语(语言)
3	犹太-西班牙语(语言和文学)	**11**	犹太-阿拉伯语
4	现代和当代希伯来文学	**12**	犹太-阿拉伯语
5	当代史(以色列研究)	**13**	希伯来语言文学、犹太-阿拉伯语、《圣经》
6	犹太哲学与思想、早期现代犹太历史	**14**	古代近东史和古代希伯来文学
7	希伯来语(语言)	**15**	希伯来语(塔木德文学)
8	犹太-西班牙语	**16**	希伯来语语言学

4.3.3　莫斯科国立语言大学：开放与发展的师资建设原则

莫斯科国立语言大学在外语师资建设方面体现出开放、发展以及以专业为导向的特点。所谓"开放",是指学校采用灵活的机制,从社会行业中聘请或聘用相关人员开展外语教育。例如,法律语言教育系邀请精通外语的俄罗斯法律学者和来自其他国家的从业人员(如法官、律师以及在法律领域有影响力的决策者等)担任专职教师或客座教授,为学生开设法律专业导向型外语课程;翻译学院也聘用了大量口译和笔译行业的译员和培训师。所谓"发展",指学校支持、推动外语教师不断提升自己的教学与研究能力,尤其是服务于专业的外语教学能力。例如,为了确保外语教育质量,学校正推动法律语言教育系的工作人员逐步提高其科学和教学资质,为年轻教师寻找在国内外公认的科学和教育中心实习或到研究生院学习的机会,该系许多从事外语教学的教师已经或正在接受法学专业的第二次高等教育。

可以看出,"开放"的师资建设让学生有机会沉浸在多元化师资共同构建的专业外语语境中,吸收某个学科专业领域内来自世界各地的理论与实践知识,获得更高的专业外语能力;聚焦教师"发展"的师资建设则让该校的外语师资具备了更为开阔的国际视野和更高的专业能力,使外语教育更加有效地促进了学生全球胜任力的发展。

5　启示

以上三所国际知名语言类高校外语教育规划可以为我国外语类高校的外语教育改革与发展提供如下启示:

第一,确立多语能力、文明理解、专业知识综合性三维人才培养目标。随着全球化的不断深入,尤其是在中国逐渐走近世界舞台中央的背景下,学生全球胜任力培养应当成为高校的一项重要任务,而外语教育在这方面更是肩负着重要使命。我国新时代的外语教育应当主动对接国家战略需要,瞄准国际大势,摆脱传统人才培养理念的束缚,坚持创新探索,将多语使用能力、多元文明文化理解力、特定领域的专业知识纳入人才培养目标体系,培养兼具国际视野、跨文化沟通能力和专业行动力的高素质新型人才,为学生掌握跨语言、跨文明、跨地区的多元知识体系提供条件。同时,要坚持外语教育的高阶

---

①　数据来源：http://www.inalco.fr/en/study/departments-and-sections/hebrew-and-jewish-studies。

性,在培养目标中凸显问题意识和研究能力的重要性,让学生通过在外语学习中的主动探究,能够不断破译日益复杂的当今世界,获得理解全球、不同国家和国际交流问题的钥匙,提升自身的认知分析力、国际理解力、跨文化交际力和反思行动力,从而能够在全球化的世界中担当跨文化调解的任务,解决在外国文化环境中遇到的各类专业问题。

第二,打造多语种、跨学科、深度融通的课程体系。多维度的目标体系需要有深度融通的课程体系作为支撑。应当看到,要培养学生的全球胜任力,仅靠外语课程与文明文化课程和专业课程的并置远远不够。打破语种界限、学科藩篱,开发融合型外语教育课程系统,已成为上述世界多所高校外语教育规划的关键举措。我国外语类院校也应顺应形势,借鉴国外相关高校的经验,深化课程体系改革。一是应以融合型的教学模式推动第二外语的教学,借助先进的教学手段,实现技术赋能,切实提升学生的多语能力。二是应着力推动语言课程与其他课程从组合走向融合:一方面要加大区域社会文化类的比重,深度整合语言课程与地区文化文明课程;另一方面要强化外语课程的专业导向,可以在外语课程中设置以专业为导向的各类主题,编写相应教学材料,在教学过程中广泛模拟专业交流的真实情境,乃至直接开发专业导向型课程。如此一来,学生既可以掌握多种语言,增强国际理解力,又能获得较好的跨文化、跨文明沟通能力,并能在将来使用多种外语从事专业活动。

第三,构建多语种、跨学科的多元师资队伍。师资队伍的质量是保障外语教育规划贯彻执行的关键环节。上述高校都特别注重师资队伍建设,确保外语教育理念的落地。我国外语类院校应通过引育结合、校内整合、灵活聘用以及推动现有师资队伍转型升级等方式改变语言文学背景占主导的师资队伍格局,在学院乃至基层教学组织层面逐步形成语言文学、社会学、历史学、政治学、教育学等多学科均衡发展的人才队伍新格局,从组织体系和相关机制上为不同学科背景的人才开展交流合作创造机会和条件,真正形成多语种、跨学科、协作式的师资结构,这对于助力学生形成全面深入的地区和国际理解,深刻解析相关的地区和国际问题,拓宽学科视野,实现真正意义上的跨文化、跨地区沟通具有重要作用。

总之,国外高校制定和实施了能够满足全球化时代需求的外语教育规划,为我国外语类院校外语教育规划提供了可供借鉴的经验。在新时代和新文科背景下,相关院校应当对接国家对全球治理人才的需求,积极推进多语教育、文明文化教育、专业知识教育的一体化,将培养学生的国际理解力和专业行动力作为未来外语教育的价值目标,着力打造深度融通的课程体系,强化多语种、跨学科师资队伍,并推动师资队伍的合作与融合,同时以多渠道、精准化的国际教育合作拓宽外语教育的路径,推动高校全球胜任力教育向更高质量不断迈进。

参考文献

[1] Hunter, B., White, G. P. & Godbey, G. 2006. What does it mean to be globally competent?[J]. *Journal of Studies in International Education*, 10(3): 267 - 285.

[2] Li, Y. 2013. Cultivating student global competence: A pilot experimental study[J]. *Decision Sciences Journal of Innovative Education*, 11(1): 125 - 143.

[3] Lo Bianco, J. 2014. Domesticating the Foreign: Globalization's Effects on the Place/s of Languages[J]. *Modern Language Journal*, 98(1): 312 - 325.

[4] OECD. 2018. Global Competence for an Inclusive World[EB/OL]. Retrieved 2022 - 2 - 17, from https://www.oecd.org/pisa/Handbook-PISA-2018-Global-Competence.pdf.

[5] 梅德明.2018.新时代外语教育应助力构建"人类命运共同体"[N].文汇报(2月9日).

[6] 沈骑.2017a.外语教育政策价值国际比较研究[M].上海:复旦大学出版社.

[7] 沈骑.2017b.中国外语教育规划:方向与议程[J].中国外语,14(05):11-20.

[8] 田园.2017.综合性研究型大学法语本科专业超学科建设研究——以巴黎东方语言文化学院汉语专业教学大纲为参考[J].教育理论与实践,37(15):50 - 52.

[9] 王萌萌.2015.西班牙外语教育改革及其启示[J].外国教育研究,42(01):39 - 46.

[10] 杨学义.2009.世界语言类高校纵览[M].北京:外语教学与研究出版社.

[11] 姚威,储昭卫.2021.新全球化背景下研究型大学本科生全球胜任力培养模式构建——基于内容分析法的多案例研究[J].教育发展研究,41(23):21 - 29.

[12] 张天伟.2016.美国高校国家外语能力建设的经验与启示:哈佛大学案例分析[J].中国外语教育,9(01):3 - 11 + 91.

Foreign Language Education Planning in Overseas Universities from the Perspective of Global Competence: Focus on International Studies Universities

Shiping Deng
Nanjing University

Abstract: Foreign language education planning in Chinese higher education should be forward-looking and scientific, as it plays an important role in cultivating college students' global competence, which is critical to promoting the Belt and Road Initiative and building a community of shared future for mankind. This paper conducted a cross-case comparative analysis of foreign language education planning of three international studies universities (respectively in France, Russia and Japan) from the perspective of global competence cultivation and summarized their respective features and advantages. Based on that, the paper puts forward some suggestions for foreign language education planning in Chinese international studies universities in the new era.

Key words: global competence; foreign language education planning; case study; international studies universities